LABOR

劳动力社会结构与供给侧改革

SOCIAL STRUCTURE OF CHINESE

FORCES

AND SUPPLY-SIDE REFORM

郑 路 戈艳霞 徐 玲 沈 纪 著

社会科学文献出版社
SOCIAL SCIENCES ACADEMIC PRESS (CHINA)

J.P.Morgan
摩根大通

目　录

第一章

绪论：供给侧改革与劳动力结构

导 读

在中国经济转型过程中，产业升级以及由此伴随的劳动力就业问题，可以说是中国经济转型中最艰巨、最复杂的问题，也是最具社会政治意义的议题。人人都说，劳动力的就业问题是民生之本，可见就业在人民生计中具有重要地位。在福利资本主义国家，充分就业是公共政策的主要目标。对于我国这样的人口大国来讲，就业的意义也是不言而喻的。我国拥有世界上规模最大的劳动力群体，劳动力的就业问题在我国的社会政治议题中自然具有核心地位。

就业解决不好就会加重失业。尽管在经济学家看来失业是价值规律调节劳动力供求的必然现象，但是，就业同时也是广大居民的生计方式，是富有社会政治含义的日常活动。失业不仅给个体带来一系列的负面影响，而且是很多社会问题和政治风险产生的根源。特别是在产业转型升级时期，如果出现大规模失业，必定会对社会政治的稳定带来冲击。如何在推动产业转型升级的同时保障居民就业，如何在提升经济效率的同时确保社会稳定，成为当前中国决策者面临的重大挑战。

党的十八大提出“推动实现更高质量的就业”，这是对我国新时期就业工作提出的新要求，也是我国就业工作需要努力实现的重要目标。作为世界上最大的发展中国家，我国当前正面临人口快速老龄化、经济增速进入新常态以及制造业处于全球价值链低端的挑战。这些挑战为中国劳动力市场带来困境：一方面，劳动力总量不断下降，成本不断上升；另一方面，产业转型升级过程中的劳动力技能不匹配的矛盾日益突出，结构性失业问题严重。随着生育意愿的减弱和生育水平的下降，我国必然要经历数量型人口红利的消失。[①] 提升人力资本才是未来经济增长的新源泉。[②] 然而，产业转型升级中的劳动力技能不匹配问题严重影响了我国人力资本对经济增长发挥贡献的作用，同时也是造成大规模失业和潜在社会风险的重要因素。为了促进我国经济增长，化解潜在的社会风险，笔者拟对当前我国劳动力技能不匹配的问题进行分析，并对其解决对策进行探索。

第一节 研究背景与问题

几乎所有的国家在产业结构调整和升级的过程中，都要面对劳动力的技能结构与新兴产业需求不匹配的问题。我国在 20 世纪 80 年代末，产业结构调整速度开始明显加快，工业生产发生了根本性的变化。加上持续推进的技术进步和产业升级，大规模的劳动力结构调整也随之出现，并且主要集中在国有企业和集体经济领域。[③] 这期间虽然下岗问题引起社会的广泛关注，然而劳动力技能与岗位需求不匹配的问题却未引起社会关注。一个重要的原因是这一时期我国劳动力市场的基本形势是供给大于需求，这一基本形势掩盖了长期存在的劳动力技能不匹配的问题。

直到 2004 年开始的“民工荒”使情况发生了变化。随着农民工工资出现了前所未有的上涨趋势，我国的劳动力供给开始逐渐从相对充足变为相对稀缺。[④] 在微观领域，企业为了应对迅速上涨的

---

① 都阳：《低生育率时代的经济发展：结构、效率与人力资本投资》，《国际经济评论》2015 年第 2 期。

② 蔡昉：《破解中国经济发展之谜》，中国社会科学出版社，2014，第 5 ~ 7 页。

③ 莫荣等：《中国积极就业政策：形成、发展与完善》，社会科学文献出版社，2015，第 25 ~ 27 页。

④ 王诚：《劳动力供求“拐点”与中国二元经济转型》，《中国人口科学》2005 年第 6 期。

用工成本，开始调整生产结构，增加资本投入并减少对劳动力的使用。这些微观领域经济活动的新变化，带来了宏观产业结构的调整和升级。而产业升级过程中的技术进步，也对劳动力的知识技能提出了新的更高的要求。技能不匹配导致的大规模失业问题成为当前的热点问题之一，并且在即将到来的产业加速升级期，劳动力的技能不匹配问题还将变得更加尖锐。如果不能妥善处理这一问题，不仅会阻碍我国产业结构顺利升级，导致经济陷入“中等收入陷阱”，而且有可能造成大规模失业及其他潜在的社会风险。

针对当前时期我国劳动力供给中的结构性问题，特别是劳动力的技能缺口问题，笔者利用人口普查数据和抽样调查数据对其现状和发展趋势进行了分析，并将企业家调查数据和我国的职业技能培训服务现状相结合，对导致技能缺口的原因以及可行的解决对策进行了深入的探讨，以期为解决我国劳动力的技能缺口问题提供一些研究依据。

第二节　研究目的及意义

一　研究目的

本书试图通过分析我国劳动力的技能缺口问题及应对策略，为解决当前我国劳动力技能不匹配以及结构性失业突出的现实问题提供一定的科学研究依据。针对当前时期我国劳动力供给的结构性问题，特别是劳动力的技能缺口问题，笔者进行了深入的研究。

首先，试图通过对当前经济转型期劳动力供给结构状况的分析，加深对劳动力技能缺口的认识，找到劳动力技能缺口产生的原因，把握其近期发展趋势等。在分析我国劳动力技能缺口变动趋势部分，本书试图通过构建预测结构性失业的数理模型，对短期内劳动力技能缺口的变动趋势进行预测和分析，目的是为提前防范和化解大规模失业风险提供可能。

其次，试图通过对我国企业家调查数据的分析，了解当前劳动力技能不匹配的实际情况，并找出有效缩小劳动力技能缺口的应对策略。企业家是生产经营活动的主体，也是最了解劳动力技能状况的“专家”。通过对企业家调查数据的分析，试图找到缩小劳动力技能缺口的有效方法。

再次，在明确以职业技能培训为主要途径缩小劳动力技能缺口的应对策略下，进一步分析了当前我国职业技能培训服务的供给现状以及发达国家的经验，针对我国职业技能培训服务中存在的问题，提出更加有针对性的建议。

最后，针对农民工、普通高校人才、职业教育人才和留学归国人才普遍存在的技能与市场需求不匹配的长期问题，试图通过分析人才培养制度和过程，找出其中的原因，并给出解决劳动力技能不匹配问题的长期预防策略。

二 研究意义

（一）理论意义

本书对当前我国产业结构调整升级过程中突出的劳动力技能缺口问题及应对策略进行了深入系统的研究，有助于揭示劳动力技能缺口产生的原因和推测其发展趋势，有助于弥补当前在劳动力研究领域对技能结构配置研究不足的缺陷，因此具有一定的理论意义。

（二）现实意义

劳动力的就业问题是民生之本。我国拥有世界上规模最大的劳动力群体，劳动力的就业问题在我国的社会政治议题中具有核心的地位。特别是在我国产业结构调整和升级的关键时期，劳动力技能不匹配导致的失业问题引起了社会各界的广泛关注。本书系统分析了导致劳动力技能与市场需求不匹配的原因、发展趋势，并提出了应对策略，可为社会政策的制定者、研究者提供科学的研究依据，为完善我国职业技能培训服务、缩小劳动力的技能缺口、降低失业风险贡献力量。

第三节　文献回顾与综述

劳动力的就业和失业问题历来是社会学、政治学、经济学研究领域的重点。各学科关于该问题的研究，为以后学者的研究积累了丰富的文献资料。本部分围绕劳动力就业和失业问题对当前的文献资料进行了收集、归纳。总体来讲，以往文献研究偏劳动力总量供给而轻技能结构配置，尤其是缺乏对当前劳动力技能不匹配问题的深入剖析。而当前我国亟须加强劳动力技能匹配的研究，提高技能配置效率，降低结构性失业风险。

一　经济发展与失业问题研究综述

有关经济发展中的失业问题研究，学界讨论时间最久、热度最高的一个议题是菲利普斯曲线及与之相关的讨论话题，因为长期以来该理论一直是政府制定宏观就业政策的基本理论依据，具有十分重要的地位。1958 年经济学家威廉·菲利普斯根据英国1861～1957年失业和货币工资变动率的经验统计资料，提出了一条用以表示失业率和货币工资变动率之间交替关系的曲线。[①] 他发现，就业率高时，工资增长更快，人们有更多的钱用于消费商品，从而商品的价格也会增长，进而导致通胀率提高。相反，失业率高时，人们可用于消费的钱变少，从而通胀率降低。进一步地，将失业的现代微观经济理论与最优通货膨胀理论结合起来，他提出了著名的菲利普斯曲线假说，用于刻画通货膨胀与失业之间的关联。政府甚至根据该曲线制定政策，在货币政策刺激经济增长进而创造更多工作机会的同时，容忍通胀。但是，政府未注意到，工人也会根据菲利普斯曲线来调整策略。当失业率下降后，工人预期物价上涨并要求更高的工资，从而导致失业率回升。[②] 这也是 20 世纪 70 年代通胀率和失

① 庞明川：《菲利普斯曲线：理论、运行与政策》，经济科学出版社，2004。

② 丁守海、蒋家亮：《中国存在失业回滞现象吗?》，《管理世界》2013 年第 1 期。

业率同时上升的原因。到20世纪90年代，失业率下降而通胀率保持低位的现象，无法利用菲利普斯曲线给予合理的解释。但菲利普斯曲线依然是当前大多数国家制定就业政策的主要理论依据。然而，自菲利普斯曲线提出以来，其解释力就不断受到来自现实经济活动和后来者的挑战。

失业率与通胀率之间的关联一直是学术界讨论的焦点。著名的经济学家凯恩斯认为，通货膨胀与失业之间存在此消彼长的替代关系。而弗里德曼在20世纪70年代“滞胀”时期，提出“自然率假说”和“适应性预期”的菲利普斯曲线，否定了凯恩斯认定的通货膨胀与失业之间存在此消彼长的替代关系，并用“自然率假说”和“适应性预期”提出“附加预期的菲利普斯曲线”，得出经济政策短期有效而长期无效的结论。在政策上，弗里德曼主张以货币供应量为中介目标的单一规则的货币政策和主张自由市场机制与有限政府。

从20世纪70年代末开始，各个资本主义国家开始接受弗里德曼的政策主张，弗里德曼的经济理论一度成为各国政府的御用经济学，尤其是弗里德曼的菲利普斯曲线的结论更是作为各国政府行为的准则。英国的撒切尔夫人践行了弗里德曼的政策主张，通过控制通货膨胀和减少国家干预，激励私营企业的积极性，在英国取得了一定的成绩，但同时也显示出其理论主张的局限性。[①] 20世纪70年代石油危机后，欧洲国家先后陷入经济停滞与通货膨胀并存的“滞胀”局面，战后长期奉行的以宽松财政政策刺激经济增长，进而实现“充分就业”目标的做法不再可行。在此背景下，欧洲国家先后将控制通货膨胀作为宏观经济政策的首要目标，转而将劳动力市场改革作为“促进就业”的主要手段。[②] 其他国家的实践结果也显示出该理论的局限性。[③]

---

① 刘晓平：《战后英国国家干预经济发展战略评析》，《学海》2010年第3期。

② 田德文：《欧洲国家劳动力市场转型——由“充分就业”到“促进就业”》，《欧洲研究》2014年第5期。

③ 张成思：《理性预期与通货膨胀：美国经验》，《经济理论与经济管理》2008年第3期。

在我国，近年来经济面临增速放缓的下行压力，然而登记失业率和调查失业率均未出现显著上升，这个组合现象再次凸显奥肯定律在中国“水土不服”。[①] 陈彦斌使用中国数据经验，提出了包含需求拉动、成本推动、通胀预期和通胀惯性四种因素的新凯恩斯菲利普斯曲线模型，推广了 Gordon 的三角模型、Gali 和 Gertler 的混合模型等经典菲利普斯曲线模型。[②] 卢峰等学者基于对中国宏观经济周期与劳动力市场转型关系的经验观察，提出适用于分析中国转型情况的广义奥肯定律。广义奥肯定律的具体适用形态与经济发展阶段有关。仅包含失业率变量的标准奥肯模型，适用于已完成劳动力转移的发达国家；适用于更多转型经济体的广义奥肯定律，还应加入农业劳动力转移变量。[③]

关于我国的宏观就业政策，蔡昉认为，即便在市场经济条件下典型的宏观经济政策体系还处在形成的初期，就业则尚未成为政策的优先目标。但是，鉴于我国就业问题的特点，伴随改革开放的深化进展，其足以取得扩大就业的效果。我国就业增长的整体趋势受到体制转型、人口转变等多种因素的影响，促进就业的宏观经济政策最重要的演进及其经验也是在人口转变、经济发展、结构变化、体制改革和对外开放的背景下进行的。[④] 针对中国就业政策制定中的一些关键性问题，蔡昉等有针对性地概述了劳动经济学理论的一系列最新发展，介绍了其他国家就业政策的相关经验，建议中国在借鉴有关国际经验和教训的前提下，因地制宜地制定自己的就业政策，并推动劳动力市场制度建设。[⑤]

---

① 卢锋、刘晓光、姜志霄、张杰平：《劳动力市场与中国宏观经济周期：兼谈奥肯定律在中国》，《中国社会科学》2015 年第 12 期。

② 陈彦斌：《中国新凯恩斯菲利普斯曲线研究》，《经济研究》2008 年第 12 期。

③ 卢锋、刘晓光、姜志霄、张杰平：《劳动力市场与中国宏观经济周期：兼谈奥肯定律在中国》，《中国社会科学》2015 年第 12 期。

④ 蔡昉：《宏观经济政策如何促进更多更好就业？——问题、证据和政策选择》，《劳动经济研究》2015 年第 3 期。

⑤ 蔡昉、Richard Freeman、Adrian Wood：《中国就业政策的国际视角》，《劳动经济研究》2014 年第 5 期。

二　失业预警技术与预防研究综述

在劳动力的失业预测管理工作中，如果失业变动具有一定的规律可循，就为预测失业风险并提前采取措施排除失业风险提供了可能，通过采取政府干预手段与社会行动，把社会风险控制在可接受的范围之内。围绕失业预警系统开展的理论、技术和方法研究，也是失业研究和治理的重要领域。

近年来，随着我国社会科学以及预测科学的快速发展，有专家团队已经可以做出较高精度的失业预警模型，并将其应用于城市失业预测和警情预防工作中。[①] 莫荣等学者重点关注失业预警的系统性和可操作性，对失业预警系统的总体框架、失业预警模型构建和预测技术以及部分地区失业预警实践都进行了研究、分析和总结。[②] 莫荣和鲍春雷结合人社部失业预警试点实践，对我国失业预警系统尤其是模型研究问题进行了系统而深入的研究，并就如何加强失业预警体系建设，提出了有针对性的对策建议。[③] 这对我国开展失业预警研究、实践和推广具有积极的参考价值。

三　劳动力技能结构配置研究综述

总体来讲，过去有关劳动力就业和失业的研究具有明显的宏观特征。这些研究从宏观层面，对就业面临的问题、失业形成的原因和预测方法进行了翔实的研究，对近年来我国促进就业政策的制定、失业监测和预防工作起到了重要的指导作用。但是，在新一轮的产业转型升级及劳动力技能不匹配问题日益突出的时期，目前的研究显然不足以应对当前的失业问题，尤其是在对高风险失业人群的识别策略和治理策略上还有很多工作要做。特别是，近几十年来

---

① 莫荣：《建立完善我国失业预警系统》，《中国党政干部论坛》2014 年第 12 期。

② 莫荣、李建武、李宏：《中国失业预警：理论、技术和方法》，科学出版社，2011。

③ 莫荣、鲍春雷：《失业预警模型构建与应用》，中国劳动社会保障出版社，2016。

我国的产业结构正在发生明显的变化。与此同时，劳动者的技能能否适应新经济、新技术的要求，新常态下如何进行就业升级，都是亟待解答的问题。近几年来，越来越多的研究开始关注失业的微观层面，开始对失业的结构特征、内在原因进行深入的探索分析，并据此提出了一些更加细微的、有针对性的失业治理的对策建议。

张车伟和赵文的研究表明，中国工薪劳动者的比重已超过60%（城镇超过70%）。就业雇员化的趋势越来越明显，解决劳动力市场的结构性问题，尤其是技能供给与技能需求之间的不匹配问题，变得越来越重要。[①] 辜胜阻等认为，打通正规教育与职业技术教育的制度性障碍及相关教育制度改革，是解决就业结构矛盾的主要策略。[②]

窦争妍和高文书发现，当前的劳动者技能不足以应对产业结构变迁带来的挑战，未来的发展需靠质量来代替数量。[③] 据其测算，2014 年中国第一产业劳动力的平均受教育年限是 7.8 年，建筑业是 9.5 年，制造业是 10.7 年。在人力资本需求方面，到 2020 年产业升级要求劳动力的平均受教育年限为 10.6 年（第一产业为 8.3 年），2025 年则为 11.3 年（第一产业为 8.7 年）。从提升速度来看，2001～2014 年中国劳动力的平均受教育年限仅提高了 1.7 年，这说明人力资本积累并非一蹴而就，需进一步普及高等教育、加强职业培训，为人力资本投资构建良好的政策环境。[④]

在 2016 年中国社科院—欧盟就业总司国际研讨会上，欧盟委员会就业总司的 Sonia Peressini 女士从读写技能（Literacy Skills）、计算技能（Numeracy Skills）和数字信息技能（Digital Skills）等方

---

① 张车伟、赵文：《中国劳动报酬份额问题——基于雇员经济与自雇经济的测算与分析》，《中国社会科学》2015 年第 12 期。

② 辜胜阻、王敏、李睿：《就业结构性矛盾下的教育改革与调整》，《教育研究》2013 年第 5 期。

③ 窦争妍、高文书：《中国经济转型背景下的制造业人力资本积累研究》，《中国人力资源开发》2016 年第 3 期。

④ 周灵灵：《供给侧结构性改革下的就业升级与技能提升——中国社科院—欧盟就业总司国际研讨会（2016）综述》，《劳动经济研究》2016 年第 6 期。

面，论述了欧盟的技能错配（Skill Mismatch）问题。根据2013年的欧洲企业调查数据，不少欧洲企业负责人反映很难招到拥有合适技能的员工。该比例在英国大约是28%，在丹麦大约是35%，在法国、保加利亚等国则超过了50%，在欧盟28国平均约为42%。对此，Sonia Peressini认为，读写、计算、数字信息等基本技能低下是造成技能错配的一大原因，需要新的政策工具来应对教育、培训与市场条件的变化，包括提升劳动者的技能水平、实现学校到工作的平稳转换、改进工作与技能匹配的在线支撑平台等。[①]

总体来讲，针对我国劳动力的就业和失业问题，以往的文献研究偏劳动力总量供给而轻技能结构配置，尤其缺乏对当前我国劳动力技能不匹配问题的深入剖析。而当前我国亟须加强劳动力技能匹配的研究，提高技能配置效率，降低结构性失业风险。为此，本书利用人口普查数据和抽样调查数据对其现状和发展趋势进行了分析，并将企业家调查数据资料和我国职业技能培训状况相结合对导致技能缺口的原因以及可行的解决对策进行了深入的探讨，以期为解决当前我国劳动力的技能缺口问题提供一些具有参考价值的研究依据。

第四节　研究内容与方法

一　研究内容

（一）研究对象及总体框架

本书在客观描述我国劳动力的供给现状及发展趋势的情况下，揭示了劳动力供给减少和年龄结构老化与产业转型升级和劳动力技能缺口加重之间的内在影响逻辑。在此基础上，重点分析了我国劳动力的结构性失业问题和高风险失业人群的现状及未来发展趋势，

① 周灵灵：《供给侧结构性改革下的就业升级与技能提升——中国社科院—欧盟就业总司国际研讨会（2016）综述》，《劳动经济研究》2016年第6期。

并将企业家调查数据资料和我国劳动技能培训服务供给状况相结合，探讨如何有效缩小劳动力与岗位之间的技能缺口。总的研究框架分为如下几部分。

（1）使用2000年和2010年中国人口普查数据，1995年、2005年的中国人口1%抽样调查数据，以及人口与就业统计年鉴数据，客观描述我国劳动力的供给现状及发展趋势。从总量、城乡、年龄、受教育程度、行业分布等方面分析劳动力的供给现状，并对未来劳动力供给的基本发展趋势进行预测，把握其变化趋势，提炼出具有重大影响的变化。

（2）根据“劳动力有效供给减少→用工成本上升→生产技术升级→劳动力技能缺口增大”的影响逻辑，分析在劳动力供给总量减少和年龄结构老化的双重影响下，劳动力技能缺口的发展趋势。

（3）分析我国结构性失业（技能不匹配导致的失业）及高风险失业人群的现状及发展趋势。通过引入“假想队列”的方法，构建“结构性失业模式”参数指标，提出一种预测短期内结构性失业的数理模型，并利用1995～2010年的人口普查和抽样调查数据，分析该时期的失业问题，尤其是技能不匹配引起的结构性失业及高风险失业人群。然后，在经济进入新常态以及其他因素不变的基本假设下，利用劳动力供给和“结构性失业模式”参数的变化趋势，预测了近期我国劳动力的结构性失业状况及高风险失业人群。

（4）针对当前及未来一段时期我国劳动力技能不匹配矛盾突出的问题，将企业家调查数据资料和我国劳动技能培训服务供给状况相结合，探讨如何有效缩小劳动力与岗位之间的技能缺口，并提出应对策略。

（5）在劳动力知识技能的形成过程中寻找导致劳动力技能不匹配的深层次原因。重点针对农民工、普通高校人才、职业教育人才、海外留学人才培养及存在的问题进行了深层次的挖掘分析。

（二）重点与难点

（1）为了排除劳动力的供给数量以及年龄结构对失业水平的影

响，使得不同时期的失业状况具有可比性，本书尝试构建一种能够刻画失业水平和状况的标准化参数——“失业模式”。该参数类似于人口统计学中的“生育模式”，目前还没有人这么做。若能妥善解决，可以说是一项创新。

（2）基于劳动力、失业模式与失业水平和失业人口，构建一种可以短期预测失业率和失业人口规模的数理模型，对未来一段时期的结构性失业水平及失业人口进行数值模拟，对高风险失业人群的变动趋势进行预测分析。如何提高模型预测的精度是一大难点。

（3）将企业家调查数据资料与我国职业技能培训供给模式相结合进行分析，深入探讨导致技能不匹配的原因。探明病理是缩小技能缺口的前提，此为本书研究的一大重点。

（4）从人才培养制度和实施过程中寻找导致技能不匹配的深层次原因是一项系统而艰巨的任务，也是解决未来劳动力技能缺口的重要思路，此为本书面临的一项重大挑战。

（三）主要目标

总目标：拟通过本书的研究，从理论上揭示劳动力供给变动对产业结构升级和劳动力技能缺口的影响。利用实际调查数据，就产业转型升级过程中，技能不匹配引起的结构性失业及高风险失业人群进行重点分析，并预测未来一段时期的发展趋势。最后，针对劳动力技能不匹配矛盾突出的问题，将企业家调查数据和当前我国职业技能培训状况相结合，剖析其中原因，探讨有效缩小劳动力技能缺口的对策。

（1）探明劳动力技能缺口形势严峻的原因。

（2）提供分析结构性失业（技能不匹配导致的失业）的标准化参数。

（3）分析当前阶段我国结构性失业问题，尤其是高风险失业人群。

（4）构建分析和预测结构性失业水平和人口规模的数理模型。

（5）预测未来一段时期结构性失业人口，以及高风险失业人群的变化趋势。

（6）剖析导致结构性失业的原因，提出有效缩小劳动力技能缺口的对策。

（7）分析农民工的劳动力技能缺口并给出解决策略。

（8）分析普通高校人才的培养情况，找出导致技能不匹配的原因及解决对策。

（9）分析职业教育人才的培养情况，找出导致技能不匹配的原因及解决对策。

（10）分析海外留学人才的培养情况，找出导致技能不匹配的原因及解决对策。

二　思路与方法

（一）基本思路

本书以问题意识为导向，对我国劳动力的技能缺口问题及应对策略进行深入的研究。首先，分析近几十年来我国的劳动力供给结构状况，找到劳动力技能缺口产生的客观原因，把握其近期发展趋势等。其次，通过对我国企业家调查数据的分析，了解当前劳动力技能不匹配的实际情况，并找出有效缩小劳动力技能缺口的应对策略。再次，在明确以职业技能培训为主要途径缩小劳动力技能缺口的应对策略下，进一步分析当前我国职业技能培训服务的供给现状以及发达国家的经验，针对我国职业技能培训服务中存在的问题，提出更加有针对性的建议。最后，针对长期以来大学教育和职业教育培养的毕业生的技能与市场需求不匹配的问题，通过对人才培养制度和实施过程进行剖析找出症结所在，并给出解决劳动力技能缺口问题的长期应对策略。

（二）研究方法

（1）定性与定量研究相结合。在理论探讨和数理建模的基础上，结合相关数据进行严谨的统计分析，注重事物之间的联系和研究结论的可靠性。

（2）趋势分析。趋势分析有助于认清事物的变化规律和发展趋势，从而为风险防范提供科学依据。譬如，本书通过（结构性）失业人口预测模型，提前预测分析了未来劳动力的失业状况，从而为防范失业、部署再就业工作提供科学依据。

（3）跨分支学科研究。针对劳动力供给结构问题，本书实际上融合了社会学、人口统计学、劳动经济学等分支学科的理论和工具，有助于打开研究视野。

（4）田野调查。田野调查是社会学、民族学、人类学、人口学等学科常用的研究方法，它能让我们更贴近现实，知晓事物之间发生影响作用的过程。对一些用人单位和职业培训企业及实训基地的调研访谈，有助于深入社会现实中去解决问题。

（三）创新点

本书的创新点在于，将人口统计学中的假想队列方法运用到失业模式分析中，以一种新方法来分析失业的结构特点及变化趋势，并提出了高风险失业人群的识别策略，进而通过预测分析，对近期我国的失业问题进行预测。利用假想队列分析方法对失业模式和发展趋势预测进行了大胆的创新尝试，但是，由于时间有限，疏漏难免，笔者将在未来的科研工作中进一步完善这一研究。

另外，从劳动力供给侧改革的角度，提出缩小劳动力技能缺口的短期应急策略和长期预防策略。短期应急策略，即通过加强职业技能培训，缩小目前存在的劳动力技能缺口。长期预防策略则是从人才培养的制度和实施过程入手，提高人才培养目标与劳动力市场需求之间的匹配度。

第二章 中国劳动力供给变化趋势

导　读

在跨越刘易斯转折点和第一次人口红利消失之后，我国劳动参与率明显下降，劳动力人口规模开始逐渐缩小，而劳动力供给规模的缩小导致的工资水平上涨也促使经济发展方式和产业结构发生转型升级，从而又对劳动者的素质和技能提出了更高的要求。然而，当前我国劳动力的供给规模和结构并不能完全满足劳动力市场的用人要求，尤其是劳动力年龄结构的快速老化加重了长期劳动力技能不匹配的问题。

未来一段时间，随着我国劳动力规模快速缩小和年龄结构快速老化，劳动力技能的升级压力会加大，劳动力市场的技能缺口问题也将越发突出。虽然放开“全面二孩”生育政策以提高生育水平或者吸引外来劳动力迁入有助于缓解形势，但是，短时间内劳动力缩减和老化的趋势并不会扭转，还需要通过增加职业技能培训来解决日益加重的劳动力技能缺口问题。

第一节　劳动力供给现状及历史变迁

从劳动年龄人口的平均年龄及结构来看，我国劳动年龄人口的年龄结构在逐渐老化，并且近年来有加速趋势。劳动力人口规模在经历了一段时期的增长后，于 2010 ~ 2015 年达到峰值。虽然目前劳动力人口规模并未出现明显的下降趋势，但是劳动参与率一直在下降。

一 劳动年龄人口表现出老化趋势

劳动年龄人口在国际上是指 15 ~ 64 岁劳动年龄范围内的人口。劳动力则是指在劳动年龄之内，并且具有劳动能力的人口，也称之为劳动力资源。劳动年龄人口，尤其是劳动力，是社会经济活动的主体。家庭中的劳动力人口是家庭经济收入的主要提供者，担负着养老育小的责任。因此，劳动年龄人口的就业状况不仅直接影响劳动者本人的生存和发展，而且影响家庭成员的生存和发展，进而影响经济的健康发展和社会的安全稳定。

图 2 - 1 给出了改革开放以来，我国劳动年龄人口规模及在总人口中的比例的变化趋势。可以发现，我国劳动年龄人口整体保持增长的发展趋势，劳动年龄人口规模从 1978 年的 5.51 亿人增长到 2010 年的 9.93 亿人。劳动年龄人口在总人口中的比例也从 1978 年的 58% 增长到 2010 年的约 75% 。

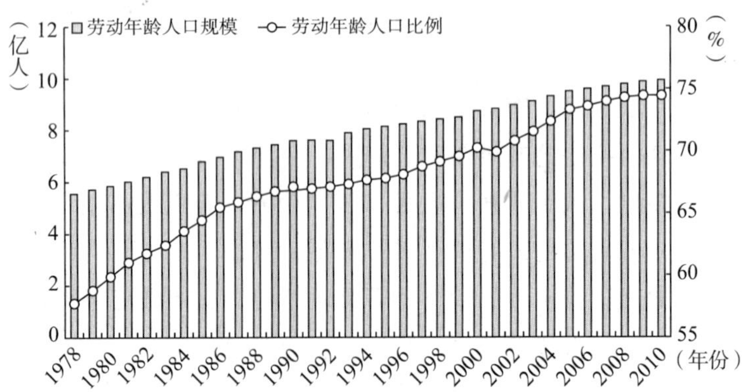

图 2 - 1 1978 ~ 2010 年劳动年龄人口规模及在总人口中的比例

资料来源：以历年人口普查数据中分年龄人口为基础，通过年龄推算得到。

过去 30 多年，我国劳动年龄人口一直保持了相对较为年轻的结构，人口抚养比一直处于相对较低的水平，为国家经济的飞速发展创造了有利的人口条件。然而，从劳动年龄人口的平均年龄及结构来看，我国劳动年龄人口的年龄结构在逐渐老化，并且近年来有不断加速的趋势。图 2-2 给出了 1978~2010 年我国劳动年龄人口平均年龄及年龄构成的变化趋势。可以发现，我国劳动年龄人口的平均年龄从 1978 年的约 34 岁下降到 1986 年的约 33.5 岁，然后整体提高到 2010 年的 38 岁。

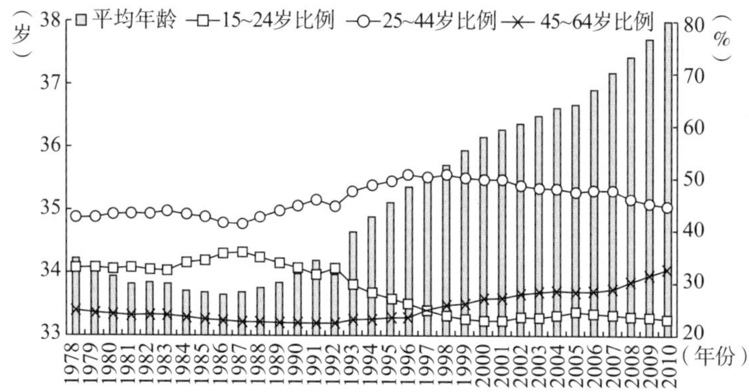

图 2-2　1978~2010 年劳动年龄人口平均年龄及年龄构成

资料来源：以历年人口普查数据中分年龄人口为基础，通过年龄推算得到。

如果将劳动力人口按年龄分为“15~24 岁”、“25~44 岁”和“45~64 岁”三组，分别表示低龄劳动力人口、中龄劳动力人口和高龄劳动力人口，那么劳动力的年龄结构将从 1978 年的“33%-42%-25%”结构转变为 2010 年的“23%-44%-33%”结构。可以看到，低龄劳动力比例减少了 10 个百分点，高龄劳动力比例增加了 8 个百分点。劳动年龄人口表现出老化的趋势。

二　劳动参与率有下降的趋势

劳动力是指具有劳动能力和被雇用潜力的人群，包括已经有工作以及暂时失业但是在寻求工作的人群。劳动统计中一般定义为，基准周内（就业统计周）年满 15 岁参与经济活动的人口，包括就业人口和失业人口两部分。

劳动参与率则是指劳动年龄内已经参加劳动和要求参加劳动的社会总劳动人口占劳动力资源总数的比例，是测量劳动人口参与社会劳动程度的一个指标。它可以按不同的标志划分和计算。以劳动力资源总数（总劳动力）计算的，称总劳动参与率；以某一年龄组计算的，称该年龄组劳动参与率；以性别计算的，称性别劳动参与率等。劳动参与率主要取决于社会经济发展水平和文化教育发展程度。影响劳动参与率的因素很多，而近年来的两个主要因素是劳动年龄人口中从事家务劳动的比例和正在接受教育的学生比例。由于国民经济的发展和科学技术在生产中的广泛应用，社会对劳动者的文化知识和技术水平提出更高的要求，劳动者接受教育的时间相对延长，劳动力资源中受教育的人数比例上升，劳动参与率有下降的趋势。

图 2-3 给出了 1995~2010 年全国劳动力人口规模及劳动参与率的变化趋势。可以发现，我国劳动力人口规模在经历了一段时期的增长后达到峰值，在 2010 年之前尚未表现出明显的下降趋势。虽然劳动力人口规模并未出现明显下降趋势，但是该期间劳动参与率整体在下降。从历年数据来看，1995~2010 年我国劳动力人口规模从 7.14 亿人持续增长到 2005 年的峰值 7.8 亿人，随后 5 年稳定在 7.8 亿人左右。但是，该时期劳动参与率从 88% 下降到 78.5%，几乎下降了 10 个百分点。

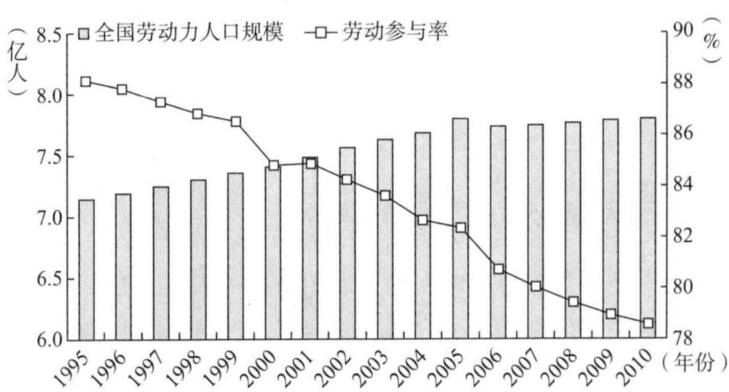

图 2-3　1995~2010 年全国劳动力人口规模及劳动参与率

资料来源：以历年人口普查数据为基础，通过年龄推算得到。

第二节　产业结构升级与劳动力行业格局变迁

1995～2010年我国就业人口规模从6.98亿人持续增长到2005年的峰值7.58亿人，随后5年稳定在7.5亿～7.6亿人。从2014年我国就业人口的产业分布情况看，当前我国就业人口主要分布在第三产业，所占比例约为40%，其次是第二产业和第一产业，所占比例均为30%左右。从行业分布情况来看，从事农林牧渔、水利的人员逐渐减少，从事第二、第三产业的人员逐渐增加，尤其是从事第三产业中商业、服务业人员和生产运输设备操作人员及有关人员的比例在逐渐增加。

就业人口的产业分布、行业分布和职业分布均发生了明显的变化，这些变化深刻地反映了中国近20年来产业结构优化升级的特征事实。

一　当前我国就业人口主要分布在第三产业

从2014年我国就业人口的产业分布情况看，当前我国就业人口主要分布在第三产业，所占比例约为40%，其次是第二产业和第一产业，所占比例均约为30%。从我国就业人口产业分布的历史变迁看，2002年之前，我国就业人口在三次产业中的分布情况相对稳定，其中，第一产业就业人口比例在50%左右，第二产业就业人口比例为22%～24%，第三产业就业人口比例为25%～29%。而在2002年以后，随着产业结构调整速度加快，三次产业就业人口比例发生了明显的变化。其中，第一产业就业人口比例从2002年的约50%快速下降到2014年的30%左右，第二产业就业人口比例从2002年的22%上升到2014年的30%左右，第三产业就业人口比例从2002年的29%上升到2014年的40%左右。从2002～2014年就业人口在三次产业中的分布数据看，这一期间就业人口产业分布表现出清晰明确的变化趋势，即在第一产业中的比例快速下降，而在第二、第三产业中的比例快速上升，尤其是在第三产业中的比例上升最快。如图 2－4 所示。

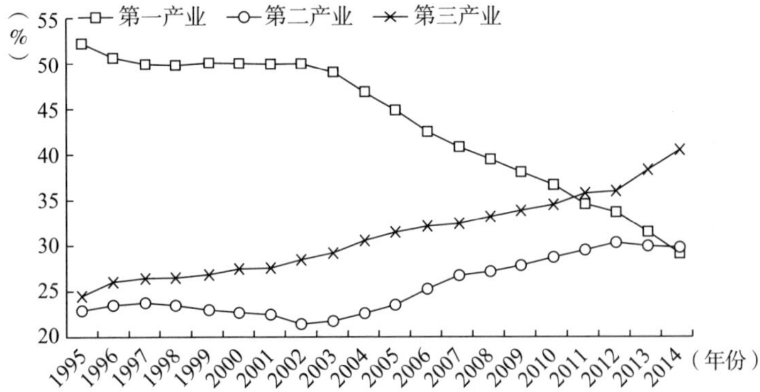

图 2－4　1995～2014 年就业人口的产业分布及变迁

说明：全国就业人员 1995～2000 年的数据根据劳动力调查、人口普查推算，2001 年及以后数据根据第六次人口普查数据重新修订。城镇单位数据不含私营单位。

资料来源：2015 年《中国统计年鉴》。

进一步区分受教育程度来看，受教育程度不同的就业人口在三次产业中的分布情况存在明显差异。总体而言，受教育程度越高的就业人口在第二、第三产业，尤其是在第三产业中所占的比例越高，而受教育程度越低的就业人口，分布在第一产业中的比例越高。从 2010 年人口普查数据来看，未上过学的就业人口主要分布在第一产业，所占比例为 88%，而在第二、第三产业中的比例均为 6%。小学文化程度的就业者主要分布在第一产业，所占比例为 75%，而在第二、第三产业中的比例分别为 15% 和 10%。初中文化程度的就业者仍然主要分布在第一产业，所占比例为 50%，而在第二、第三产业中的比例分别为 28% 和 22%。高中或中专文化程度的就业者主要分布在第三产业，所占比例为 47%，而在第一、第二产业中的比例分别为 20% 和 33%。大学专科文化程度的就业者也主要分布在第三产业，所占比例约为 70%，而在第一、第二产业中的比例分别为 4% 和 26%。大学本科及以上文化程度的就业者也主要分布在第三产业，所占比例为 79%，而在第一、第二产业中的比例分别为 1% 和 20%（见图 2－5）。

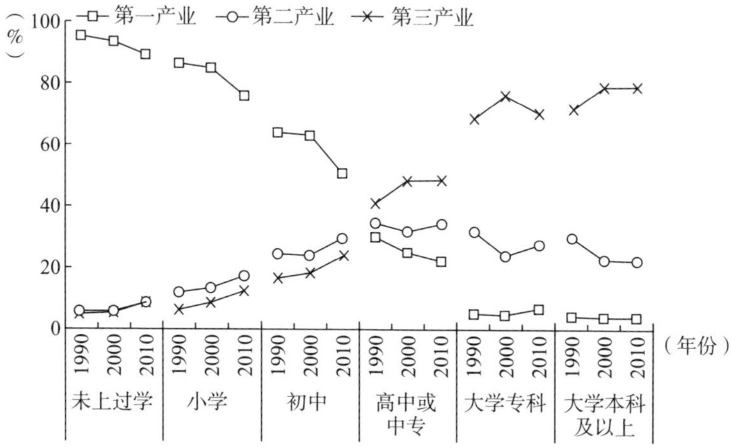

图 2-5　1990 年、2000 年和 2010 年就业人口的产业分布及变迁

资料来源：根据 1990 年、2000 年和 2010 年人口普查资料整理得到。

从时间变化趋势看，随着我国产业结构的调整，受教育程度不同的就业者在三次产业中的比例的变化趋势存在明显差异。总体而言，各受教育程度的就业人口在第一产业中的比例基本呈现下降趋势，而在第三产业中的比例基本呈现上升趋势。受教育程度较低的就业人口在第二产业中的比例基本呈上升趋势，但受教育程度较高的就业人口在第二产业中的比例基本呈下降趋势。大学本科及以上文化程度的就业人口在第一产业中的比例从 1990 年的 2% 下降到 2010 年的 1%，而在第二产业中的比例从 28% 下降到 20%，在第三产业中的比例则从 71% 上升到 79%。

二　服务业吸纳就业人口的规模持续增加

过去 30 多年，随着经济社会的发展，行业分类不断增多，就业人口的行业分布发生了明显的变化，并且由于经济结构升级换代，各行业吸纳就业人口的能力也发生了相对变化，尤其是吸纳就业能力较强的行业发生了很大的变化。虽然过去农林牧渔业一直是吸纳就业人口最多的行业，但是随着经济结构升级，农林牧渔业吸纳就业人口的比例由 1990 年的 72.24% 快速下降到 2000 年的

64.3%和2010年的48.34%（见表2-1）。

相反，另外一些行业特别是服务业吸纳就业人口的规模持续增加。如表2-1所示，其中，制造业吸纳就业人口的比例从2000年的12.4%增加到2010年的16.85%；建筑业吸纳就业人口的比例从1990年的1.8%增长到2000年的2.74%和2010年的5.48%。服务业中的批发和零售业吸纳就业人口比例从1990年的不到4%增长到2000年的约7%和2010年的约9%；交通运输、仓储和邮政业吸纳就业人口比例从1990年的约2%增长到2000年的约3%和2010年的约4%。其他服务型行业吸纳就业人口的比例也有不同幅度的增长。

表2-1 从业人员的行业构成及历史变迁

单位：%

1990年		2000年		2010年	
行业大类	比例	行业大类	比例	行业大类	比例
农林牧渔、水利业	72.24	农林牧渔业	64.3	农林牧渔业	48.34
工业	13.38	制造业	12.4	制造业	16.85
商业、公共饮食业、物资供销和仓储业	3.98	批发和零售贸易、餐饮业	6.76	批发和零售业	9.3
教育、文化艺术和广播电视业	2.33	建筑业	2.74	建筑业	5.48
国家机关、政党机关和社会团体	2	交通运输、仓储及邮电通信业	2.61	交通运输、仓储和邮政业	3.56
交通运输、邮电通信业	1.82	教育、文化艺术及广播电影电视业	2.55	住宿和餐饮业	2.73
建筑业	1.8	国家机关、政党机关和社会团体	2.36	公共管理和社会组织	2.57
房地产管理、公用事业、居民服务和咨询服务业	0.96	社会服务业	2.15	教育	2.31
卫生、体育和社会福利事业	0.8	卫生、体育和社会福利事业	1.06	居民服务和其他服务业	1.94
金融、保险业	0.33	采掘业	1.04	卫生、社会保障和社会福利业	1.17

续表

1990年		2000年		2010年	
行业大类	比例	行业大类	比例	行业大类	比例
科学研究和综合技术服务业	0.22	电力、煤气及水的生产和供应业	0.62	采矿业	1.13
地质普查和勘探业	0.12	金融、保险业	0.57	金融业	0.81
其他行业	0.02	其他	0.25	电力、燃气及水的生产和供应业	0.69
		房地产业	0.24	租赁和商务服务业	0.69
		科学研究和综合技术服务业	0.21	房地产业	0.67
		地质勘查业、水利管理业	0.13	信息传输、计算机服务和软件业	0.61
				文化、体育和娱乐业	0.45
				水利、环境和公共设施管理业	0.37
				科学研究、技术服务和地质勘查业	0.32
				国际组织	0
总计	100	总计	100	总计	100

注：每年统计时，行业分类有变化，所以行业名称前后有不一致的地方。描述时用2010年对应的名称。

资料来源：根据1990年、2000年和2010年人口普查资料整理得到。

三　从事第二、第三产业的人员逐渐增加

我国就业人口职业构成的变化可以从2005年、2010年和2013年这三个不同时期的统计数据体现出来。受教育程度不同的就业人口的职业分布存在明显差异。其中，初中及以下文化程度的就业人口主要从事农林牧渔、水利业生产的职业；高中文化程度的就业人口主要从事商业、服务业的职业；大学专科及以上文化程度的就业人口主要从事专业技术类的职业。如图2－6所示。

比较不同时期我国就业人口的职业构成发现，2005年以来，单位负责人所占比例明显减少。专业技术人员、办事人员和有关

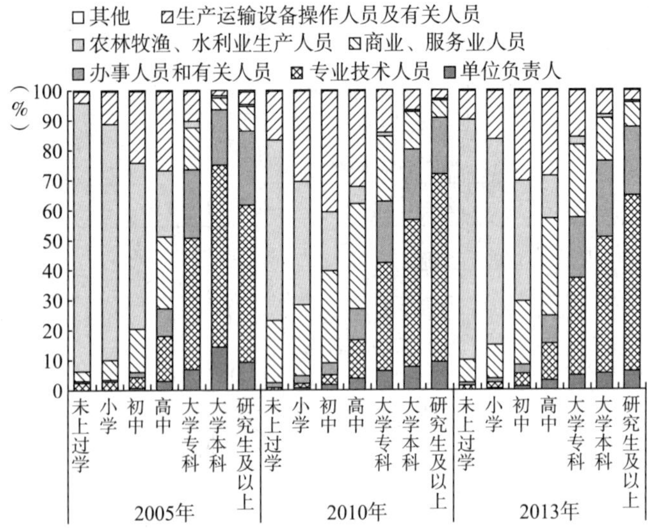

图 2-6 从业人口的职业构成及历史变迁

资料来源：2005 年、2010 年和 2013 年《中国劳动统计年鉴》。

人员所占比例变化不明显。2010 年的商业、服务业人员比例有明显增加，但 2013 年有略微减少。2010 年的农林牧渔、水利业生产人员有明显减少，但 2013 年有明显增加。2010 年生产运输设备操作人员及有关人员所占比例有明显增加，而 2013 年有略微减少。

结合经济增长率分析就业人口的职业构成及变化趋势。2005 年我国经济正处于繁荣时期，经济增长率达到 10.4%，2010 年我国经济增长率为 10.3%，2013 年我国经济增长率下降到 7.7%。经济周期性的繁荣、衰退对劳动力市场的供需产生了不可忽略的影响。在经济复苏和繁荣期，社会对劳动力的需求逐渐增加，而在经济衰退和萧条时期，社会对劳动力的需求逐渐减少。但是，在我国经济周期性繁荣、衰退过程中，并没有出现大规模的失业问题。原因是，在此过程中，农林牧渔、水利业充当了劳动力市场的自然蓄水池。当经济发展处于复苏和繁荣时期，之前从事农林牧渔、水利业的劳动力将转移到工资水平较高的第二、第三产业，尤其是第三产业，表现为农林牧渔、水利业的从业人员比例逐渐减少；而当经济回退时期，这部分劳动力将重新回到农林牧渔、水利业。

在经济周期性波动影响不大，经济平稳发展的情况下，我国从业人口的职业构成将延续 2005 ~ 2010 年的变化趋势，即从事农林牧渔、水利业的人员逐渐减少，从事第二、第三产业的人员逐渐增加，尤其是从事第三产业中商业、服务业人员和生产运输设备操作人员及有关人员的比例会逐渐增加。

第三节　劳动力发展趋势将影响技能缺口状况

劳动力的发展趋势将影响劳动力市场的技能缺口状况。当前我国劳动力人口规模发展趋势是城镇增加、农村减少。劳动力年龄结构有明显老化的趋势，高龄劳动力的比例增加了 11%，农村劳动力人口规模锐减和年龄结构老化并存。

未来一段时间，劳动力的发展趋势将影响劳动力市场的技能缺口状况。通过将劳动参与模式带入人口预测模型，我们构建了劳动力人口预测模型。在考虑新退休政策和“全面二孩”生育政策的影响下，对未来不同劳动力群体的规模和结构进行了预测，并分析其对劳动力技能缺口带来的影响。

一　劳动力人口规模发展趋势：城镇增加、农村减少

预测结果显示（见图 2 - 7），2010 ~ 2030 年，我国劳动力人口规模将从 2010 年的 7.57 亿人增加到 2012 年的 7.64 亿人，然后持续减少到 2030 年的 6.27 亿人。其中，男性劳动力人口将从 2010 年的 4.2 亿人增加到 2012 年的 4.22 亿人，然后持续减少到 2030 年的 3.58 亿人；女性劳动力人口将从 2010 年的 3.37 亿人增加到 2012 年的 3.42 亿人，然后持续减少到 2030 年的 2.69 亿人。劳动力市场上的男性劳动力和女性劳动力人口规模之间的差距将继续存在，并且略有扩大的趋势。男性劳动力人口规模与女性劳动力人口规模之间的差距将从 2010 年的 8300 万人略微扩大到 2030 年的 8900 万人，累计增长约 7%。

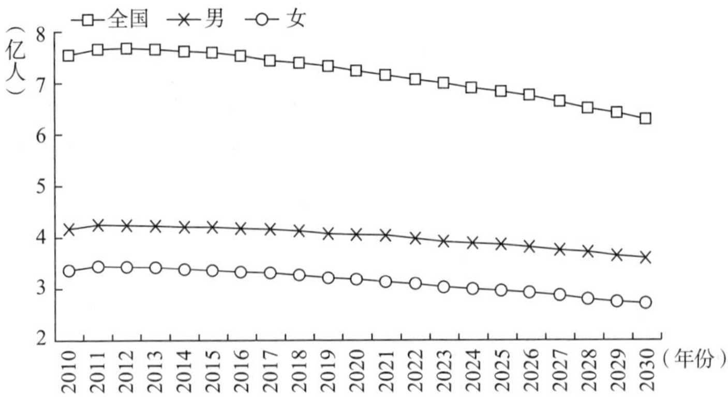

图 2－7　2010～2030 年全国劳动力人口规模变化趋势

资料来源：笔者根据人口发展方程得到的预测数据。

伴随着城镇化进程的加快，城镇劳动力人口规模还将继续增加，而农村劳动力人口规模还将继续减少，但是劳动力人口变化速度有明显放缓趋势。

随着农村劳动力人口转移到城镇，城镇劳动力人口规模将从2010 年的 3.63 亿人持续增长到 2020 年的 4.37 亿人和 2030 年的4.59 亿人（见图 2－8）。其中，男性劳动力人口规模将从 2010 年的 2.08 亿人持续增长到 2020 年的 2.55 亿人和 2030 年的 2.70 亿人；女性劳动力人口规模将从 2010 年的 1.55 亿人持续增长到 2020年的 1.83 亿人和 2030 年的 1.89 亿人。城镇劳动力市场上的男性劳动力和女性劳动力人口规模之间的差距将继续存在，并且有明显扩大的趋势。男性劳动力人口规模与女性劳动力人口规模之间的差距将从 2010 年的 5300 万人扩大到 2030 年的 8100 万人，累计增长约 53%。

随着农村劳动力人口转移到城镇，农村劳动力人口规模将从2010 年的 3.94 亿人持续减少到 2020 年的 2.85 亿人和 2030 年的1.68 亿人（见图 2－9）。其中，男性劳动力人口规模将从 2010 年的2.11 亿人持续减少到 2020 年的 1.50 亿人和 2030 年的 0.88 亿人；女性劳动力人口规模将从 2010 年的 1.83 亿人持续减少到 2020 年的1.35 亿人和 2030 年的 0.80 亿人。农村劳动力市场上的男性劳动力和

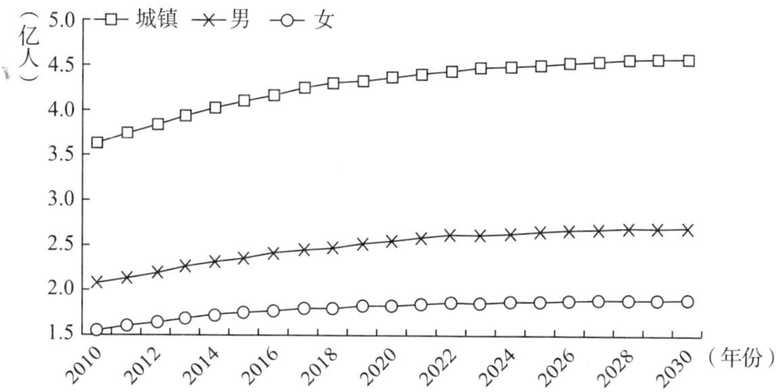

图 2－8　2010～2030 年城镇劳动力人口规模变化趋势

资料来源：笔者根据人口发展方程得到的预测数据。

女性劳动力人口规模之间的差距将继续存在，但有明显缩小的趋势。男性劳动力人口规模与女性劳动力人口规模之间的差距将从 2010 年的 2800 万人缩小到 2030 年的 800 万人，累计缩减 71%。

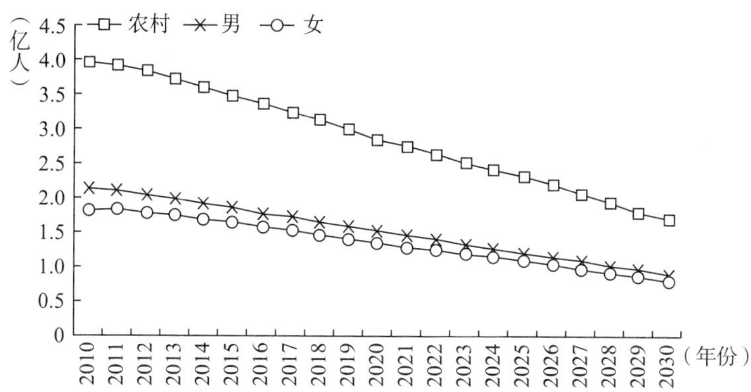

图 2－9　2010～2030 年农村劳动力人口规模变化趋势

资料来源：笔者根据人口发展方程计算得到的预测数据。

二　劳动力年龄结构有明显老化的趋势

1. 高龄劳动力的比例增加了 11%

通常采用年龄结构金字塔反映人群的年龄结构。图 2－10 给出了 2010 年、2020 年和 2030 年全国劳动力年龄结构金字塔，可以发现，劳动力年龄结构金字塔的底部快速收缩，顶部逐渐加宽，劳动力年龄结构有明显老化的趋势。

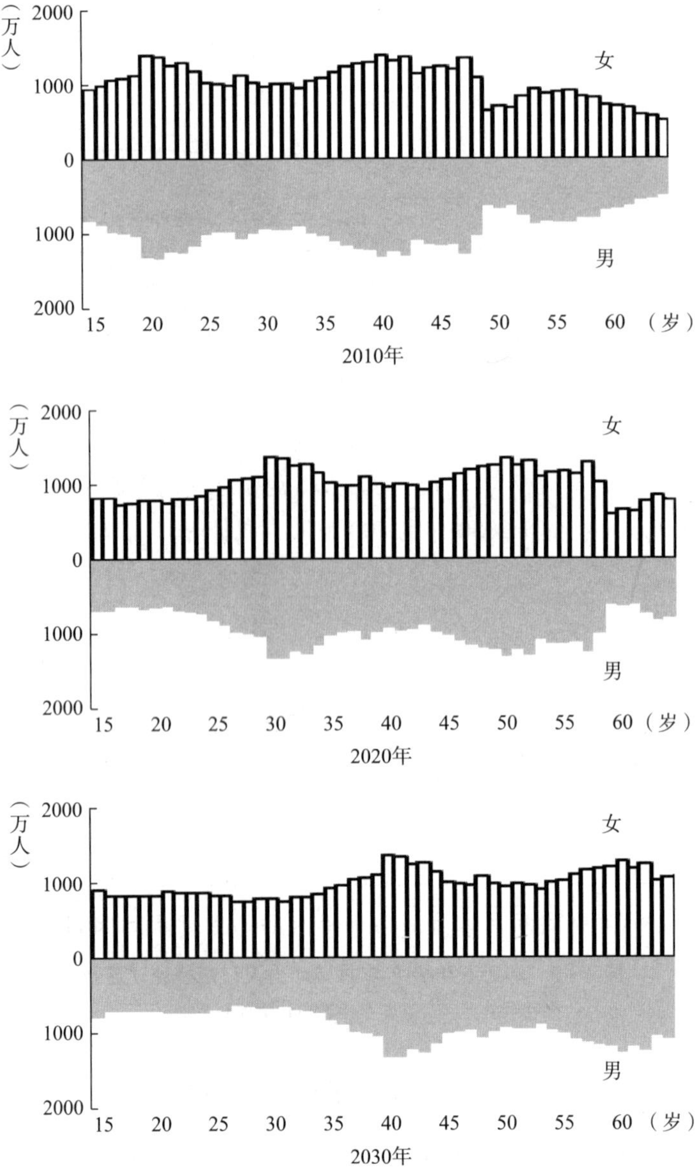

图 2－10　2010 年、2020 年和 2030 年全国劳动力年龄结构金字塔

说明：由于篇幅所限，各子图在原图的基础上顺时针旋转 90°而成，下同。

资料来源：笔者根据人口发展方程得到的预测数据。

如果将劳动力人口按年龄分为“15～29岁”、“30～44岁”和“45～64岁”三组，分别表示低龄劳动力、中龄劳动力和高龄劳动力，那么劳动力人口的年龄结构将从2010年的“33%－34%－33%”结构转变为2030年的“24%－32%－44%”结构。可以看到，低龄劳动力人口的比例减少了9个百分点，高龄劳动力人口的比例增加了11个百分点。

2. 农村劳动力人口规模锐减和年龄结构老化并存

随着年轻劳动力不断地从农村迁移流动到城镇，城镇和农村劳动力人口的年龄结构表现出完全不同的发展趋势。

随着农村年轻劳动力的迁入，城镇劳动力人口规模在不断扩大的同时，年龄结构也一直相对年轻。从2010年城镇劳动力人口的年龄结构看，25～45岁劳动力人口所占比重很高，并且其中各年龄占比均衡，属于典型的年富力壮型结构。而随着农村年轻劳动力的持续迁入，2020年城镇劳动力人口规模继续扩大的同时，年龄结构依旧较为年轻，尤其是25～36岁青年劳动力人口占比最高。但是在2030年，随着人口老龄化加重，城镇劳动力人口的年龄结构将出现老化迹象，表现为25～35岁劳动力人口占比明显减少，而35～45岁劳动力人口占比明显增加（见图2－11）。

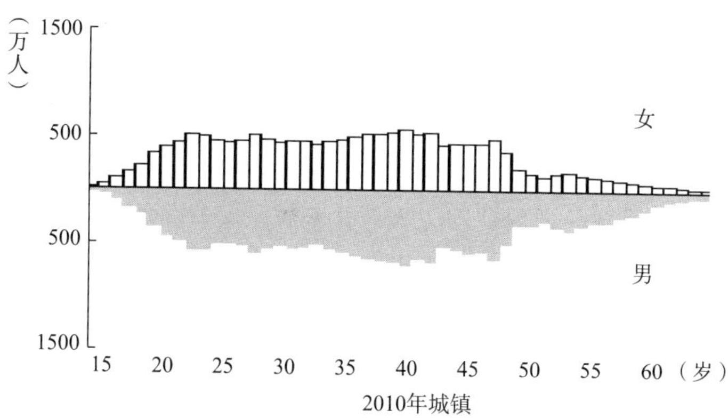

2010年城镇

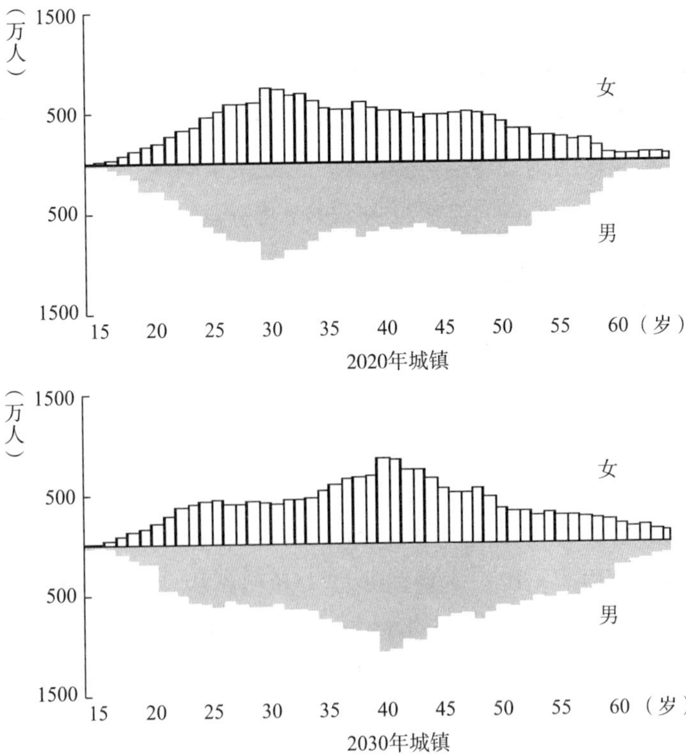

图 2－11　2010 年、2020 年和 2030 年城镇劳动力年龄结构金字塔

资料来源：笔者根据人口发展方程得到的预测数据。

如果将城镇劳动力人口按年龄分为“15～29 岁”、“30～44 岁”和“45～64 岁”三组，分别表示低龄劳动力、中龄劳动力和高龄劳动力，那么城镇劳动力人口的年龄结构将从 2010 年的“28%－44%－28%”结构转变为 2030 年的“19%－45%－36%”结构。可以看到，低龄劳动力人口比例减少了 9 个百分点，高龄劳动力人口比例增加了 8 个百分点。城镇劳动力人口的年龄结构有明显的老化趋势。

随着农村青年劳动力人口的持续迁出，农村劳动力人口在经历规模持续减小的同时，年龄结构也将经历快速老化的变化趋势。图 2－12 给出了 2010 年、2020 年和 2030 年农村劳动力年龄结构金字塔的变化情况。可以发现，不仅劳动力人口规模锐减，而且劳动力人口年龄结构快速老化。从年龄结构金字塔的形状上看，农村劳动力人口的年龄结构从较年轻的均衡型结构转变为老化极其严重的倒三角形结构。

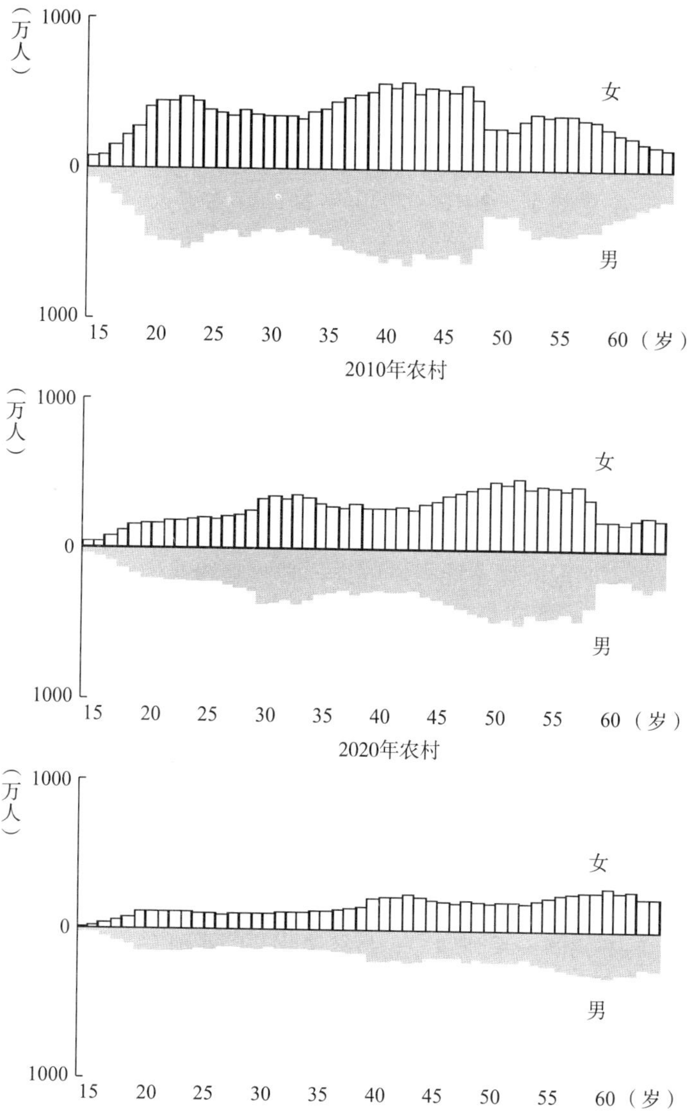

图 2－12　2010 年、2020 年和 2030 年农村劳动力年龄结构金字塔

资料来源：笔者根据人口发展方程得到的预测数据。

如果将农村劳动力人口按年龄分为“15～29岁”、“30～44岁”和“45～64岁”三组，分别表示低龄劳动力、中龄劳动力和高龄劳动力，那么农村劳动力人口的年龄结构将从2010年的“26%－37%－37%”结构转变为2030年的“18%－28%－54%”结构。可以看到，低龄劳动力人口比例减少了8个百分点，高龄劳动力人口比例增加了17个百分点。农村劳动力人口的年龄结构的老化速度很快并且老化程度很大。

值得注意的是，2010～2030年农村劳动力人口规模将快速减小，这必然要求农业生产的高度机械化。但是该期间我国农村劳动力人口的年龄结构也在经历着快速老化的趋势。而农村劳动力人口结构老化，不仅意味着劳动力体力衰弱和不足，而且意味着劳动力的文化程度和技能水平偏低、劳动技能培训成本偏高，显然不利于农业生产高度机械化的基本发展趋势。由于农村劳动力人口规模锐减和年龄结构老化并存，未来一段时间，农村劳动力市场上劳动力技能与农业生产要求不匹配的问题也将逐渐显现出来。如果农村劳动力技能不匹配问题不能得以解决，必然制约我国农业生产模式的升级发展。

第四节　劳动力发展趋势促使技能缺口问题更加严峻

遵循经济发展的一般规律，在跨越了刘易斯转折点和第一次人口红利消失之后，中国必然经历产业结构和技术结构的迅速升级。经济发展方式的一系列转变，最终都主要以产业结构升级和优化的方式表现出来。产业结构升级不可避免地会表现为从劳动密集型转向资本和技术密集型，从以制造业为主转向以服务业为主。[①] 既然产业升级的目的是提高劳动生产率，特别是全要素生产率，那么演

① 蔡昉、王美艳：《中国人力资本现状管窥——人口红利消失后如何开发增长新源泉》，《人民论坛·学术前沿》2012年第4期。

变方向体现了对劳动者素质和技能的更高要求。然而，未来我国劳动力人口规模快速减小和年龄结构快速老化的基本发展趋势总体上不利于为产业结构升级提供符合需求的劳动力，则劳动力市场的技能缺口问题将更加严峻。

首先，从劳动力人口规模减小趋势看，随着生育率下降和出生人口减少，劳动力供给总量将快速减少。劳动力供给数量减少直接导致劳动力成本持续上升，使得劳动密集型产业占比收缩，而资本和技术密集型产业比重上升。这也在很大程度上将加快产业结构的升级调整速度，进而加大劳动力市场的技能缺口规模和程度。根据韩国和日本的经验，在劳动力供求关系发生变化和劳动力成本大幅上升之后，食品、饮料、纺织品等劳动密集型产业在制造业中的比重开始明显下降，金属、化学、石化等资本密集型的重化工产业和通用设备、电子设备和精密仪器等技术密集型产业占比则持续提高。[①] 而根据已有研究，我国劳动力价格上升对于劳动密集型产业利润率的影响明显大于其对资本密集型和技术密集型产业的影响；同时，随着劳动力成本的上升，我国劳动密集型产业的占比将逐步下降，资本密集型产业和技术密集型产业的比重则逐步提升，产业结构升级的客观要求和总体趋势越发凸显。产业结构升级必然会对劳动力技能产生新的需求，但是劳动力技能提升的问题并非一朝一夕就能解决的，因此，在一定程度上，劳动力人口规模减小将导致劳动力技能不匹配问题的加重。

其次，从劳动力年龄结构老化的情况看，未来老年劳动力人口规模增大将加重长期技能缺口的问题。由于我国尚未形成终身学习的社会风尚，大部分人一生的教育和知识积累主要发生在 30 岁之前，也就是说一个人一生的文化程度在很大程度上由 30 岁之前的正规教育决定，后期知识结构改善和文化程度提高的机会和可能性很小，并且，随着年龄的增长，知识结构改善和文化程度提高的可

① 曾铮：《及时调整经济战略　应对人口红利衰减》，《中国证券报》2012 年 3 月 30 日。

能性呈加速下降的变化趋势。老年劳动力人口的增多，势必加重低技能劳动力人口的比重，导致劳动力技能缺口问题更加严峻。同时，由于老年劳动力人口接受新技能的能力较差，即使通过技能培训弥补技能不足也需要更长的时间，因此，劳动力年龄结构老化将在很大程度上加重长期技能缺口的形势。

总体而言，劳动力人口规模缩减和年龄结构老化是导致技能缺口严重的根本原因。通过提高生育水平和吸引外来劳动力迁入可以放缓技能缺口加重的趋势。目前国家已经放开“全面二孩”生育政策，但是对劳动力人口规模缩减和年龄结构老化的减缓效果非常有限。据学界多方测算，即便中国全面放开二胎甚至完全废止生育数量管制，劳动力供给反弹的规模也很小，并且人口政策的积极效果要在2031年以后才能显现出来。然而，在短期之内，“二孩”生育政策进一步增加了女性就业的难度，导致更多的女性退出劳动力市场。因此，短期内还需要通过吸引外来劳动力流入来解决劳动力技能缺口的问题。

总结：劳动力规模缩减和年龄结构老化是导致技能缺口严重的根本原因

在劳动力的供给侧，劳动力人口的规模和年龄结构是影响劳动力市场技能缺口的基本宏观因素。本章从劳动力供给侧出发，分析劳动力供给对技能缺口的影响。研究发现，在跨越刘易斯转折点和第一次人口红利消失之后，我国劳动力人口规模开始逐渐减小，劳动参与率也在明显下降。而劳动力供给规模的减小导致的工资水平上涨也促使经济发展方式和产业结构发生转型升级，从而又对劳动者的素质和技能提出了更高的要求。因此，劳动力人口规模缩减和年龄结构老化是导致技能缺口严重的根本原因。

首先，劳动力供给减少是导致技能不匹配的根本原因。随着生育率的快速下降和出生人口锐减，劳动力供给总量将快速减少。而劳动力供给数量的减少将直接导致劳动力成本持续上升，使得劳动密集型产业占比收缩，而资本和技术密集型产业占比上升。产业结构升级必然会对劳动力技能产生新的需求，但是劳动力技能提升的问题并非一朝一夕就能解决的，因此，劳动力人口规模减小通过推动产业升级导致技能不匹配问题的加重。

其次，劳动力年龄结构老化将加重长期技能缺口的问题。由于我国尚未形成终身学习的社会风尚，大部分人一生的教育和知识积累主要发生在青少年时代，后期知识结构改善和文化程度提高的机会和可能性很小。在职业培训跟不上生产技术升级换代速度的情况下，劳动力年龄结构老化将增加技能缺口的存量规模，并且中老年人接受新知识和新技能的能力较差，即使通过技能培训弥补技能不足也需要更长的时间，因此，劳动力年龄结构老化也将在很大程度上加重长期技能缺口的问题。

未来一段时间，随着我国劳动力人口规模快速减小和年龄结构快速老化，劳动力技能的升级压力会加大，劳动力市场的技能缺口问题也将越发突出。虽然通过放开“全面二孩”生育政策提高生育水平、吸引外来劳动力迁入可以缓解一些技能缺口加重的趋势，但是，在短期之内，“二孩”政策的效果并不能显现，劳动力供给规模缩减和年龄结构老化的趋势难以扭转，还需要通过增加职业技能培训服务来解决劳动力技能缺口的问题。

第三章

结构性失业与高风险失业群体

导　读

当前阶段全国结构性失业人口（劳动技能与岗位要求不匹配）规模约为704万人，占全部劳动力人口的1%。其中，城镇结构性失业人口规模约为438万人（62%）；农村结构性失业人口规模约为266万人（38%）。

失业风险最高的三类群体是，16~29岁青年农民工、22~24岁大学毕业生和45~60岁中老年劳动力。高风险失业人群的一个突出特点是技能低。如何提高技能水平将是缩小技能缺口的关键所在。

未来一段时间，我国经济结构和产业结构将进入升级换代的关键期，保守估计，结构性失业人口规模将增长到1397万人；“十四五”和“十五五”期间将在1460万人左右。缩小劳动力市场上的技能缺口将面临更加严峻的挑战。

第一节　失业现状及结构分析

根据2010年全国第六次人口普查数据计算，2010年全国失业人口规模在2290万人左右，其中，男性失业人口规模约为1157万人，女性失业人口规模约为1133万人。从变化趋势看，失业率在年龄维度上均呈现“滑梯”走势。随着年龄的增长，失业率基本上表现出下降的趋势。失业人群主要有以下特征。

（1）技能缺口最严重的群体是16～29岁青年劳动力。

（2）失业人口受教育程度构成：高中及以下学历为主体。

（3）户籍身份特征：高中及以下农民工占94%。

（4）高风险失业人群最突出的特点是低学历。

一　失业率在年龄维度上均呈现“滑梯”走势

从变化趋势看，失业率在年龄维度上均呈现“滑梯”走势。随着年龄的增长，失业率基本上表现出下降的趋势。初入职场的青年群体的失业率明显偏高，25岁以后随着工作经验的积累失业率开始快速下降，然后在40岁以后随着技能老化淘汰失业率再次上升，60岁以后随着就业意愿的减弱失业率开始快速下降（见图3－1）。

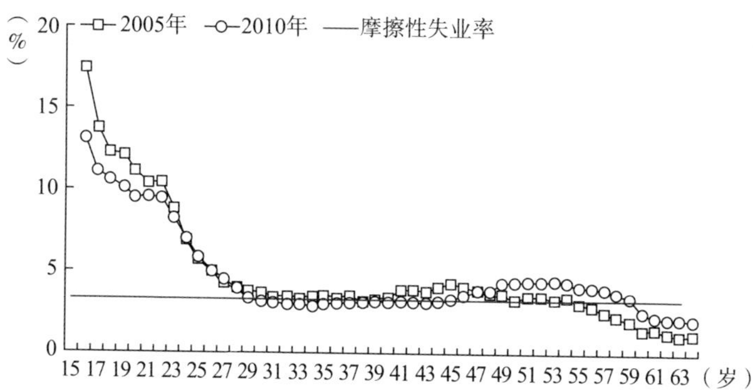

图3－1　城镇男性失业率

资料来源：2005年人口抽样调查数据和2010年人口普查数据。

如果将各劳动部门30～40岁成熟劳动力的失业水平视作同一劳动部门所有劳动力面临的摩擦性失业率水平，那么，对于城镇男性而言，其摩擦性失业率为3.00%，总体失业率为4.35%，结构性失业率为1.35%。同理，可以推算出，城镇女性的摩擦性失业率为4.80%，结构性失业率为0.75%；农村男性的摩擦性失业率为0.60%，结构性失业率为0.80%；农村女性的摩擦性失业率为0.80%，结构性失业率为0.58%（见表3－1）。

表 3－1　四部门失业率、摩擦性失业率和结构性失业率估计结果

单位：%

部门	失业率	摩擦性失业率	结构性失业率
城镇男性	4.35	3.00	1.35
城镇女性	5.55	4.80	0.75
农村男性	1.14	0.60	0.80
农村女性	1.38	0.80	0.58

注：北京大学社会研究中心主任、千人计划讲座教授谢宇表示，2012 年中国城镇人口失业率为 4.4% ～9.2%。其中，4.4% 的下限反映了狭义失业人口，接近官方数据；9.2% 的上限则考虑到没找到工作、不愿意工作等隐性失业者，较接近国内多家学术机构的抽样调查。

资料来源：根据 2000 年和 2010 年失业人口数据计算得到。

进一步以 2010 年为例分析各群体的失业率和结构性失业率（见图 3－2）。

根据 2010 年全国第六次人口普查数据计算，2010 年全国失业率在 3% 左右，其中，男性劳动力失业率为 2.8%，女性劳动力失业率为 3.4%。城镇劳动力失业率较高，约为 4.9%，其中，城镇男性劳动力失业率约为 4.4%，城镇女性劳动力失业率约为 5.7%。农村劳动力失业率较低，约为 1.3%，其中，农村男性劳动力的失业率约为 1.2%，农村女性劳动力的失业率约为 1.4%。①

① 曾湘泉、于泳在回顾国外自然失业率测量模型的基础上，基于可变参数的假设，构建包含自然失业率变动过程和菲利普斯曲线关系的状态空间模型。模型假定，自然失业率为一随机游走变量；通货膨胀是由通胀惯性、需求的周期性变动（由失业缺口即实际失业率和自然失业率之差所代表）和一系列供给冲击变量所决定。他们采用两种方法测度通货膨胀，分别采用三个变量代理“短期供给冲击”，组合为六个有差异的模型。最终应用卡尔曼（Kalman）滤波方程估算出 1992～2004 年随时间变动的自然失业率曲线。他们实证分析的结果显示，自 1992 年以来，中国具有不断升高的自然失业率，并在 2002 年达到最大值。尽管上升趋势十分明显，然而 2000 年以后，自然失业率一直在 4.8% ～5.6% 的范围内波动，相对稳定。与同时期的主要市场经济国家相比，这一水平并不高，但自然失业占总失业的比重很高。通过 10 年的中国劳动力市场主要变化，他们认为结构转变的加快和青年就业问题的突出为自然失业率上升的主要原因。参见曾湘泉、于泳《中国自然失业率的测量与解析》，《中国社会科学》2006 年第 4 期。

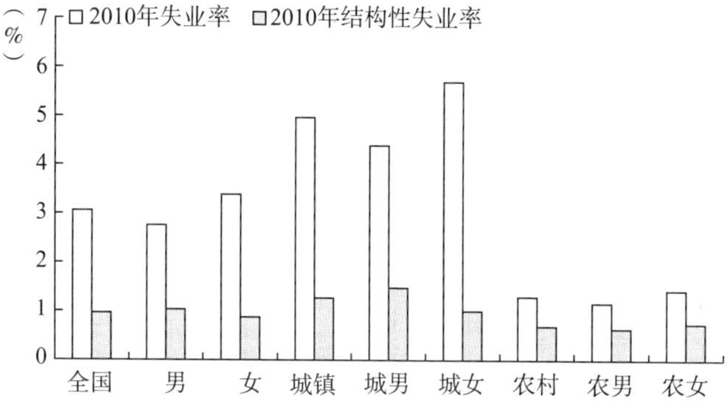

图 3－2　2010 年各群体的失业率和结构性失业率

资料来源：根据 2010 年失业人口数据计算得到。

进一步扣除摩擦性失业率后，2010 年全国结构性失业率在 1% 左右，其中，男性劳动力结构性失业率为 1%，女性劳动力结构性失业率为 0.9%。城镇劳动力结构性失业率较高，约为 1.3%，其中，城镇男性劳动力结构性失业率约为 1.5%，城镇女性劳动力结构性失业率约为 1%。农村劳动力失业率较低，约为 0.7%，其中，农村男性劳动力的结构性失业率约为 0.6%，农村女性劳动力的结构性失业率约为 0.7%。

二　2010 年全国失业人口规模约为 2290 万人

进一步以 2010 年为例分析各群体的失业人口规模和结构性失业人口规模（见图 3－3）。

根据 2010 年全国第六次人口普查数据计算，2010 年全国失业人口规模在 2290 万人左右，其中，男性失业人口规模约为 1157 万人，女性失业人口规模约为 1133 万人。城镇失业人口规模较大，约为 1789 万人，其中，城镇男性失业人口规模约为 911 万人，城镇女性失业人口规模约为 878 万人。农村失业人口规模较小，约为 501 万人，其中，农村男性失业人口规模约为 245 万人，农村女性失业人口规模约为 256 万人。

进一步扣除摩擦性失业人口，2010 年全国结构性失业人口规

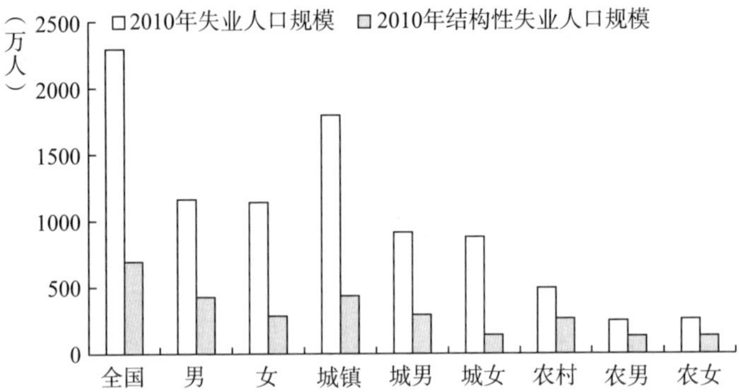

图 3－3　2010 年各群体的失业人口规模和结构性失业人口规模

资料来源：根据 2010 年失业人口数据计算得到。

模在 704 万人左右，其中，男性结构性失业人口规模为 423 万人，女性结构性失业人口规模为 281 万人。城镇结构性失业人口规模较大，约为 438 万人，其中，城镇男性结构性失业人口规模约为 291 万人，城镇女性结构性失业人口规模约为 147 万人。农村结构性失业人口规模较小，约为 266 万人，其中，农村男性结构性失业人口规模约为 132 万人，农村女性结构性失业人口规模约为 134 万人。

三　失业人群特征分析

（一）技能缺口最严重的群体是 16～29 岁青年劳动力

图 3－4 给出了四部门分年龄的失业率、摩擦性失业率和结构性失业率（为失业率－摩擦性失业率）。从图中可以看出，城镇失业人口的年龄分布相对比较复杂、多变，而农村失业人口的年龄分布比较简单、规律。

其中，城镇男性结构性失业率较高的群体主要分布在 16～29 岁以及 45～60 岁，尤其是 16～29 岁（见图 3－4 和表 3－2）。其中，16～29 岁的结构性失业率在 0%～10%，并且年龄越小结构性失业率越高。45～60 岁的结构性失业率开始再次上升，在 0%～4%，其中，45～50 岁的结构性失业率为 4%。

城镇女性结构性失业率较高的群体主要分布在 16～29 岁以及

45～50 岁，尤其是 16～29 岁（见图 3－4 和表 3－2）。其中，16～29 岁的结构性失业率为 0%～5.5%，并且年龄越小结构性失业率越高。45～50 岁结构性失业率开始再次上升，为 0%～1.5%。

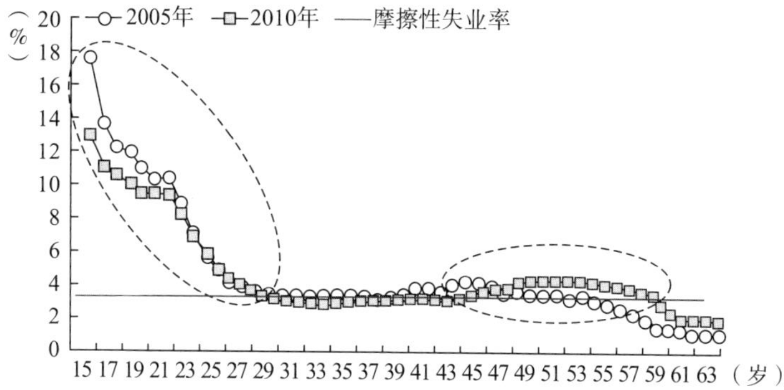

城镇男性

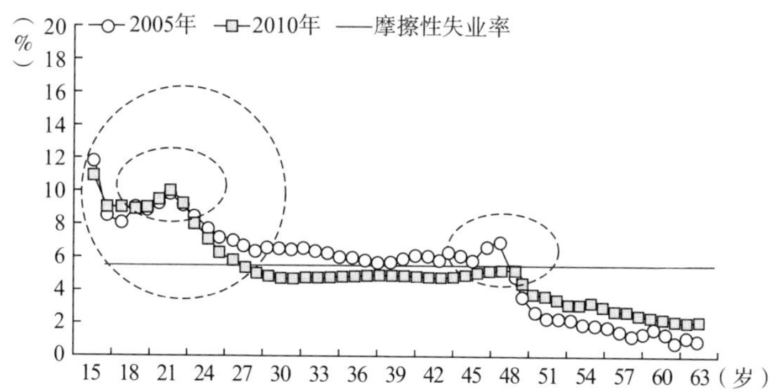

城镇女性

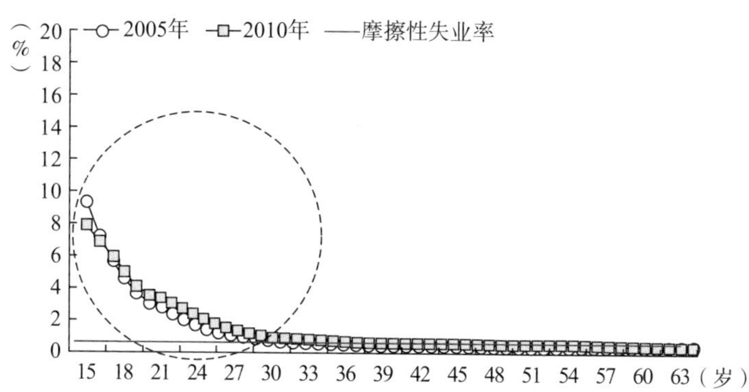

农村男性

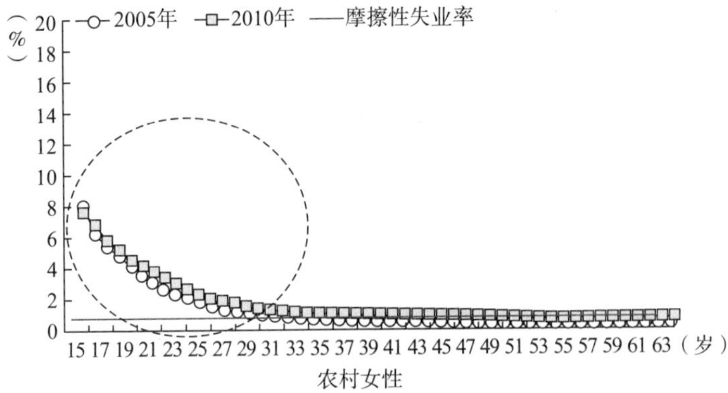

图 3－4　分年龄的失业率及高风险失业人群的年龄构成

资料来源：2005 年人口抽样调查数据、2010 年人口普查数据。

农村失业人口的年龄分布相对比较简单、规律。其中，农村男性结构性失业率主要分布在 16～29 岁，结构性失业率为 0%～7.4%。农村女性结构性失业率也主要分布在 16～29 岁，结构性失业率为0%～6.2%。如表 3－2 所示。

表 3－2　高风险结构性失业人群的年龄构成

		16～29 岁	其中：20～22 岁	45～60 岁	其中：45～50 岁
城镇	男性	0%～10%	7%	0%～4%	4%
	女性	0%～5.5%	3.5%～4.5%		0%～1.5%
农村	男性	0%～7.4%			
	女性	0%～6.2%			

资料来源：根据 2010 年人口普查数据计算得到。

总体而言，与农村相比，城镇劳动力的技能缺口问题突出；与女性相比，男性劳动力的技能缺口问题突出。在城镇劳动力市场中，与女性相比，男性劳动力的技能缺口问题突出。技能缺口严重的群体是 16～29 岁青年劳动力、45～60 岁男性和 45～50 岁女性。在农村劳动力市场中，与女性相比，男性劳动力的技能缺口问题突出。技能缺口最严重的群体是 16～29 岁青年劳动力。

（二）失业人口受教育程度构成：高中及以下学历为主体

进一步地，我们根据分年龄的失业人口的受教育程度构成，分析这些失业风险较高的年龄组人口具有哪些受教育程度特征。

1. 城镇失业人口的受教育程度：84%为高中及以下学历

从2010年第六次人口普查数据分析结果来看（见图3-5），城镇失业人口中，有84%为高中及以下学历的劳动者，16%为大学及以上高学历的劳动者。其中，在失业风险较高的16~29岁的失业人口中，72%是高中及以下的劳动者（其中农民工占55%），另有28%是大学及以上学历的劳动者。也就是说，青年失业人群中的大学生群体所占比例接近三成，低学历青年农民工占四成，其余三成为城镇低学历青年。

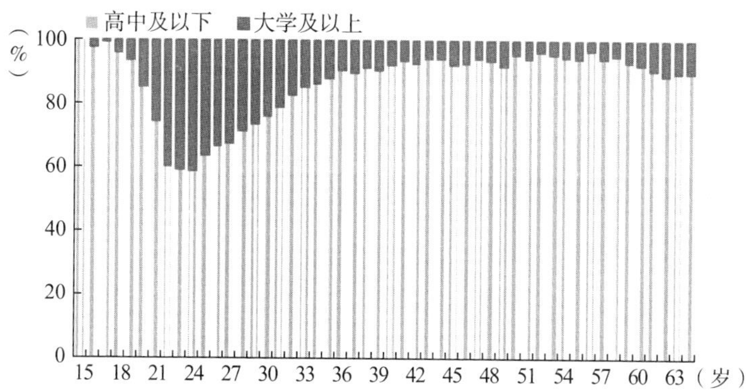

图3-5　城镇分年龄失业人口的受教育程度构成

资料来源：2010年第六次人口普查数据。

另外，在失业风险较高的45~60岁失业人口中，高中及以下失业者占94%（其中农民工占30%），大学及以上失业者占6%。也就是说，城镇45~60岁失业人口的主体为低学历者，其中，高中及以下文化程度的外来农民工占比接近三成，城镇本地低学历者占比接近七成。

2. 农村失业人口的受教育程度：95%是高中及以下学历

从2010年第六次人口普查数据分析结果来看（见图3-6），农村失业人口中，有95%是高中及以下学历的低技能劳动者，5%是大学及以上高学历的高技能劳动者。其中，在16~29岁失业风险较高的年龄段中，92%是高中及以下的低技能劳动者，8%是大学及以上的高技能劳动者。

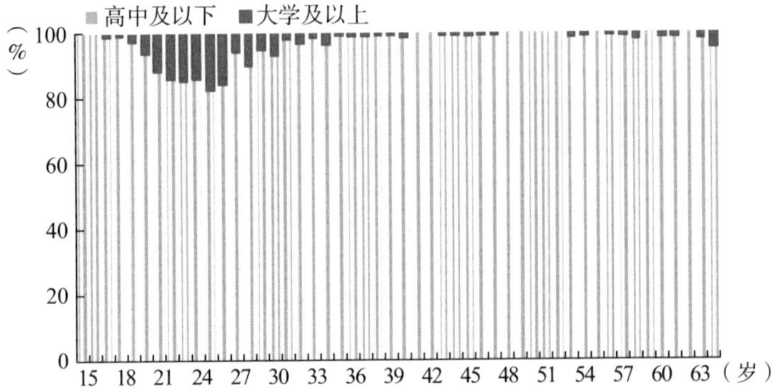

图 3－6　农村分年龄失业人口的受教育程度构成

资料来源：2010 年第六次人口普查数据。

（三）户籍身份特征：高中及以下农民工占 94%

从 2010 年第六次人口普查数据的分析结果看（见图 3－7），在城镇失业人口中，具有农村户籍身份的失业者约占 37%，并且在越年轻的失业者群体中的占比越高。其中，在 16～29 岁高风险失业人群中农民工占 45%，其余 55% 为城镇户籍的青年失业人口。在年龄更低的 16～21 岁失业群体中农民工所占比例提高到 55%。农民工失业群体在城镇青年失业人口中占据了相当大的比例，尤其

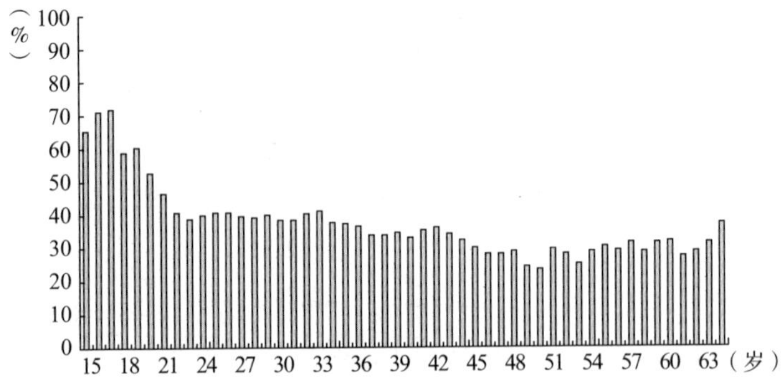

图 3－7　农民工在城镇失业人口中的比重

资料来源：2010 年第六次人口普查数据。

是在低年龄失业群体中的比例更高。

进一步分析农民工失业群体的受教育构成发现，绝大部分农民工失业者的受教育程度很低。总体来看，农民工失业群体中，高中及以下学历的农民工占94%，大学及以上学历的农民工只占6%，并且大学及以上学历的农民工失业者主要分布在22～24岁年龄段，多为刚进入劳动力市场的大学毕业生。

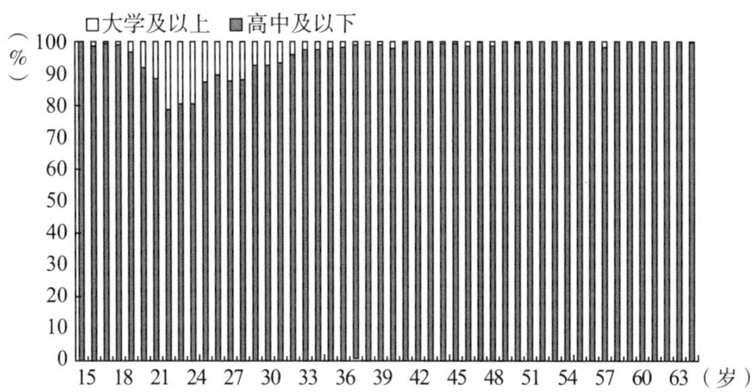

图3－8 农民工失业群体的受教育程度构成

资料来源：2010年第六次人口普查数据。

（四）高风险失业人群最突出的特点是低学历

总体而言，16～29岁初入职场的青年劳动力和45～60岁中老年劳动力是失业风险较高的群体。其中，他们最突出的特点是低学历，虽然青年大学毕业生的失业风险也很高。从身份上来讲，失业人口主要是低学历的农民工、青年大学生和45～60岁高中及以下学历者。

在城镇，青年失业人群中的大学生群体所占比例接近三成，低学历青年农民工占四成，其余三成为城镇低学历青年。45～60岁失业人口的主体为低学历者，其中，高中及以下文化程度的外来农民工占比接近三成，城镇本地低学历者占比接近七成。

在农村，高中及以下学历的低技能劳动者是失业人口的主体。其中，在16～29岁失业风险较高的年龄段中，92%是高中及以下的低技能劳动者，8%是大学及以上的高技能劳动者。

第二节 结构性失业的测算思路

本书将16~64周岁的人口称为劳动年龄人口，并进一步将其划分为就业人口、失业人口和非劳动力人口。其中，劳动力是指符合国家劳动法规、16岁及以上的、具有劳动能力，并且具有就业意愿的人。就业人口是指在调查时点的前1周，从事1小时以上有报酬的劳动，以及正处于休假、学习、临时停工或季节性歇业状态的人。失业人口是指在调查时点的前1周没有工作，但正在积极寻找工作且有工作意愿的人。

假设研究期内不存在劳动力供给过剩的情况。劳动力供给过剩不是导致失业的主要原因。随着我国劳动年龄人口的持续减少，劳动力供给将逐渐小于劳动力需求。2015年复旦大学对全国多地劳动力市场的调查结果也发现，2010年以来全国多地劳动力市场的劳动力需求与供给之比已经大于1，说明劳动力供给过剩已经成为过去。未来一段时间，供不应求是劳动力市场的基本形势。另外，针对全国12000户私营企业和个体户的调查数据显示，有相当数量的私企和个体户认为，“求职的工人人数不少，但符合工作要求的不多”，表明普遍存在求职者技能和岗位需求不匹配的问题。技能不匹配导致的结构性失业是未来劳动力市场的另一基本特征。

根据人一生中的劳动参与、就业的周期性特征来分析失业，从中找到变化规律，预测未来人一生中的劳动参与和就业的周期性特征，进而预测失业。主要依据生命周期理论和我国劳动力市场的制度因素来推算劳动参与（进入劳动力市场的人）、就业（在劳动力市场上找到工作的人）的模式参数，并根据二者推算失业模式参数。进一步地，根据失业由周期性失业、摩擦性失业、结构性失业三类构成，通过剔除周期性失业和摩擦性失业，得到结构性失业。如果劳动力的价格是公正的（工资与劳动技能水平等价），不存在劳动力定价不公正（劳动报酬不满意）导致的失业，那么结构性失业最根本的原因就是技能不匹配。[①] 结构性失业可作为测算劳动力市场技能不匹配的方法之一。

首先，利用过去的失业率年龄曲线，归纳出失业率具有稳定特征的形状和变化趋势。其次，推导出未来人口的相关曲线的基本形状及其变化趋势。再次，结合劳动力市场上的制度因素（岗位要求、工作文化、家庭分工等），可以得到更准确的接近实际情况的劳动参与模式和失业模式。从次，利用劳动参与模式和就业模式推导出失业模式，并剔除周期性失业和摩擦性失业部分得到结构性失业部分，即存在技能缺口的部分。其中，本书采用趋势平滑技术消除经济周期波动引起的周期性失业，采用富有技能者找工作的成本作为摩擦性失业水平。最后，利用基础人口数据、失业模式和劳动力技能缺口比例预测研究期内的劳动力技能缺口规模和构成，并重点对劳动力技能缺口较严重的群体进行分析。

第三节　未来发展趋势：结构性问题将成为就业主要矛盾

“十三五”时期，中国的就业总量矛盾在一定程度上依然存在，结构性问题将成为就业的主要矛盾，失业风险增大，失业人口规模持续增长。预计“十三五”期间结构性失业人口规模将增长到1425万人，“十四五”和“十五五”期间将在1460万人左右。相对来说，劳动力人口中的高校毕业生、外出农民工和“45～60岁”人员等群体就业环境依然比较脆弱，未来仍然是就业政策的重点帮扶群体。

一　失业风险增大，失业人口规模持续增长

“十三五”时期，我国经济结构和产业结构调整进入关键期，就业结构调整面临更大的不确定性，失业风险将明显增大，失业人

① 袁志刚：《失业经济学》，格致出版社，2014。

口规模很可能持续增长。“十二五”期间我国失业人口规模在3050万人左右，延续近年来我国失业人口规模的变化趋势，预测“十三五”期间将增加到3100万人左右，“十四五”和“十五五”期间将在3200万人左右。其中，男性劳动力多从事技能型的工作，因此，在产业结构调整过程中，男性劳动力的就业受到的冲击将更大一些，失业风险也更大，最终表现为男性失业人口规模增长幅度更大（见图3-9）。

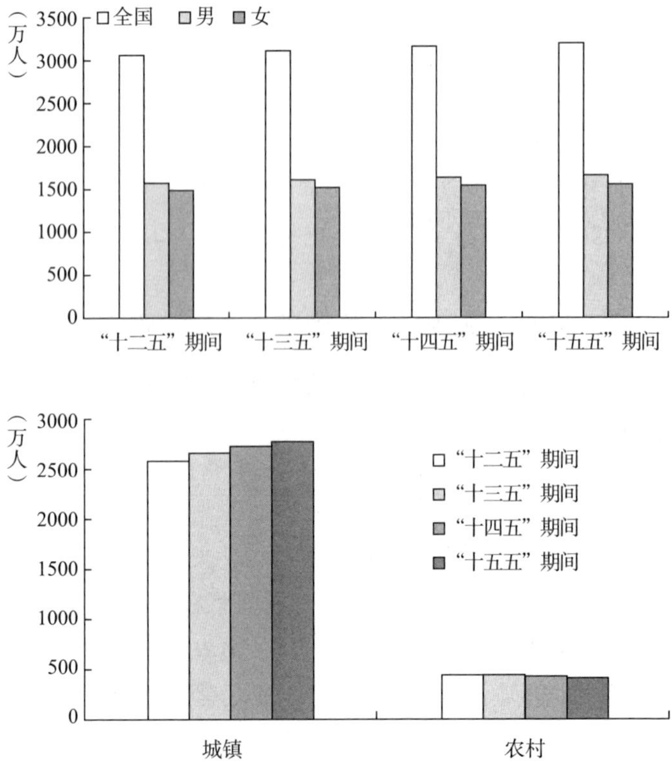

图3-9　失业人口规模变化趋势

资料来源：根据人口年龄结构变化趋势以及失业模式估算的结果。

同时，在经济结构和产业结构调整过程中，城镇劳动力市场受到的冲击更大，因此，城镇将是失业人口规模增长的重点区域。此外，大规模的劳动力从农村转移到城镇，也将进一步加重城镇的就业压力，使得城镇失业人口规模增大。“十二五”期间城镇失业人口规模为2594万人，约占全部失业人口的85%。延续近年来城镇失业人口的发展趋势，预测“十三五”期间城镇失业人口规模将增长到2665万人，“十四五”和“十五五”期间将在2750万人左右（见图3-9）。

二　预计“十三五”期间结构性失业人口规模为1425万人

未来一段时间，由于产业结构调整，结构性失业风险还将继续加大。

一方面，中国经济将逐渐转变成由服务业主导的经济形态，依靠土地、房地产、基础设施等大规模投资的增长模式将失去动力，我国将加快淘汰依靠廉价劳动力、资源等的粗放型产业，经济结构和产业结构的变化也将带来就业结构的转变。[①] 在这一结构调整过程中，部分劳动力，尤其是重体力劳动者，将因不适应新产业结构而不可避免地被淘汰。然而，以提供服务为主的女性劳动力的就业形势将有所缓解。

另一方面，目前我国劳动力市场上普通工人工资迅速上涨，助推了教育的机会成本。在贫困的农村，义务教育辍学率呈上升趋势。如果政府不及时进行干预，在经济结构出现明显变化之后，将出现技能型人才供给不足的局面。此外，还要看到，当前化解产能过剩的经济行为也将在一定程度上加重结构性失业。“十二五”期间我国结构性失业人口规模大概为1397万人，如果延续近年来的发展趋势，预计“十三五”期间结构性失业人口规模将增长到1425万人，“十四五”和“十五五”期间将在1460万人左右（见图3-10）。

男性多从事技能型工作，在产业结构调整过程中受到的冲击较

---

① 蔡昉、张车伟主编《中国人口与劳动问题报告 No.16——“十二五”回顾与“十三五”展望》，社会科学文献出版社，2015。

大，因此，男性结构性失业人口规模明显大于女性，并且增长速度相对较快。“十二五”期间男性结构性失业人口规模大概为 792 万人，约占全部结构性失业人口的 57%。如果延续近年来的发展趋势，“十三五”期间男性结构性失业人口规模将增长到 812 万人，“十四五”和“十五五”期间将在 835 万人左右（见图 3－10）。

城镇仍旧是结构性失业的重点区域。“十二五”期间城镇结构性失业人口规模大概为 1138 万人，约占全部结构性失业人口的 81%。如果延续近年来的发展趋势，“十三五”期间结构性失业人口规模将增长到 1176 万人，“十四五”和“十五五”期间将在 1220 万人左右（见图 3－10）。

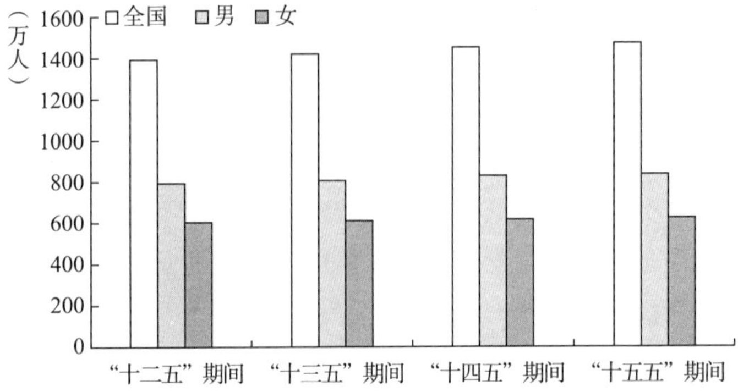

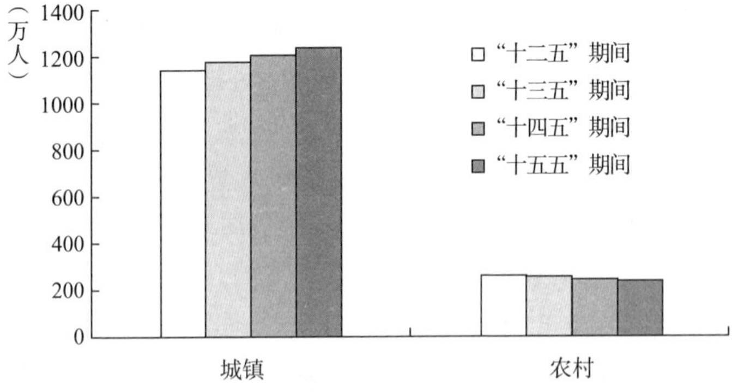

图 3－10　结构性失业人口发展趋势

资料来源：根据人口年龄结构变化趋势以及失业模式估算的结果。

三　三类人群是就业政策重点帮扶群体

虽然中国已经跨越刘易斯转折点，但并不意味着已经进入劳动力绝对短缺时代。相反，在经济结构和产业结构调整，以及劳动力技能不匹配现象大量存在的情况下，我国的失业形势仍然非常严峻，尤其是劳动力人口中的高校毕业生、外出农民工和“45～60岁”人员等群体就业环境依然比较脆弱，未来仍然是就业政策的重点帮扶群体。

从长期来看，由于大学生所学技能与市场需求不匹配，大学毕业生的就业问题仍然非常严峻。2010 年人口普查数据的失业者中毕业未找到工作人员的学历分布显示，大学本科、专科和研究生毕业未找到工作的比重达到 44%，占全部失业人员的比重为 9.6%。如果不考虑以往累积下来的人数，可以说每 10 个失业人员中就有 1 个是刚毕业的大学生。[①] 按照 2010 年 2283 万人的失业总规模，刚毕业的大学生找不到工作的人口规模约 200 万人。根据预测，2010 年新进入劳动力市场的大学生人数为 560 万人，这意味着约 35.7%的新毕业大学生没有实现就业。[②] 未来，如果大学人才培养模式无法适应产业结构调整升级，大学生劳动技能问题仍然非常严峻。保守估计，“十二五”期间，未实现就业的大学生规模为 355 万人，“十三五”、“十四五”和“十五五”期间，未实现就业的大学生规模将增长到 364 万人、372 万人和 378 万人。

农民工群体在未来劳动力市场中的竞争优势难以维持，其就业形势将比大学生更为严峻。首先，人力资本水平是决定长期就业竞争力的关键因素，农民工的人力资本水平处于明显劣势。根据国家统计局公布的数据，目前全国外出农民工总量达到 1.6 亿人，30 岁以下的青年农民工约占 60%，但是，他们的平均受教育年限为 9.8

① 方烨、梁倩：《社科院预警“十三五”就业冲击　农民工比大学生就业更难》，《经济参考报》2015 年 12 月 3 日。

② 方烨、梁倩：《社科院预警“十三五”就业冲击　农民工比大学生就业更难》，《经济参考报》2015 年 12 月 3 日。

年，过早地进入劳动力市场，导致其缺乏必要的职业技能。其次，青年农民工集中在经济调整冲击最突出的地带。超过70%的青年农民工流入东部沿海地区，大约50%的青年农民工从事制造业，而受经济放缓和结构调整影响最大的恰恰是东部沿海地区的外向型、劳动密集型制造业。[①] 这些青年农民工基本没有农业经营经历，在遭受冲击的情况下，农业"蓄水池"功能对于青年农民工不再发挥作用。相对于同龄的城市青年尤其是大学生，青年农民工的适应能力明显更弱，有可能在结构转型中加入长期失业大军。保守估计，"十二五"期间城镇未实现就业的进城农民工规模为623万人，"十三五"、"十四五"和"十五五"期间，未实现就业的城镇农民工规模将增长到640万人、655万人和668万人。此外，"十二五"期间农村还有201万人为高中及以下的潜在青年劳动力未实现就业。"十三五"、"十四五"和"十五五"期间，未实现就业的农村低学历潜在青年劳动力规模约为195万人、189万人和183万人。

此外，与青年求职者相比，未来"45～60岁"人员的就业形势将更加严峻。一是年龄和技能问题。随着现代生产技术的不断发展，企业更愿意招收接受能力相对较强的年轻人，而由于年龄偏大、身体状况的原因，用人单位在招收"45～60岁"人员时顾虑重重。二是个人的自我定位不准。有的"45～60岁"人员并没有意识到自身竞争力较弱的现状，对工资待遇的期望值较高，甚至因此怨天尤人。基于这两点，"45～60岁"人员将成为真正的"就业弱势群体"。保守估计，"十二五"期间城镇"45～60岁"人员未实现就业的人口规模为545万人，其中，低学历农民工规模为182万人，本地低学历者为363万人。"十三五"、"十四五"和"十五五"期间，城镇未实现就业的"45～60岁"人员规模约为560万人、573万人和584万人。

---

① 蔡昉、张车伟主编《中国人口与劳动问题报告 No. 16——"十二五"回顾与"十三五"展望》，社会科学文献出版社，2015。

总结：高风险失业人群突出特点是技能低

结构性失业主要是经济结构（包括产业结构、产品结构、地区结构等）发生了变化，现有劳动力的知识、技能、观念、区域分布等不适应这种变化，因而与市场需求不匹配所引发的失业。从本质上讲，结构性失业是求职者的劳动力技能与岗位技能要求不匹配造成的一种劳动力技能缺口现象。本章即采用结构性失业率来测算我国劳动力市场上存在技能缺口的劳动力人口规模，进一步通过比较结构性失业率的高低来识别技能缺口较严重的风险人群，并分析其变化趋势。研究发现，当前阶段全国结构性失业人口（劳动技能与岗位要求不匹配）规模约704万人，占全部劳动力人口的1%。其中，城镇结构性失业人口规模约438万人（62%），农村结构性失业人口规模约为266万人（38%）。失业风险较高的三类群体是16～29岁青年农民工、22～24岁大学毕业生和45～60岁中老年劳动力。在城镇，16～29岁青年失业人群中的大学生群体所占比例接近三成，低学历青年农民工占四成，其余三成为城镇低学历青年。45～60岁失业人口的主体为低学历者，其中，高中及以下文化程度的外来农民工占比接近三成，城镇本地低学历者占比接近七成。在农村，高中及以下学历的低技能劳动者是失业人口的主体。其中，在16～29岁失业风险较高的年龄段中，92%是高中及以下的低技能劳动者，8%是大学及以上的高技能劳动者。总体来讲，当前高风险失业人群的一个突出特点是技能低。提高劳动力的技能水平将是缩小技能缺口的关键所在。而未来一段时间，我国产业结构进入升级换代的关键期，保守估计，“十三五”期间结构性失业人口规模将增长到1425万人；“十四五”和“十五五”期间将在1460万人左右。其中，农民工、高校毕业生及“45～60岁”人员的劳动力技能缺口问题仍然最为突出。保守估计，“十三五”

至“十五五”期间，就业困难的大学生将增长到360万~380万人，农民工将增长到640万~670万人，“45~60岁”人员将增长到560万~590万人。缩小劳动力市场上的技能缺口将面临更加严峻的挑战。

第四章

农民工的人才供给

导　读

2014 年我国农民工人口数量已超过 2.7 亿人，占总人口的比重达到 20.03%，外出农民工为 1.68 亿人，规模优势明显。群体结构以男性、21 ~50 岁的青壮年以及初中学历的农民工为主。

农民工数量分布呈现“东多西少”的区域性特征，但近年中西部对农民工的吸纳能力有所增强。从业多集中在制造业和建筑业上，但近年制造业下降、建筑业上升趋势明显。农民工职业类型以技术工人、个体服务等中层偏下的等级为主，专业技术人员和管理人员占比很低。从业收入水平整体较低，且人均月收入增速不断减慢，社会保障仍显薄弱。

与老一代农民工相比，新生代农民工具有文化程度更高的优势，从业选择更倾向于制造业。农民工代际职业上升率及职业向上流动率均较高，农民进城务工确实实现了地位提升，但职业地位结构仍不太合理。

在技能培训上，目前只有 1/3 左右的农民工接受过技能培训，仅有 5.9% 的农民工具有劳动技能等级或职业技术等级凭证，且仅有 0.3% 的农民工群体是经过培训安排上岗的。

第一节　我国农民工供给现状与技能培训

我国农民工供给总量逐年提升，增速减慢，外出务工特征明显，农民工数量分布呈现“东多西少”的区域性特征，近年区域差距有所缩小。农民工群体结构特征以男性、青壮年、初中学历为主，行业分布以制造业、建筑业为主，其中又可以细分，老一代农民工务工行业以建筑业为主，新生代农民工则以制造业为主。

新生代农民工总量占比接近50%，逐渐成为农民工主体。新生代农民工文化程度同样以初中为主，但高学历比例高于老一代农民工，新生代农民工务工地主要分布在东部地区及大中城市。

在农民工技能培训及就业保障方面，农民工接受技能培训人数比例总体上升，农民工行业月收入水平增长越来越缓慢，农民工权益保障现状：仍有六成农民工未签订劳动合同。

国家统计局在对我国农民工群体的监测调查中，确定农民工的统计口径为“户籍仍在农村，在本地从事非农产业或外出从业6个月及以上的劳动者”。其中，本地农民工指在户籍所在乡镇地域以内从业的农民工，外出农民工则指在户籍所在乡镇地域以外从业的农民工。在这一小节中，本书将主要基于国家统计局发布的《全国农民工监测调查报告》《中国统计年鉴》等数据资料，对我国农民工的供给总量及特征等进行分析。

一　农民工供给总量及区域分布特征

（一）农民工供给总量逐年提升，增速减慢，外出务工特征明显

我国农民工群体人口数量较为庞大，且近年来仍在不断增长。根据国家统计局公布的农民工调查数据，2014年，我国农民工总量为27395万人，比2013年增加501万人，增长约1.86%，占总人口的比重达到20.03%。其中，外出农民工16821万人，比2013年增加211万人，增长约1.3%，在全部农民工中占61.4%；本地农民工10574万人，增加290万人，增长约2.8%，在全部农民工中占38.6%。可以看到，外出农民工占比要远高于本地农民工，说明我国农民工群体是以外地务工为主的。

2008～2014年我国农民工供给总量及变化趋势如表4－1、图4－

1 所示。可以看到，2008～2014 年我国农民工供给总量仍在逐年增加，在总人口中所占比重也在不断提升，6 年间增加了 4853 万人，年均增长率约为 3%。其中，外出农民工和本地农民工的数量也均有所提高。从增长率的趋势特征来看，2010 年以后，农民工总量不断增长的势头有所减弱，增速持续回落，4 年间增长率下滑 3.56 个百分点。其中，外出农民工和本地农民工人数增速分别在 2010 年和 2011 年后有所下降，且本地农民工人数增长速度要快于外出农民工，外出农民工人数增速的回落幅度更为显著。

表 4-1　2008～2014 年我国农民工供给总量

单位：万人，%

年份	农民工总量						农民工/总人口
	合计	总增长率	外出农民工		本地农民工		
			人数	增长率	人数	增长率	
2008	22542	—	14041	—	8501	—	16.97
2009	22978	1.93	14533	3.50	8445	-0.66	17.22
2010	24223	5.42	15335	5.52	8888	5.25	18.06
2011	25278	4.36	15863	3.44	9415	5.93	18.76
2012	26261	3.89	16336	2.98	9925	5.42	19.39
2013	26894	2.41	16610	1.68	10284	3.62	19.76
2014	27395	1.86	16821	1.27	10574	2.82	20.03

资料来源：2009～2014 年《全国农民工监测调查报告》。

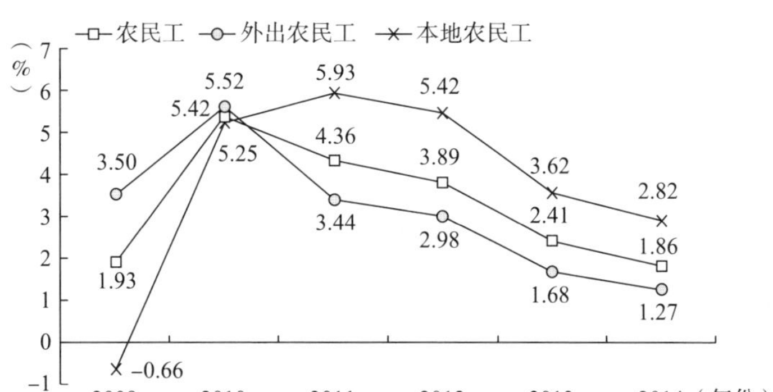

图 4-1　2009～2014 年我国农民工增长率

资料来源：2009～2014 年《全国农民工监测调查报告》。

（二）农民工数量分布呈现“东多西少”的区域性特征，近年区域差距有所缩小

从我国农民工在东中西部的数量分布特征来看，在总体数量上，2014 年全部农民工中，约 16425 万人在东部地区务工，约 5793 万人在中部地区务工，约 5105 万人在西部地区务工。与 2011 年相比，东部地区农民工数量减少了 112 万人，降低了 0.69%；中部地区农民工增加了 1355 万人，增长了 30.53%；西部地区农民工增加了 890 万人，增长了 21.12%。从农民工群体在地区间的流向来看，2014 年，东部地区外出农民工省内流动的人数比例达到 81.7%，明显高于跨省流动的人数比例（18.3%），而中西部地区跨省流动的人数比例则要高于省内流动的人数比例。外出农民工总体中有 64.7% 的人流入了地级及以上城市，这一比例比 2013 年提高了 0.8 个百分点，其中，8.1% 的农民工流入直辖市，22.4% 的农民工流入省会城市，剩余的 34.2% 流入地级市。根据 2012 年《全国农民工监测调查报告》，31 个省份中，输入地农民工数量明显多于输出地，即农民工的主要输入地有北京、天津、上海、江苏、浙江和广东等。可以看到，在总体数量分布上，东部地区农民工人数最多，中部次之，西部最少，目前经济较为发达的东部地区及东部省份依然是农民工主要集聚地，但近年来东部地区的农民工数量有所减少，中西部对农民工的吸纳能力有所增强。

二　农民工群体结构特征

（一）基本特征：以男性、青壮年、初中学历为主

基于我国农民工群体总体供给现状，进一步从性别、年龄和文化程度三个方面揭示我国农民工群体的基本构成特征，具体分析如下。

1. 性别以男性为主

在性别结构方面，2014 年，我国农民工群体中，男性占比为 67%，女性占比为 33%。其中，外出农民工中男性占 69.0%，女

性占 31.0%；本地农民工中男性占 65.1%，女性占 34.9%。从 2009 年起，男性农民工所占比重一直保持在 65% 以上。由此可见，我国农民工群体构成以男性为主。

2. 年龄结构以青壮年为主

在年龄结构方面，2014 年，我国农民工群体中，16～20 岁青少年农民工群体占 3.5%；21～50 岁的青壮年农民工群体占 79.4%，其中，21～30 岁占比 30.2%，31～40 岁占比 22.8%，41～50 岁占比 26.4%，即 21～30 岁年龄段的农民工群体占比最高；50 岁以上的农民工群体占比 17.1%。由此可见，我国农民工群体以青壮年为主，且这一年龄结构特征在 2008～2014 年表现稳定（见图 4－2）。青年有活力，壮年既有能力又有经验，因而青壮年农民工是最有劳动能力的群体，同时也揭示了我国农民工群体具有培育技能人才的年龄优势。

结合近几年国家统计局公布的农民工调查数据，可以看到，2008～2014 年，我国农民工群体各年龄段人数比例的变化特征为，16～20 岁和 21～30 岁两个年龄段的人数比例均有所下降，6 年间分别下降了 7 个百分点和 5 个百分点；31～40 岁年龄段的农民工人数比例变化不大，表现稳定；41～50 岁和 50 岁以上两个年龄段的农民工人数比例则整体都呈现上升的趋势，6 年间分别上升了 7 个百分点和 6 个百分点；而 21～50 岁的青壮年农民工群体总的人数比例变化不大，6 年间仅上升了 1.5 个百分点。由此揭示出，农民工群体的老龄化现象已经慢慢显现，并有逐渐增强之势，这对农民工城镇养老体系的建立健全又提出了新的要求和挑战。

3. 农民工文化程度不断提升，但仍以初中学历为主，外出农民工文化程度相对较高

根据《全国农民工监测调查报告》对文化程度的调查结果，具体如表 4－2、表 4－3 所示，可以看到，2014 年，未上过学的农民工占 1.1%，小学学历占 14.8%，初中学历占 60.3%，高中（含中专）学历占 16.5%，大专及以上学历占 7.3%。由此可见，农民工的文化程度整体不高，以初中学历为主，高中及以上学历仅占

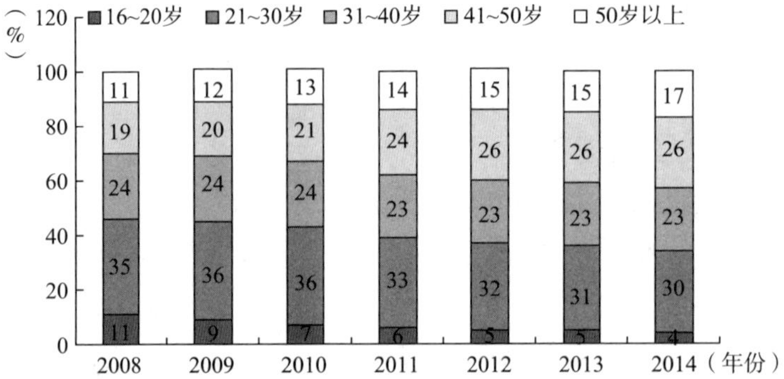

图 4－2　2008～2014 年中国农民工群体年龄结构分布

注：经四舍五入，图中部分年份的数据之和大于 100%。

资料来源：2009～2014 年《全国农民工监测调查报告》。

23.8%。其中，外出农民工群体中未上过学和小学学历的人数比例分别为 0.9% 和 11.5%，均明显低于本地农民工在这两个学历层次的人数比例（1.6% 和 18.1%），而初中及以上三个学历层次水平的人数比例（61.6%、16.7% 和 9.3%）均高于本地农民工（58.9%、16.2% 和 5.2%）。由此可见，外出农民工的文化程度整体上要高于本地农民工，尤其是大专及以上的高学历层次人数较多，说明学历优势明显。

2011～2014 年，农民工群体中未上过学的人数比例整体下降了 0.4 个百分点；小学学历人数比例变化不大，略有提升；初中学历人数比例则略有回落，下降了 0.8 个百分点；高中及以上学历人数比例整体提升了 0.8 个百分点，其中，高中（含中专）学历的农民工人数比例下降了 1.2 个百分点，而大专及以上学历的农民工人数比例则在逐年上升，提升了 2 个百分点。可以看到，近年来，我国农民工群体的文化程度整体上是有所提升的，初中及以下学历的农民工人数比例有所下降，而高中及以上学历的农民工人数比例有所提升，其中，大专及以上学历水平的农民工人数比例提升态势最为显著。农民工群体文化程度水平的不断提高，更有助于社会培育既有知识又懂技术的技能型人才，尤其是高学历优势更为明显的外出农民工群体，应成为技能型人才的重点培养对象，若能充分利用我国农民工群体的规模优势、提高农民工群体中技能型人才的输出比例，将有利于缓解我国技能型人才短缺的困境。

表 4－2　2010～2014 年我国农民工群体文化程度特征

单位：%

<table>
<tr><th rowspan="2">年份</th><th rowspan="2">未上过学</th><th rowspan="2">小学</th><th rowspan="2">初中</th><th colspan="4">高中及以上</th></tr>
<tr><th>合计</th><th>高中</th><th>中专</th><th>大专及以上</th></tr>
<tr><td>2010</td><td>1.3</td><td>12.3</td><td>61.2</td><td>25.2</td><td>15.0</td><td colspan="2">10.2</td></tr>
<tr><td>2011</td><td>1.5</td><td>14.4</td><td>61.1</td><td>23.0</td><td>13.2</td><td>4.5</td><td>5.3</td></tr>
<tr><td>2012</td><td>1.5</td><td>14.3</td><td>60.5</td><td>23.7</td><td>13.3</td><td>4.7</td><td>5.7</td></tr>
<tr><td>2013</td><td>1.2</td><td>15.4</td><td>60.6</td><td>22.8</td><td colspan="2">16.1</td><td>6.7</td></tr>
<tr><td>2014</td><td>1.1</td><td>14.8</td><td>60.3</td><td>23.8</td><td colspan="2">16.5</td><td>7.3</td></tr>
</table>

资料来源：2010～2014 年《全国农民工监测调查报告》。

表 4－3　2011～2014 年我国外出、本地农民工群体文化程度特征

单位：%

<table>
<tr><th colspan="2"></th><th>2011 年</th><th>2012 年</th><th>2013 年</th><th>2014 年</th></tr>
<tr><td rowspan="2">未上过学</td><td>外出农民工</td><td>0.9</td><td>1.0</td><td>0.9</td><td>0.9</td></tr>
<tr><td>本地农民工</td><td>2.1</td><td>2.0</td><td>1.6</td><td>1.6</td></tr>
<tr><td rowspan="2">小学</td><td>外出农民工</td><td>10.7</td><td>10.5</td><td>11.9</td><td>11.5</td></tr>
<tr><td>本地农民工</td><td>18.4</td><td>18.4</td><td>18.9</td><td>18.1</td></tr>
<tr><td rowspan="2">初中</td><td>外出农民工</td><td>62.9</td><td>62.0</td><td>62.8</td><td>61.6</td></tr>
<tr><td>本地农民工</td><td>59.0</td><td>58.9</td><td>58.4</td><td>58.9</td></tr>
<tr><td rowspan="2">高中（中专）</td><td>外出农民工</td><td>18.5</td><td>18.7</td><td>16.2</td><td>16.7</td></tr>
<tr><td>本地农民工</td><td>17.1</td><td>17.1</td><td>16.0</td><td>16.2</td></tr>
<tr><td rowspan="2">大专及以上</td><td>外出农民工</td><td>7.0</td><td>7.8</td><td>8.2</td><td>9.3</td></tr>
<tr><td>本地农民工</td><td>3.4</td><td>3.6</td><td>5.1</td><td>5.2</td></tr>
</table>

资料来源：2011～2014 年《全国农民工监测调查报告》

（二）行业分布特征：以制造业、建筑业为主

根据图 4－3 可知，我国农民工从业行业主要分布在“制造业”“建筑业”“交通运输、仓储和邮政业”“批发和零售业”“住宿和餐

饮业”“居民服务、修理和其他服务业”。其中，制造业是农民工从业人数最多的行业，其次为建筑业和居民服务、修理和其他服务业。从近几年的变化趋势来看，上述六大行业中，制造业和居民服务、修理和其他服务业的农民工从业人数比例有所下降，其中制造业下降趋势更为明显，由 2008 年的 37.2% 下降到 2014 年的 31.3%，下滑 5.9 个百分点；其余几个行业农民工的人数比例均有不同程度的提升，其中建筑业提升趋势最为显著，由 2008 年的 13.8% 上升到 2014 年的 22.3%，上升 8.5 个百分点。结合制造业、建筑业近年总体就业人数的变化特征，我们发现，2008 ~ 2013 年，制造业就业人数在总就业人数中的比例提高了 0.9 个百分点，建筑业就业人数比例上升 7.3 个百分点，即在制造业总体就业人数有所提高的同时，农民工在制造业中从业人数比例却存在明显下降，而农民工在建筑业中从业人数比例的上升幅度则要高于建筑业总体上升的幅度，成为建筑业从业人数快速上升的主要贡献者。导致这种现象的原因之一可能在于，随着制造业产业的转型升级，以掌握传统技能为主要特征的农民工群体在新兴产业、新技术不断发展的进程中正面临极大的就业困境，受技术技能所限，一些农民工开始转向建筑业从事低端劳动，从而也导致建筑业低端劳动力的增加甚至过剩。

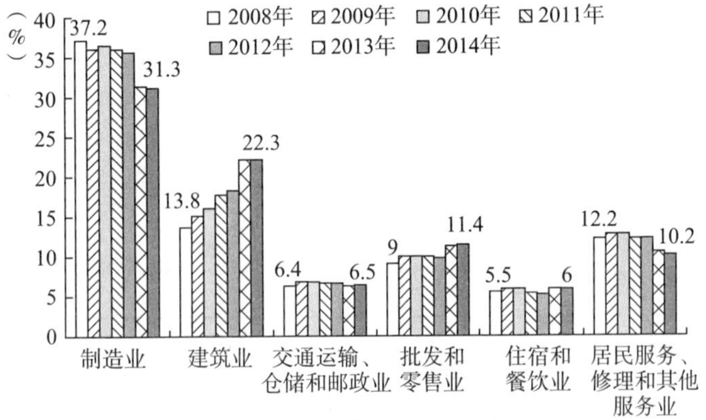

图 4 - 3　2008 ~ 2014 年我国农民工就业行业分布及趋势

资料来源：2009 ~ 2014 年《全国农民工监测调查报告》。

三　新生代农民工的供给现状及特征

从20世纪80年代中期我国大批农村劳动力进城务工，至今已有30多年的历史，农民工群体内部也开始出现代际的交替，由此衍生出新生代农民工和老一代农民工两种定义下的农民工群体。在分类界定上，新生代农民工是指1980年及以后出生的农民工，而老一代农民工则是指1980年以前出生的农民工。

（一）新生代农民工总量占比接近50%，并逐渐成为农民工主体

根据国家统计局公布的2013年《全国农民工监测调查报告》可知，2013年我国新生代农民工达12528万人，占全国农民工总量的比重为46.58%，总量规模上小于老一代农民工，具体如表4－4、图4－4所示。1980年及以后出生的农村从业劳动力中，新生代农民工占比达到65.5%，即2/3的“80后”农村劳动力都选择了外出务工，只有1/3的农民留在农村从事农业劳作。另外，2013年新生代农民工中，外出农民工人数为10061万人，占比80.31%，本地农民工人数为2467万人，占比19.69%；老一代农民工中，外出农民工人数为6549万人，占比45.59%，本地农民工人数为7817万人，占比54.41%。可见，新生代农民工已经逐渐成为外出农民工的主体。

表4－4　2013年农民工规模

单位：万人，%

	合计		外出农民工		本地农民工	
	人数	占比	人数	占比	人数	占比
农民工	26894	100.00	16610	61.76	10284	38.24
其中：新生代农民工	12528	46.58	10061	80.31	2467	19.69
老一代农民工	14366	53.42	6549	45.59	7817	54.41

资料来源：2013年《全国农民工监测调查报告》。

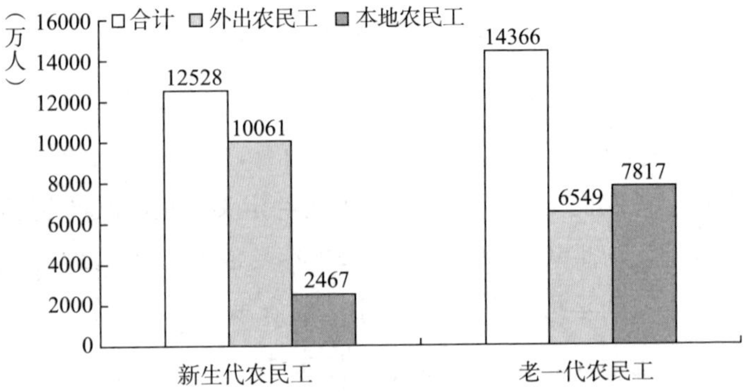

图 4－4　2013 年我国新生代农民工、老一代农民工数量规模

资料来源：2013 年《全国农民工监测调查报告》。

（二）新生代农民工文化程度仍以初中为主，但高学历人数比例高于老一代农民工

从文化程度的比较上来看，根据 2013 年《全国农民工监测调查报告》（见图 4－5）可知以下方面。首先，新生代农民工群体中初中学历的人数比例最高，达 60.6%；老一代农民工群体内部同样是初中学历的人数比例最高，达 61.2%。可见，新生代农民工与老一代农民工群体的文化程度水平均以初中学历为主。其次，在高学历的比较上，新生代农民工群体内部高中及以上学历的人数比例（33.3%）要明显高于老一代农民工（14.1%）；而在低学历的比较上，新生代农民工群体内部初中以下学历的人数比例（6.1%）要明显低于老一代农民工（24.7%）。由此可以看出，相比老一代农民工，新生代农民工群体高学历者相对较多，文化程度整体水平要高于老一代农民工。

（三）新生代农民工务工地主要分布在东部地区及大中城市

从新生代农民工务工地的选择来看，根据 2013 年《全国农民工监测调查报告》（见图 4－6）可知，东部地区新生代农民工人数达到 8118 万人，占新生代农民工总量的 65.0%；中部地区的新生代农民工人数为 2217 万人，在总人数中占比达到 17.7%；西部地区的新生代农民工人数为 2155 万人，在总人数中占比 17.3%。另

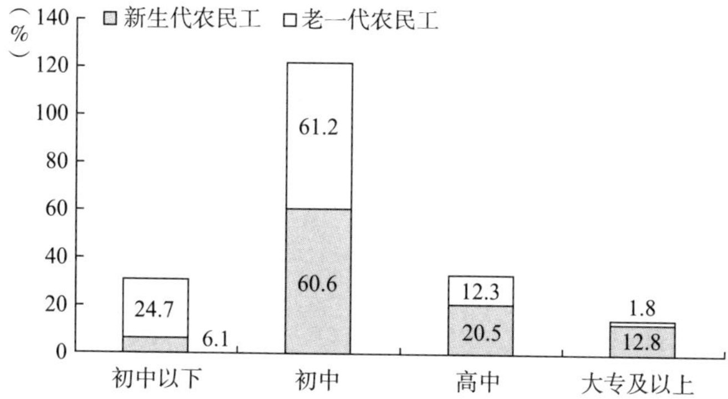

图 4－5　2013 年我国新生代农民工、老一代农民工文化程度占比

资料来源：2013 年《全国农民工监测调查报告》。

外，新生代农民工群体中，选择在地级以上大中城市务工的人数占 54.9%，老一代农民工这一比例仅为 26%。由此可见，我国新生代农民工流向大中城市的意愿更强。

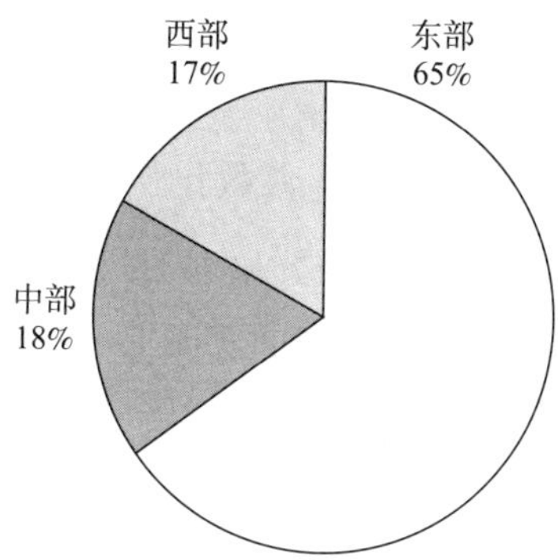

图 4－6　2013 年我国新生代农民工务工地分布

资料来源：2013 年《全国农民工监测调查报告》。

（四）新生代农民工务工行业以制造业为主，老一代农民工则以建筑业为主

从我国农民工务工行业的选择情况来看，如图 4－7 所示，新生代农民工群体中从事制造业的农民工人数比例最高，占总体的 39.0%，从事建筑业的人数比例相比老一代农民工则有大幅下降；而老一代农民工群体中则是从事建筑业的人数比例最高，占总体的

29.5%，其次为制造业。由此可见，我国新生代农民工务工行业以制造业为主，老一代农民工则以建筑业为主。

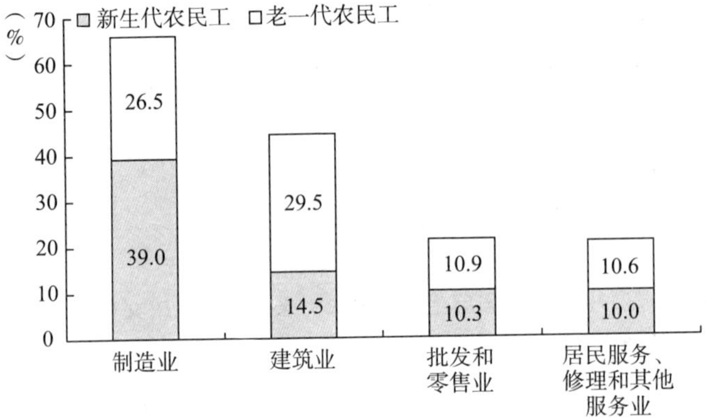

图 4－7　2013 年我国农民工务工行业分布

资料来源：2013 年《全国农民工监测调查报告》。

四　农民工技能培训及就业保障

（一）农民工接受技能培训人数比例总体上升

根据国家统计局对农民工技能培训的状况调查，如表 4－5、图 4－8 所示，2014 年接受技能培训的农民工占 34.8%，比 2013 年提高 2.1 个百分点。其中，接受农业技能培训的占 9.5%，比 2013 年提高 0.2 个百分点；接受非农职业技能培训的占 32.0%，比 2013 年提高 2.1 个百分点。可以看到，我国接受技能培训的农民工群体仍占少数，仍有约 2/3 的农民工没有接受过这两项技能培训的任意一种。技能培训的类型中，以接受非农职业技能培训的人数居多。从变化趋势来看，2012～2014 年，接受技能培训的人数比例在不断上升，其中，接受非农职业技能培训的人数比例在不断上升，接受农业技能培训的人数比例则有所下降。再从年龄结构来看，各年龄段接受技能培训的人数比例都有所提升，41 岁及以上较为年长的农民工接受农业技能培训的比例要高于青年农民工，年龄层次越低，接受农业技能培训的比例也越低，这说明青年农民工更倾向于非农产业就业，更注重非农技能的学习和提升。

表 4－5　2012～2014 年我国农民工技能培训情况

单位：%

	接受技能培训			接受农业技能培训			接受非农职业技能培训		
	2012 年	2013 年	2014 年	2012 年	2013 年	2014 年	2012 年	2013 年	2014 年
合计	30.8	32.7	34.8	10.7	9.3	9.5	25.6	29.9	32.0
20 岁及以下	24.0	31.0	32.6	4.0	5.0	6.0	22.3	29.9	31.4
21～30 岁	34.0	35.9	38.3	6.2	5.5	6.0	31.6	34.6	37.0
31～40 岁	32.0	34.1	36.1	11.0	9.1	8.8	26.7	31.8	34.0
41～50 岁	30.5	32.1	33.7	14.9	12.7	12.6	23.1	27.8	29.9
50 岁以上	25.5	25.9	28.8	14.5	12.4	12.7	16.9	21.2	24.0

资料来源：2012～2014 年《全国农民工监测调查报告》。

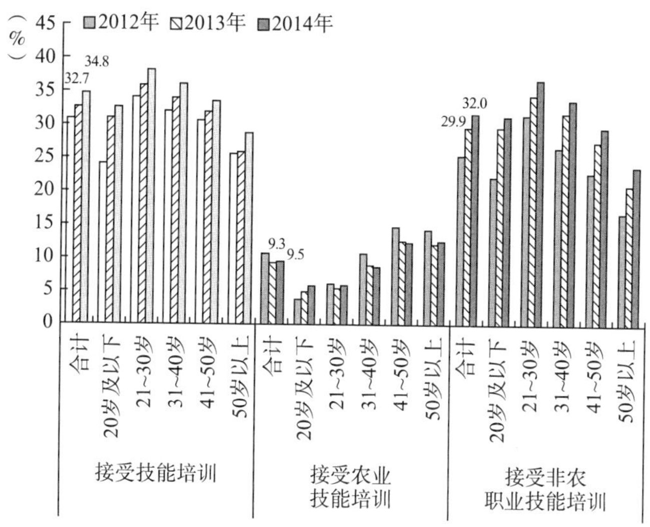

图 4－8　2012～2014 年我国农民工职业技能培训情况

资料来源：2012～2014 年《全国农民工监测调查报告》。

（二）农民工行业人均月收入增长越来越缓慢

从我国农民工群体的就业收入情况来看，2014 年，我国农民工群体的人均月收入达到 2864 元，与 2013 年相比增加 255 元，增长 9.8%。其中，在交通运输、仓储和邮政业从业的农民工群体人均月收入最高，2014 年达到 3301 元，其次为建筑业，人均月收入达到 3292 元。从近几年的变化趋势来看，2009～2014 年，农民工群体从业较为集中的六大行业，农民工的人均月收入都在不断提升，但各行业收入增长率总体都在下降，即农民工群体的月收入增长越来越缓慢（见图 4－9、图 4－10）。

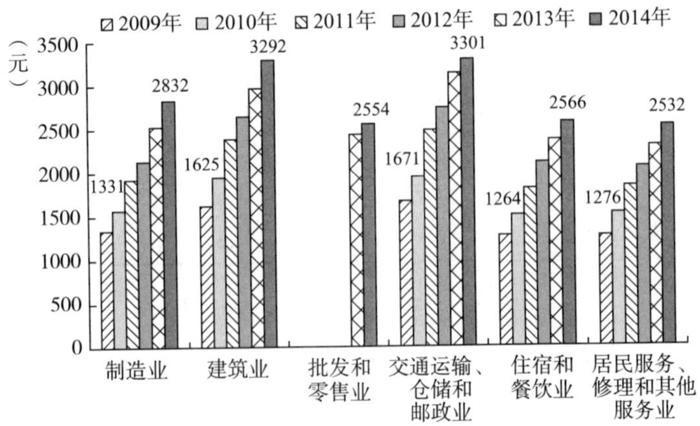

图 4－9　2009～2014 年我国农民工行业人均月收入

说明：受数据可得限制，批发和零售业农民工人均月收入仅有 2013 年、2014 年数据。

资料来源：2009～2014 年《全国农民工监测调查报告》。

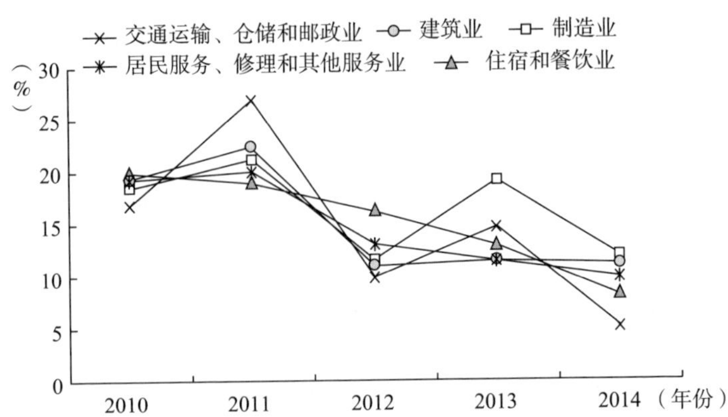

图 4－10　2010～2014 年我国农民工行业人均月收入增长率

资料来源：2010～2014 年《全国农民工监测调查报告》。

（三）农民工权益保障现状：仍有六成农民工未签订劳动合同

农民工在就业中的合法权益是否能够得到有效保障，对农民工的社会地位提升、自身发展等都具有重要影响。本书从就业合同签订、社会保险以及就业工资拖欠三个方面，对我国农民工群体在从业中的社会权益保障现状进行分析，具体如下。

1. 仍有六成农民工未签订劳动合同，其中建筑业最为严重

根据2014年《全国农民工监测调查报告》，我国农民工与雇主或就业单位签订劳动合同的情况整理如图4－11所示，可以看到，我国仍有六成农民工尚没有与雇主或单位签订劳动合同。从几个主要行业的情况来看（见图4－12），2009～2012年，建筑业等五大行业中，从事建筑业的农民工未与雇主或单位签订劳动合同的人数比例是最高的，且仍有提高的态势。除此之外，制造业、服务业、住宿和餐饮业、批发和零售业这几个行业农民工未签订劳动合同的情况都有所好转。

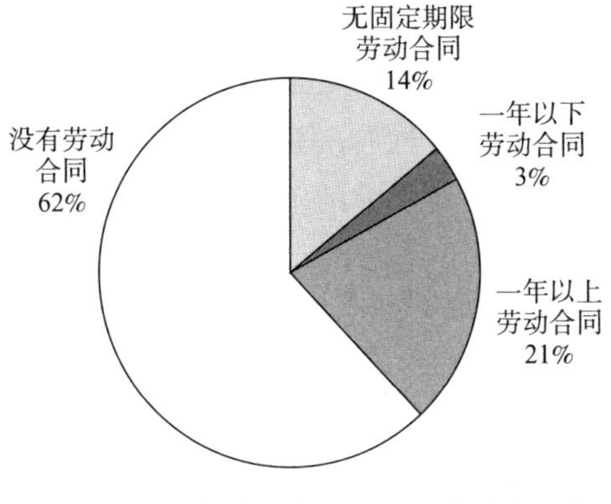

图4－11　2014年我国农民工签订劳动合同情况

资料来源：2014年《全国农民工监测调查报告》。

2. 农民工“五险”参保情况总体好转，但参保率仍待提高

社会保险是用人单位给予劳动者的一种保障性待遇，我国法定的五种社会保险包括养老保险、医疗保险、失业保险、工伤保险和生育保险。其中，养老保险、医疗保险和失业保险是由企业和个人共同缴纳的；而工伤保险和生育保险完全是由企业承担的，个人不

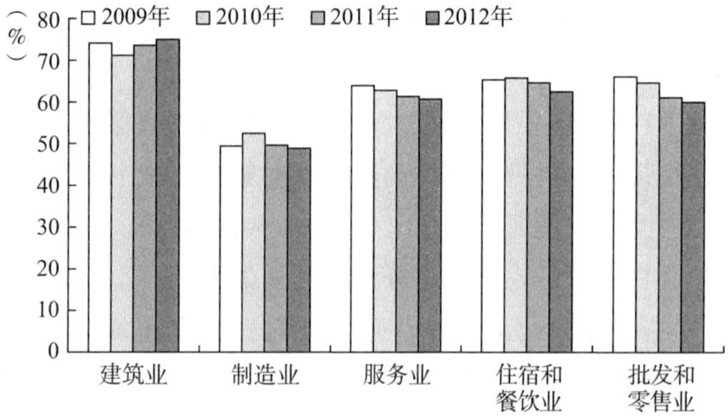

图 4－12　2009～2012 年我国各行业农民工未签订劳动合同状况

资料来源：2009～2012 年《全国农民工监测调查报告》，图中具体分类来自原报告。

需要缴纳。从我国农民工群体社会保险的参保情况来看，近几年，农民工社会保险的参保人数越来越多，参保情况有所好转，但从参保率来看，“五险”参保率水平仍有待提高（见表 4－6）。其中，工伤保险是参保率最高的，但截至 2014 年参保人数仍未超过农民工群体的 1/3；生育保险是参保率最低的，一方面与农民工群体中女性比例低于男性有一定的关系，另一方面也反映了女性农民工群体对生育权益保障的不重视。

表 4－6　2008～2014 年我国农民工社会保险参保率

单位：%

社会保险	2008 年	2009 年	2010 年	2011 年	2012 年	2013 年	2014 年
养老保险	9.8	7.6	9.5	13.9	14.3	15.7	16.4
工伤保险	24.1	21.8	24.1	23.6	24.0	28.5	29.7
医疗保险	13.1	12.2	14.3	16.7	16.9	17.6	18.2
失业保险	3.7	3.9	4.9	8.0	8.4	9.1	9.8
生育保险	2.0	2.4	2.9	5.6	6.1	6.6	7.1

资料来源：2009～2014 年《全国农民工监测调查报告》。

3. 农民工被拖欠工资情况总体好转

拖欠工资问题在我国农民工群体外出打工的过程中时有发生，

对农民工的合法权益产生极大侵害，社会各阶层对农民工被拖欠工资问题都表示了广泛的关注，各级政府也采取了相应措施予以预防、控制和解决。从近几年的调查数据看（见图 4－13），被雇主或单位拖欠工资的农民工比例总体在下降，被拖欠工资的农民工比重由 2008 年的 4.10% 下降到 2014 年的 0.80%，农民工被拖欠工资问题得到极大的改善，可见政府为解决和遏制农民工被拖欠工资问题所采取的一系列政策措施取得了明显成效。

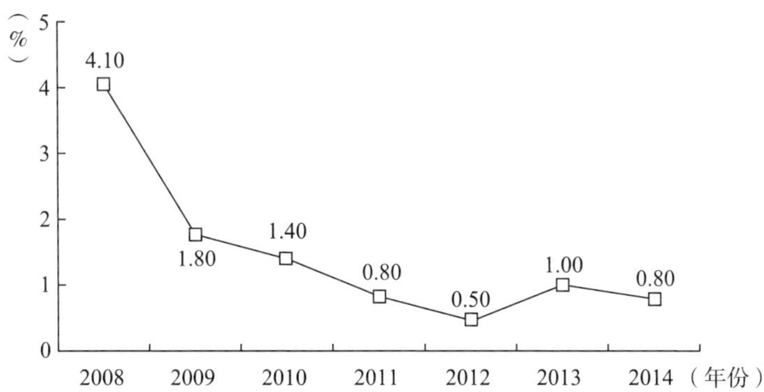

图 4－13　2008～2014 年我国农民工被拖欠工资状况

资料来源：2009～2014 年《全国农民工监测调查报告》。

第二节　农民工职业流动及发展研究

农民工（即城乡流动人口）的就业保障水平是很低的，职业获得方式主要依靠熟人关系网络，职业地位分布以中层偏下的等级为主，其中技术工人的人数比例最高，达到 26.3%。农民工职业流动处于明显弱势，虽然其代际职业地位上升率高。这主要是由于父亲的职业地位本身很低，因而其代际职业地位上升的空间很大，但不意味着其代际职业地位要高于城市户籍群体，这一点可以从农民工群体代内职业上升的空间或幅度有限可以看出。

职业是人们获得收入、权利和声誉的来源，而技能的类型、水平和层级则对一个人或一个群体，尤其是农民工群体的职业地位具有重要影响。清华大学中国经济社会数据中心（China Data Center, Tsinghua University）于2012年4月至2013年12月，对全国28个省级行政单位147个区县500个村进行题为“中国城镇化与劳动移民研究”的问卷调查，主问卷的成人问卷部分的调查样本量为12540人，其中农村本地人口的样本量为5930人，城乡流动人口的样本量为3212人，城镇本地人口的样本量为2224人，城城流动人口的样本量为1174人。问卷对调查对象职业基本状况如从事目前工作持续时间、具有劳动技能等级或职业技术等级凭证、单位类型、工作单位提供基本保障的情况等进行了调查，调查结果整理如表4－7所示。本书基于该调查结果，通过对城乡流动人口与其他三个群体的职业状况、工作状态等进行比较分析，从而客观揭示农民工职业地位现状。

表4－7　四个群体职业基本情况

单位：%

		农村本地	城镇本地	城乡流动	城城流动
从事目前工作持续时间	不到1年	11.7	7.0	19.3	11.2
	1～5年	38.5	27.3	52.0	51.2
	6～10年	20.2	26.3	17.4	16.7
	10年以上	29.6	39.5	11.3	20.9
目前的工作场所	户外	35.3	18.3	29.6	17.1
	车间	22.6	12.3	27.9	9.5
	营业场所	22.1	25.7	30.2	29.0
	办公室	8.2	40.2	7.4	39.6
	家里	11.8	3.5	4.8	4.8
具有劳动技能等级或职业技术等级凭证	有	7.3	26.8	5.9	22.3
	没有	92.7	73.2	94.1	77.7
单位类型	政府/事业	10.9	29.5	4.9	20.4
	企业	17.6	41.6	29.8	38.6
	个体	71.6	28.9	65.3	41.0

续表

		农村本地	城镇本地	城乡流动	城城流动
签订劳动合同	签过	21.1	48.4	34.4	51.9
	没签过	78.9	51.6	65.6	48.1
工作单位提供基本保障的情况	养老保险	11.6	49.9	15.9	45.5
	失业保险	2.3	33.6	10.8	31.3
	工伤保险	4.0	30.2	15.4	31.3
	生育保险	0.9	17.0	5.3	17.2
	医疗保险	2.2	26.9	10.1	24.7
	公积金	1.3	28.7	5.1	25.9

注：城乡流动指农民工在城乡之间的流动。余同。

资料来源：清华大学中国经济社会数据中心“中国城镇化与劳动移民研究”问卷调查数据。

一 农民工就业保障水平很低

工作岗位的稳定性、职业资格等级评定、工作场所的类别、就业单位的类型等职业基本状况，在一定程度上综合反映或决定了一个人或一个群体的职业地位。本书结合问卷调查数据（见表4-7），从以上几个方面对城乡流动人口以及与其他三个群体的职业基本状况进行分析与比较。

在工作岗位的稳定性上，四个群体中，城乡流动人口的工作稳定性是最低的，从事目前工作持续时间不到1年的比例最高，达到19.3%，不足5年的累计比例达到71.3%，而在10年以上的仅有11.3%；工作稳定性最高的是城镇本地人口，从事目前工作持续时间在6年以上的比例达到65.8%，10年以上的比例达到39.5%。

在职业资格等级评定上，从是否具有国家颁发的劳动技能等级或职业技术等级凭证的情况来看，城乡流动人口具有劳动技能等级或职业技术等级凭证的比例是四个群体中最低的，仅有5.9%，其次为农村本地人口，仅为7.3%。而城镇本地人口和城城流动人口具有劳动技能等级或职业技术等级凭证的比例要明显高于以上两个群体，分别为26.8%和22.3%。由此可见，整体上，城市户籍人口获得国家认证的职业资格等级凭证的比例远高于农村户籍人口，前者是后者的3~4倍，农村户籍劳动力在职业资格等级评定上存在明显的弱势。由于缺少国家认证的职业资格等级凭证，农村户籍人口在职业地位和岗位晋升上的竞争优势明显弱于城市户籍人口，户籍制度的障碍导致获得职业资格等级凭证的农民工比例很低，农民工职业地位的上升流动也因此受到很大的阻碍。

在就业单位类型方面，基于我国国情特色，就业单位的类型能够间接揭示从业者就业的稳定性和职业地位的高低，政府和事业单位在我国被公认为是就业最为稳定、福利保障最为优越的单位类型，而个体经营单位一般是工作最不稳定、就业保障最差的单位类型。从表4-7中可以看到，城乡流动人口群体有65.3%的人都是从事个体经营，仅有4.9%的人是在政府和事业单位工作，且是四个群体中比例最低的；在政府和事业单位工作人数最多的群体是城镇本地人口，人数比例达到29.5%，其次为城城流动人口，人数比例为20.4%。另外，城乡流动人口群体中在企业单位工作的人数比例为29.8%，这一比例也低于城镇本地人口（41.6%）和城城流动人口（38.6%）。由此可见，城乡流动人口绝大多数进入了次级劳动力市场。

在工作场所类别方面，城乡流动人口群体中平时工作较多的三个场所依次为营业场所、户外和车间，这三个场所的人数比例相差不大，依次为30.2%、29.6%、27.9%，而以工作环境比较舒适的办公室和家里为主要工作场所的人数比例则非常低，分别为7.4%和4.8%，前三类场所的人数比例平均可以达到后两者的4~6倍；农村本地人口群体中在户外从事工作的人数比例是最高的，达到35.3%，在营业场所和车间工作的人数比例则低于城乡流动人口；而城镇本地和城城流动两个群体都是以办公室作为主要工作场所的，人数比例分别为40.2%和39.6%，在营业场所、户外和车间的人数比例也都低于城乡流动人口，其中，城镇本地在营业场所、户外和车间的人数比例依次为25.7%、18.3%和

12.3%，城城流动在上述三个场所工作的人数比例依次为29.0%、17.1%和9.5%。从比较分析中可以看到，农村本地人口的职业是以农事劳动为主的，因此在户外工作的人数比例必然很高；但城乡流动人口多是不再从事农活，而以进城务工为主，却依然有较高比例的人口在户外工作；城市户籍人口的工作条件远高于农村户籍人口，在户外和车间工作的比例更低，在办公室工作的比例更高。由此可见，城乡流动人口群体大部分是体力劳动者，农村户籍人口流动到城市工作，并没有改善他们的工作环境。

在就业保障方面，从与单位签订劳动合同的情况来看，城乡流动人口群体中没有签过劳动合同的人数比例达到65.6%，高于城镇本地人口和城城流动人口，虽然这一比例低于农村本地人口，但农村本地人口多为农民，因而没有签订劳动合同的比例自然会比较高。从“五险一金”的社会保障情况来看，城乡流动人口享受“五险一金”的人数比例均只高于农村本地人口，而明显低于城镇本地人口和城城流动人口。由此可见，城乡流动人口的就业保障水平是很低的，农村户籍人口流向城市，为城市的经济发展贡献力量，却没有得到与城市户籍人口同等水平的就业保障，农民工就业保障问题一直是我国在建立健全社会保障体系过程中难以跨越的障碍。

二　农民工职业获得与地位

（一）职业获得方式主要依靠熟人关系网络

清华大学中国经济社会数据中心“中国城镇化与劳动移民研究”对四个群体获得职业的方式进行了调查，政府/单位安排、市场途径、个人寻找/亲戚朋友介绍是获得职业的三种主要方式。[①] 根据调查数据及整理结果（见表4－8），可以看到，整体上，城乡

① 边燕杰：《社会网络与地位获得》，社会科学文献出版社，2012，第4～9页。

流动人口通过政府/单位安排的方式获得工作的人数比例明显低于城镇本地人口，且比例是四个群体中最低的。从职业培训的角度来看，四个群体通过培训部门安排上岗的人数比例都很低，其中城乡流动人口中仅有0.3%的人是经过培训部门安排上岗的。而依靠熟人关系网络，即通过亲戚朋友介绍依然是农民工求职的最主要方式。由此可见，政府部门的职业培训力度还有待进一步加大。

表4-8　不同群体求职方式特征

单位：%

	农村本地	城镇本地	城乡流动	城城流动
政府/单位安排				
国家分配/组织调动	2.9	26.3	0.7	16.2
政府安排	2.3	5.3	0.5	2.0
培训部门安排上岗	0.4	0.8	0.3	0.6
市场途径				
招聘会/人才交流会	1.6	4.6	3.5	5.5
职业介绍机构	0.4	0.4	1.1	0.9
个人寻找/亲戚朋友介绍				
自己上门应聘	28.5	24.3	31.6	31.7
创业/自主经营	27.5	15.2	23.3	16.8
亲戚朋友介绍	31.6	17.5	36.6	22.3
其他方式	5.2	5.4	2.4	4.1

资料来源：清华大学中国经济社会数据中心“中国城镇化与劳动移民研究”问卷调查数据。

（二）职业地位分布以中层偏下的等级为主

职业技能等级与职业地位有紧密的关联，地位较高的职业通常比较稳定，如管理者、技术人员等。借鉴陆学艺等人的研究，将职业分为10个等级，从高到低依次为中高层管理者、基层管理者、私营企业主、专业技术人员、办事人员、个体经营者、技术工人、服务人员、体力工人和农民。[①] 结合“中国城镇化与劳动移民研究”问卷对四个群体职业地位分布的调查数据，计算结果如图 4 - 14 所示，对城乡流动人口与其他三个群体进行比较分析。

可以看到，城乡流动人口的职业地位分布以中层偏下的等级为主，其中技术工人的人数比例最高，达到26.3%，说明农民工群体中不乏一些具有一定技能和特长的人，相对于没有技术的人，有技术的农民工获得较高收入工作的可能性更大。城乡流动人口的职业地位分布在个体经营者、体力工人和服务人员三类中下层职业的人数比例为其次，分别为 17.7%、15.4% 和 13.5%，这三个职业类别的共同点是对劳动者文化水平要求不高。此外，城乡流动人口进入上层职业地位的人数比例很低，专业技术人员的人数比例仅为3.9%，中高层管理者、基层管理者和私营企业主三个职业的比例综合还不到总体的 5%。可见，农村户籍人口进入城市后，受户籍制度障碍、教育程度有限、专业技术不足、职业认证缺乏等多方面因素的制约，与城市户籍人口相比职业地位明显偏低，职业地位向上流动的渠道被制度、教育等限制因素所切断，整体职业地位分层结构呈现“上层稀缺、中上层较少、中下层较多”的形态，与理想的“橄榄形”结构还有一定差距。

农村本地人口中农民的人数比例最高，整体的职业结构呈现“丁字型”,[②] 大多数职业为农民的人处于职业结构的下层，中层和上层比例很低。除农民之外的职业类别中，技术工人、体力工人和个体经营者的比例较高，分别为 8.4%、7.6% 和 7.2%，专业技术人员、私营企业主、基层管理者和中高层管理者的比例则很低，四者加起来也不到 5%。由此可见，农村本地人口职业位于中层以上的比例很低，大多数人从事农业劳动，使得他们的职业地位处于下层。

---

① 刘强：《地位争得：流动人口的地位获得研究》，博士学位论文，清华大学，2014。

② 李强：《“丁字型”社会结构与“结构紧张”》，《社会学研究》2005 年第 2 期，第 55 ~ 73 页。

再从城镇本地和城城流动人口职业地位分布状况来看，二者职业地位分层结构特征十分相似，均呈现“中间大、两头小”的分布形态。两个群体在技术工人、个体经营者、办事人员和专业技术人员四个职业类型的人数比例相对较高，都为15%左右；在两端的中高层管理者、基层管理者、私营企业主、体力工人和农民阶层的人数比例相对较低。相比户籍为农村的城乡流动人口和农村本地人口，城镇本地和城城流动两个群体的职业结构更加趋于合理，呈现“橄榄形”的比较理想的职业地位结构。但值得注意的一点是，城市户籍群体具备这样的职业结构是建立在其他群体职业结构分布尚不均衡的基础之上，城乡分割仍然是职业分化的最主要原因。

综合四个群体职业地位分布的特征及比较分析，可以看到，农村户籍人群的职业主要处于中等偏下的地位，其中城乡流动人口的职业地位比农村本地人口有较大的提升，即农民工进城在一定程度上实现了职业地位的上升。但是与城城流动人口和城镇本地人口相比，他们的职业地位结构还不太合理，上层人数比例过低，整体职业结构仍需继续完成不断向上流动的更新过程，以达到和城镇人口相类似的职业地位。

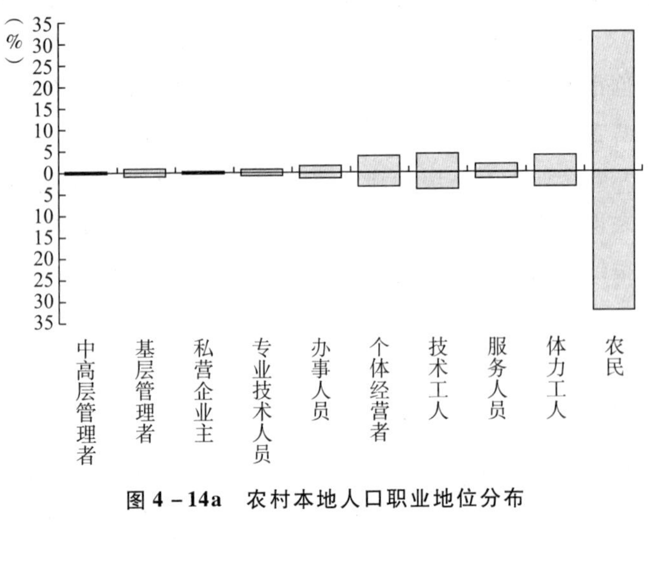

图4-14a　农村本地人口职业地位分布

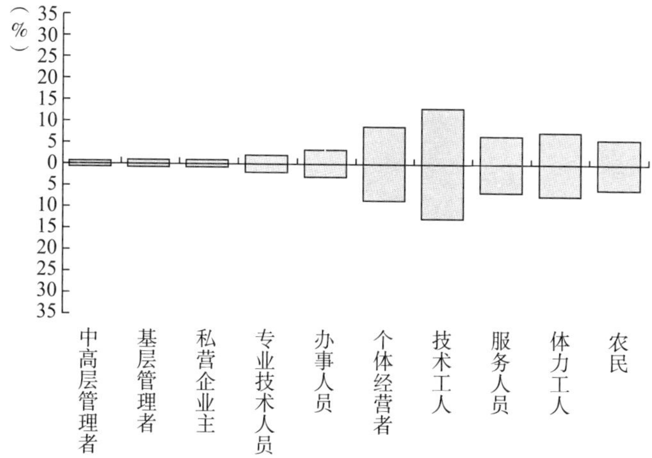

图 4-14b 城乡流动人口职业地位分布

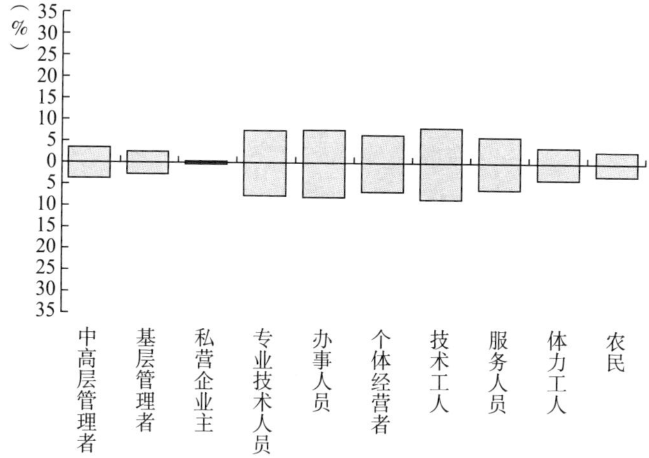

图 4-14c 城镇本地人口职业地位分布

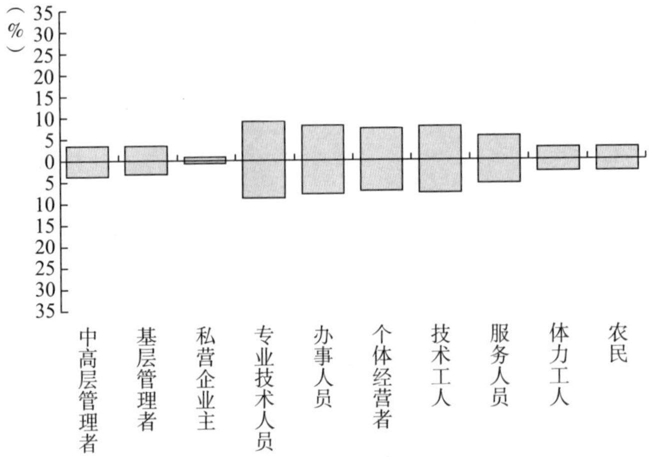

图 4－14d　城城流动人口职业地位分布

图 4－14　四个群体职业地位分布

资料来源：刘强：《地位争得：流动人口的地位获得研究》，博士学位论文，清华大学，2014。

三　农民工职业流动处于明显弱势

职业流动是指劳动者在不同职业之间的变动，是劳动者放弃又获得劳动角色的过程。职业流动不同于劳动者的区域流动和职务变动，但又与劳动者的区域流动和职务变动有密切的关系，互为关联，往往相伴发生。职业流动是向上流动还是向下流动不完全取决于劳动者所拥有的技能种类或技能的娴熟程度，但职业技能确实是影响职业获得及职业流动的重要因素，二者之间同样存在相互关联的紧密关系。技能是为就业服务，劳动者职业技能的种类及等级的提升在一定程度上会导致职业向上流动，而职业流动的状况也在一定程度上能够体现劳动者职业技能的等级。农民工进城务工，在职业获得与职业流动上一直处于明显的弱势。在这一小节中，本书基于清华大学中国经济社会数据中心“中国城镇化与劳动移民研究”的调查数据，对农民工的职业变迁进行数量分析，客观揭示和掌握农民工群体职业流动的现状和特征，以期为探索农民工职业技能提升、职业向上流动的对策和路径提供科学的客观参考。

（一）农民工群体代际职业地位上升率高

代际流动又称“异代流动”，是指同一家庭中上下两代人之间社会地位的变动。代际职业流动是以职业作为地位特征，通过比较父母和子女在同一年龄时职业的变化和不同，来考察两代人的社会地位是否有所提高。基于农民工群体的结构特征，本书将父亲的职业与本人的职业相比，揭示农民工群体不同职业阶层的代际流动情况，并通过与农村本地、城镇本地、城城流动三个群体进行比较，以深入考察影响农民工群体代际流动的因素。

将被访者 14 岁时父亲的职业情况与本人当前的职业相比，得到四个群体的代际流动情况（见表 4 - 9）。

首先，从农民职业的代际流动情况来看，父亲职业是农民的群体，农村本地人口的子代职业也是农民的比例最高（69.5%），职业地位没有发生明显的变化；而城乡流动人口的子代职业地位则出现了明显的提升，即农民脱离务农进城务工，确实实现了职业地位的向上流动；城镇本地和城城流动群体的子代职业也都出现了职业地位的提升，但提升幅度相比城乡流动群体稍弱。

其次，对四个群体的职业流动做更为具体的分析，并以“流动人数比例最高”作为主要考察指标，来反映职业流动的主体趋势。

可以看到，在城乡流动群体中，父亲职业为农民和体力工人的，其子代都实现了职业地位较大幅度的上升，职业流动最为明显的是由农民或体力工人流动到技术工人的职业层级，流动人数比例分别为 26.4%、28.4%；父亲职业为服务人员、技术工人和个体经营者的，其子代承接父亲原有职业类型，即没有发生职业流动的人数比例为最高，分别为 36.4%、38.4% 和 27.5%，其中父亲职业为服务人员的，子代职业整体上依然以向上流动为主，实现职业向上流动的人数比例总计达到 63.7%，其中向上流动到个体经营者层级的人数比例为最高，达到 27.3%；而父亲职业为技术工人的，子代职业向上流动的人数比例总计仅为 34.3%，职业地位出现一定程度的向下流动；父亲职业为个体经营者的，子代职业向上流动人数比例总计仅为31.5%，向下流动比例则达到41.2%，职业流动以向下流动趋势为主体；父亲职业为办事人员及以上级别的，无论是从流动人数比例，还是从职业向上流动的人数比例总计来看，子代职业都出现了比较明显的向下流动趋势，纷纷流向了农民、服务人员和个体经营者三个主体职业，以及相对少一些的体力工人和技术工人。由此可以看到，上一代职业地位较低的群体，其子代职业地位向上流动的趋势较为明显，而随着父代职业类型等级的提高，其子代职业地位提升的趋势开始减弱，并逐渐转向了职业地位的下滑。

表4－9　不同群体的代际职业流动情况

单位：%

14岁时父亲职业阶层		本人当前职业阶层									
		农民	体力工人	服务人员	技术工人	个体经营者	办事人员	专业技术人员	私营企业主	基层管理者	中高层管理者
农民	农村本地	69.5	7.4	2.7	7.6	6.7	2.6	1.2	0.5	1.6	0.2
	城乡流动	13.2	16.5	12.6	26.4	17.6	5.8	3.5	1.7	1.6	1.1
	城镇本地	11.4	6.1	12.6	16.1	17.0	12.7	12.9	0.9	4.6	5.9
	城城流动	11.0	3.9	4.8	14.0	19.7	10.1	19.7	1.3	8.3	7.0
体力工人	农村本地	34.9	18.5	11.6	11.0	9.6	4.8	2.7	1.4	5.5	0.0
	城乡流动	4.1	20.3	13.5	28.4	16.2	10.8	5.4	1.4	0.0	0.0
	城镇本地	1.6	19.9	13.6	16.8	14.1	14.1	9.4	0.5	5.2	4.7
	城城流动	2.2	11.1	15.6	17.8	15.6	17.8	8.9	0.0	8.9	2.2

续表

14岁时父亲职业阶层		农民	体力工人	服务人员	技术工人	个体经营者	办事人员	专业技术人员	私营企业主	基层管理者	中高层管理者
服务人员	农村本地	60	4.0	4.0	4.0	8.0	4.0	4.0	0.0	12.0	0.0
	城乡流动	0.0	0.0	36.4	18.2	27.3	0.0	18.2	0.0	0.0	0.0
	城镇本地	3.4	11.9	27.1	11.9	8.5	16.9	15.3	1.7	0.0	3.4
	城城流动	0.0	25.0	10.0	25.0	0.0	10.0	10.0	15.0	5.0	0.0
技术工人	农村本地	29.7	8.8	9.5	22.3	10.8	8.8	4.1	1.4	2.7	2.0
	城乡流动	1.4	5.5	20.5	38.4	16.4	5.5	1.4	1.4	5.5	4.1
	城镇本地	1.2	6.7	13.7	24.7	10.8	14.8	12.8	0.9	6.4	8.1
	城城流动	1.2	11.1	17.3	23.5	9.9	17.3	9.9	0.0	6.2	3.7
个体经营者	农村本地	24.8	5.9	13.9	15.8	22.8	9.9	2.0	2.0	2.0	1.0
	城乡流动	2.0	3.9	11.8	23.5	27.5	11.8	11.8	2.0	3.9	2.0
	城镇本地	3.9	2.6	9.1	16.9	16.9	22.1	15.6	2.6	3.9	6.5
	城城流动	0.0	2.0	11.8	9.8	11.8	21.6	25.5	2.0	3.9	11.8
办事人员	农村本地	51.4	5.6	9.3	7.5	8.4	11.2	4.7	0.0	1.9	0.0
	城乡流动	3.0	9.1	30.3	21.2	15.2	6.1	6.1	3.0	3.0	3.0
	城镇本地	1.6	5.4	9.2	16.3	10.9	26.6	16.3	1.6	5.4	6.5
	城城流动	0.0	1.9	15.4	11.5	13.5	23.1	19.2	1.9	5.8	7.7

续表

14岁时父亲职业阶层		本人当前职业阶层									
		农民	体力工人	服务人员	技术工人	个体经营者	办事人员	专业技术人员	私营企业主	基层管理者	中高层管理者
专业技术人员	农村本地	50.0	4.2	4.2	19.4	6.9	6.9	4.2	0.0	1.4	2.8
	城乡流动	29.6	3.7	22.2	3.7	22.2	7.4	3.7	3.7	3.7	0.0
	城镇本地	2.7	4.7	12.8	6.8	9.5	14.2	31.8	0.7	2.0	14.9
	城城流动	2.3	0.0	4.5	15.9	11.4	25.0	34.1	0.0	2.3	4.5
私营企业主	农村本地	0.0	20.0	20.0	0.0	0.0	20.0	0.0	20.0	20.0	0.0
	城乡流动	0.0	0.0	50.0	25.0	0.0	25.0	0.0	0.0	0.0	0.0
	城镇本地	0.0	0.0	11.1	11.1	0.0	11.1	11.1	0.0	44.4	11.1
	城城流动	20.0	0.0	40.0	0.0	0.0	0.0	40.0	0.0	0.0	0.0
基层管理者	农村本地	59.3	6.8	5.1	13.6	3.4	1.7	6.8	0.0	3.4	0.0
	城乡流动	40.0	20.0	10.0	10.0	10.0	10.0	0	0.0	0.0	0.0
	城镇本地	14.3	0.0	21.4	7.1	7.1	7.1	35.7	0.0	0.0	7.1
	城城流动	0.0	0.0	0.0	28.6	28.6	28.6	14.3	0.0	0.0	0.0
中高层管理者	农村本地	56.7	6.7	0.0	11.7	10.0	5.0	6.7	1.7	0.0	1.7
	城乡流动	4.5	4.5	18.2	22.7	27.3	9.1	9.1	0.0	0.0	4.5
	城镇本地	2.0	4.6	5.3	15.2	10.6	22.5	25.8	0.0	3.3	10.6
	城城流动	2.5	2.5	10.0	12.5	15.0	20.0	17.5	0.0	7.5	12.5

资料来源：清华大学中国经济社会数据中心“中国城镇化与劳动移民研究”问卷调查数据。

在农村本地人口中，留在农村的仍以务农为主，因而父亲职业是农民的，本人职业仍然为农民的比例最高（69.5%）；在其他职业类型中，除私营企业主外，子代的职业相比父亲的职业类型也大都流动到了农民这一职业。

在城镇本地群体中，父亲职业为农民的，子代职业实现了明显的向上流动，流动到农民的比例为11.4%，城镇本地群体流动到个体经营者的比例最高（17.0%）；父亲职业为体力工人、服务人员和技术工人的，本人职业都是以承接父亲职业的比例为最高，即没有实现职业流动的比例最高，依次为19.9%、27.1%、24.7%，从总体上看，实现职业向上流动的人数比例总计超过50%，依然有较为明显的职业向上流动的态势；父亲职业为个体经营者，本人职业流向办事人员的比例最高，为22.1%，流向个体经营者、技术工人和专业技术人员的比例排在其次，相差不多，分别为16.9%、16.9%和15.6%，总体上，职业向上流动的人数比例总计达到50.7%；父亲职业为办事人员和专业技术人员的，本人职业流向是以承接父亲职业的比例为最高，分别为26.6%和31.8%，这两个职业已经为级别较高的职业类型，且职业壁垒较高，因而实现向上流动的人数比例已不足30%；父亲职业为私营企业主的，本人职业流向基层管理者的比例最高，达到44.4%，流向中高层管理者的比例为11.1%，实现很明显的职业向上流动；父亲职业为基层管理者和中高层管理者的，本人职业以向下流动为主要状态，保持在同一职业类型的人数比例很低。

在城城流动群体中，父亲职业为农民的，子代职业流动去向及特征与城镇本地群体极为相似，同样有明显的职业向上流动，其中流动到个体经营者和专业技术人员的比例最高（均为19.7%）；父亲职业为体力工人的，子代职业流向技术工人和办事人员的比例最高，均为17.8%；父亲职业为服务人员的，子代职业流向体力工人和技术人员的比例最高，均为25.0%；父亲职业为技术工人的，子代职业承接父亲职业类型的比例最高，为23.5%，其次为服务人员和办事人员，流动比例均为17.3%；父亲职业为个体经营者的，子代职业流向专业技术人员的比例最高，为25.5%，其次为流向办事人员的比例（21.6%）；父亲职业为办事人员和专业技术人员的，本人职业流向同样是以承接父亲职业的比例最高，分别为23.1%和34.1%；父亲职业为私营企业主、基层管理者和中高层管理者的，本人职业以向下流动为主要状态，且保持在同一职业类型的人数比例很低。

综合上述分析，一方面，由于四个群体中父亲为私营企业主和基层管理者、中高层管理者的数量占样本总量的比例不高，所呈现的代际流动特征还需要后续增加样本量来进一步考量。另一方面，从不同职业代际流动的状况来看，农村本地人口代际职业地位上升的幅度最低，和父亲职业相比，本人职业有不同程度的下降；城乡流动人口的代际职业地位上升情况要好于农村本地人口，农民工进城务工确实在一定程度上实现了职业地位的向上流动；城镇本地人口和城城流动人口的代际职业上升幅度要小于城乡流动人口，但在职业地位结构上依然好于城乡流动人口。结合表4-9的代际职业流动情况，进一步得到不同群体的代际职业流动率，如图4-15所示。进一步对上述分析结论进行更为直观的表述，可以看到，城乡流动人口的代际职业上升率最高，为77.6%，远超过其他几个群体，进入城市打工对于农民工职业地位的提升起到了巨大作用。城乡流动人口代际职业地位上升率高，主要是父亲的职业地位本身很低，因而上升的空间很大，但不意味着职业地位要高于城市户籍群体。

（二）农民工群体代内职业上升的空间或幅度有限

农民工群体是我国城乡流动人口的主体部分，从农村到城市，职业身份发生了改变，如大多数农民转变为工人，实现了职业地位的提升。为了更为客观地考察农民工群体在城市是否实现了职业地位的提升及职业向上流动的水平，本书基于清华大学中国经济社会数据中心“中国城镇化与劳动移民研究”问卷中对被访者初职和当前职业的调查结果，以10个职业等级为基础，对被访者从初职到当前职业地位层级的变化进行分析，并将农民工

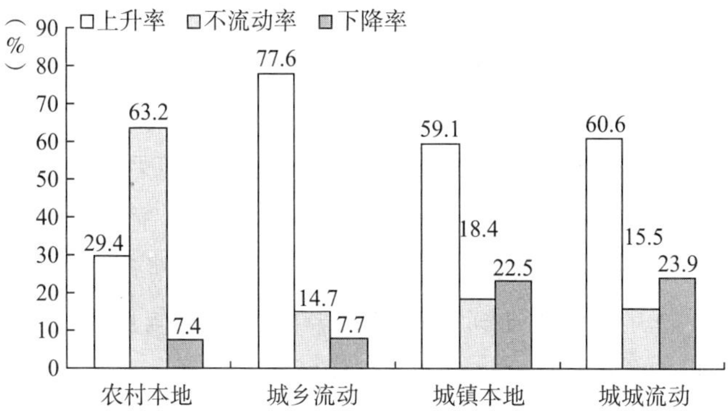

图 4－15　不同群体的代际职业流动率

资料来源：清华大学中国经济社会数据中心“中国城镇化与劳动移民研究”问卷调查数据。

群体与其他三个群体进行比较，进而揭示农民工群体代内职业流动的现状及特征。

对四个群体不同职业代内流动的比例进行计算并整理，结果如表4－10 所示。可以看到，不同群体各层级职业大多是职业身份未发生变化的人数比例最高。城乡流动群体中，农民实现职业向上流动的人数比例达到 70. 1%，这一比例高于农村本地（16. 8%）、城镇本地（65. 7%）和城城流动（61. 5%），其中农民流向体力工人的人数比例最高，为 24. 7%，其次为技术工人，人数比例为 18. 1%，而城镇本地和城城流动两个群体中实现职业上升的农民均流向个体经营者的人数比例最高，分别为 14. 3% 和 23. 1%；体力工人实现职业向上流动的人数比例达到 51. 7%，这一比例同样高于农村本地（24. 2%）、城镇本地（46. 8%）和城城流动（46. 4%），其中由体力工人向上流动到技术工人的人数比例最高（18. 9%），其次为个体经营者（17. 9%），而城镇本地群体中的体力工人向上流动到个体经营者的人数比例最高（14. 6%），城城流动群体则流向技术工人的人数比例最高（21. 4%）；服务人员职业向上流动的人数比例为 38. 0%，这一比例同样高于农村本地（22. 9%）、城镇本地（37. 5%）和城城流动（35. 8%），其中由服务人员向上流动到个体经营者的人数比例最高（15.2%），其次为技术工人（14.2%），农村本地、城镇本地和城城流动群体中的服务人员向上流动的职业类型也都集中在个体经营者上，流动比例分别为11.1%、17.7%和7.6%；技术工人职业向上流动的人数比例为21.4%，这一比例仅高于农村本地（17.2%），而低于城镇本地（29.0%）和城城流动（32.6%），向下流动率则达到35.2%，其中由技术工人向上流动到个体经营者的人数比例最高（14.3%），农村本地、城镇本地和城城流动群体中的技术工人向上流动的职业类型也都集中在个体经营者上，流动比例分别为9.4%、13.0%和11.9%；个体经营者职业向上流动的人数比例为4.0%，远低于向下流动率，且在四个群体中是最低的，农村本地、城镇本地和城城流动群体中的个体经营者职业向上流动的人数比例分别为8.8%、14.4%和4.8%，可以看到，四个群体的向上流动比例都很低；办事人员、专业技术人员、私营企业主、基层管理者和中高层管理者五个职业也都表现出与个体经营者极为相似的特征，即职业向上流动的人数比例都在10%以下，职业流动特征以不流动为主。

进一步对四个群体总体职业流动率进行计算，并进行比较，结果如图4-16所示。可以看到，四个群体中职业地位没有变化的人数比例均超过了50.0%，其中农村本地人口中职业未流动的人数比例最高（72.2%），其次为城城流动人口（62.4%）；而职业上升率最高的群体为城乡流动人口，职业向上流动率达到40.4%，说明到城镇工作提高了农民工的职业地位；城城流动人口和城镇本地人口的职业上升率相近，分别为27.3%和29.1%，城镇本地人口略高，农村本地人口由于其农民身份和非流动性质，其职业流动的上升率最低，为16.7%。

综合上述分析可以看到，城乡流动人口的职业流动率是最高的，尤其是职业上升率明显高于农村本地、城镇本地和城城流动人口，上升趋势最为明显的职业类型集中在农民、体力工人和服务人员。可见，农民工选择进城务工在一定程度上实现了职业地位的向上流动。但同时我们也要注意到，虽然城乡流动人口有较高的职业向上流动率，但职业上升的空间或幅度有限，职业地位的上升主要来自下层上升到中下层，其在中上层和上层的比例与城镇人口在中上层和上层的比例相比，还有较大差距，农民工的职业地位上升途径还有待进一步优化和完善。

表 4－10　不同群体初职和当前职业的流动情况

单位：%

最初职业阶层		当前职业阶层									
		农民	体力工人	服务人员	技术工人	个体经营者	办事人员	专业技术人员	私营企业主	基层管理者	中高层管理者
农民	农村本地	83.2	5.2	1.2	3.5	4.3	0.9	0.3	0.3	0.9	0.1
	城乡流动	29.9	24.7	8.1	18.1	13.2	4.1	0.2	1.0	0.7	0.0
	城镇本地	34.3	11.3	13.9	13.9	14.3	5.2	2.6	0.0	3.0	1.7
	城城流动	38.5	3.8	7.7	7.7	23.1	7.7	3.8	0.0	7.7	0.0
体力工人	农村本地	38.1	37.7	3.0	8.7	7.1	2.1	0.9	1.6	0.5	0.3
	城乡流动	3.0	45.3	8.5	18.9	17.9	2.5	0.5	1.5	0.5	1.5
	城镇本地	3.8	49.4	8.9	9.5	14.6	8.9	2.5	0.6	0.6	1.3
	城城流动	3.6	50.0	7.1	21.4	8.9	3.6	0.0	0.0	5.4	0.0
服务人员	农村本地	27.7	4.3	45.1	4.7	11.1	3.2	0.8	0.8	1.6	0.8
	城乡流动	2.8	1.4	57.8	14.2	15.2	4.3	1.9	0.9	0.9	0.5
	城镇本地	1.3	3.9	57.3	5.2	17.7	5.2	1.7	0.9	3.0	3.9
	城城流动	10.9	1.1	52.2	5.4	7.6	7.6	6.5	2.2	2.2	4.3

续表

最初职业阶层		当前职业阶层									
		农民	体力工人	服务人员	技术工人	个体经营者	办事人员	专业技术人员	私营企业主	基层管理者	中高层管理者
技术工人	农村本地	27.6	3.4	3.1	48.7	9.4	3.2	0.6	1.1	2.1	0.6
	城乡流动	2.6	4.3	6.9	64.8	14.3	2.4	1.0	1.2	2.1	0.5
	城镇本地	1.1	4.9	7.9	57.1	13.0	7.6	2.0	0.7	2.9	2.7
	城城流动	0.8	3.2	7.1	56.3	11.9	8.7	4.0	3.2	3.2	1.6
个体经营者	农村本地	11.9	3.6	3.6	8.2	63.9	2.1	0.5	1.5	3.1	1.5
	城乡流动	3.9	2.9	8.8	6.9	73.5	1.0	1.0	1.0	1.0	0.0
	城镇本地	6.1	7.1	6.1	4.1	62.2	6.1	3.1	1.0	0.0	4.1
	城城流动	2.4	0.0	0.0	7.1	85.7	4.8	0.0	0.0	0.0	0.0
办事人员	农村本地	22.7	2.9	1.4	4.3	7.7	53.1	3.4	0.0	3.4	1.0
	城乡流动	0.0	11.1	5.1	7.1	10.1	57.6	3.0	1.0	2.0	3.0
	城镇本地	1.7	0.6	2.0	4.6	6.3	63.0	5.7	0.9	5.7	9.5
	城城流动	0.8	0.8	1.6	5.6	10.4	59.2	5.6	0.8	6.4	8.8
专业技术人员	农村本地	24.6	0.0	5.1	4.2	5.1	3.4	53.4	0.0	4.2	0.0
	城乡流动	6.7	1.1	6.7	1.1	14.6	4.5	58.4	2.2	1.1	3.4
	城镇本地	2.0	0.6	3.7	0.6	3.7	5.7	73.1	0.0	2.6	8.0
	城城流动	0.0	0.0	3.3	0.0	3.3	1.7	80.0	0.8	2.5	8.3
私营企业主	农村本地	16.7	0.0	0.0	25.0	8.3	8.3	0.0	41.7	0.0	0.0
	城乡流动	0.0	0.0	0.0	0.0	0.0	0.0	0.0	100.0	0.0	0.0

续表

最初职业阶层		当前职业阶层									
		农民	体力工人	服务人员	技术工人	个体经营者	办事人员	专业技术人员	私营企业主	基层管理者	中高层管理者
私营企业主	城镇本地	0.0	28.6	0.0	0.0	0.0	0.0	0.0	71.4	0.0	0.0
	城城流动	0.0	0.0	0.0	0.0	0.0	0.0	0.0	100.0	0.0	0.0
基层管理者	农村本地	33.8	0.0	0.0	6.5	5.2	3.9	0.0	0.0	48.1	2.6
	城乡流动	5.9	0.0	5.9	0.0	5.9	23.5	0.0	0.0	58.8	0.0
	城镇本地	0.0	1.6	0.0	1.6	3.2	0.0	11.1	1.6	68.3	12.7
	城城流动	0.0	4.5	0.0	0.0	4.5	0.0	0.0	0.0	77.3	13.6
中高层管理者	农村本地	25.0	0.0	0.0	0.0	25.0	0.0	0.0	0.0	0.0	50.0
	城乡流动	0.0	0.0	0.0	0.0	0.0	0.0	0.0	0.0	0.0	100.0
	城镇本地	0.0	0.0	0.0	0.0	2.2	4.3	0.0	2.2	0.0	91.3
	城城流动	0.0	0.0	0.0	0.0	0.0	0.0	0.0	0.0	0.0	100.0

资料来源：清华大学中国经济社会数据中心“中国城镇化与劳动移民研究”问卷调查数据。

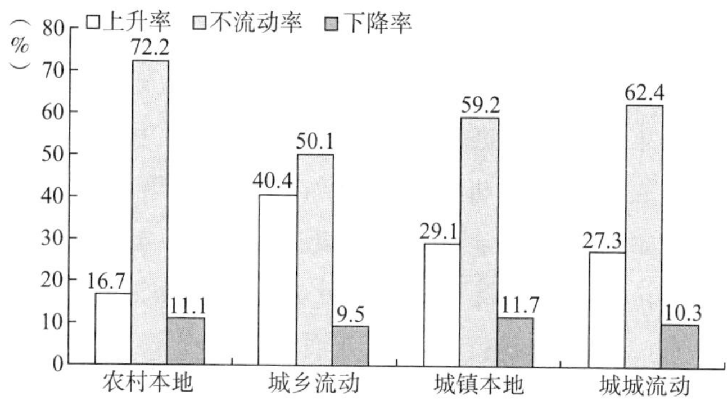

图 4－16　不同群体代内职业流动率

资料来源：清华大学中国经济社会数据中心“中国城镇化与劳动移民研究”问卷调查数据。

第三节　提升农民工职业技能与职业地位的对策研究

农民工是我国职业技能培训的弱势群体，受户籍、教育等制度性因素的影响，进城务工的农民大多享受不到与当地居民同等的培训机会与待遇，因此，需要拓宽正规培训渠道，提升农民工职业技能；恢复八级职业技术分层制度，打通农民工职业上升通道。

一　拓宽正规培训渠道，提升农民工职业技能

根据本课题组在2007年对广东等一些省市农民工的调研结果，大多数农民工的职业技能不是从专门学校或职业培训中学得的，而是自己在劳动中获得的，主要获得方式有"本人自学、边学边干"(29.9%)、"自己拜师傅学习"(24.6%)、"亲戚朋友或老乡教的"(14.5%)，即近70%的农民工是通过这些非正规的培训方式获得技能的；而通过企业或单位、学校、社会团体或政府组织的正规培训获得职业技能的总计比例仅达31%。可见，农民工接受正规职业培训的机会有限，从而制约了其对新技能的学习和职业技能的提升，这对其从业收入增加、职业地位提升等都具有较大影响。因此，针对我国人口规模庞大的农民工群体，应加强新兴产业的技术培训，提升职业技能，增强从业竞争力。2010年，国务院办公厅发布了《关于进一步做好农民工培训工作的指导意见》，指出要创新农民工培训机制，并要加大农民工培训资金的投入，同时也强调要完善企业与院校联合培训的机制，这是一个很好的契机。本书认为，应该将这些培训计划与农民工的技术考级相结合，并在农民工培训和技术考级方面，应给予较大的财政补贴，以降低农民工参加职业技能鉴定的成本，从而促进技术培训与技术鉴定的衔接。

二　恢复八级职业技术分层制度，打通农民工职业上升通道

农民工中也不乏一些拥有较强职业技术的人。但因缺少对其技能等级的认证机制，很多农民工的技术能力并没有得到社会的认可，也没有获得与其技术水平相适应的职业地位和收入。没证书不代表没有专业技术，在2007年的调查中，53.4%的农民工都自认为具有某种专业或职业技能，但由于缺乏社会认可，农民工的职业地位、职业收入、社会声望都得不到保障，农民工提升职业技能的积极性降低与机会减少，对农民工群体高技能人才的供给产生了极大的制约。而我国目前的职业技术证书制度，在技术工人的社会分层方面，功能比较弱，尤其对农民工的作用更小，甚至是无效的。现有的技术分层制度将农民工的劳动单位隔离于技术等级的体制以外，社会身份也制约着农民工向技术工人或高级技术工人转化，社会传统对直接操作型技术的轻视等，都导致农民工群体呈现“技术工人”不足、“高级技术工人”短缺等问题。

针对我国现有职业技术证书制度对农民工群体无效的问题，本书建议，应恢复八级职业技术分层制度。历史证明，八级职业技术分层制度曾经在工人技术等级的分层上发挥了非常重要的作用，八级分层的技术标准是明确、清晰的，考核的标准是准确、可操作的，当年“技术考级”的社会影响和社会效果也是好的。八级技术分层比目前的五级技术分层更能体现出为今日中国做出巨大贡献的技术劳动的差异特征，更能体现出简单劳动与复杂劳动的巨大差异，更有利于中国工人追求高层次、高水平的劳动技能，对一线高水平的劳动者也具有极大的激励效应。一旦制度允许农民工进入有专业证书的“专业技术人员队伍”，我国的社会结构将发生重大变化。同时我们也要认识到，一窝蜂地认定农民工的技术职称的做法是不可取的，技术级别的认定是个历史过程，一定要严格技术考级制度，要培训和考核出一批有经验、有道德、执法公正的专业技术人员当考官，同时增加操作型技术考级在考试内容中的比重，减小

笔试题目的比重。当然，也要进一步完善目前劳动部门已经建立的通过网上查询证书真伪的体制，严厉打击技术证书造假。采用严格的法律手段防范各种破坏技术等级分层的行为，最终形成具有中国特色的高水平操作型技术阶层，进而实现中国社会结构向现代社会结构的转型。

总结：农民工是培育技术人才队伍的重要群体

农民工是我国城市中一个特殊的、人口规模十分庞大且具备一定生产技能的社会群体，为城市建设做出了巨大的贡献，其技能水平的提升、新兴产业技能的培训对缓解技能缺口有不可估量的作用，是培育技术人才队伍不可忽视的重要群体。本章对我国农民工的供给现状和特征、技能培训水平、职业技能认证以及职业分布和流动特征等进行数量分析，揭示我国农民工群体技能培训不足、社会地位低下的现实和原因，并基于此，探讨如何提升农民工群体的职业技能和职业地位。

本章研究发现，在供给总量上，2008～2014 年我国农民工群体数量在不断增加，6 年间增加了 4853 万人，2014 年农民工数量已超过 2.7 亿人，占总人口的比重达到 20.03%，规模优势明显；在群体结构上，以男性、21～50 岁的青壮年以及初中学历的农民工为主，但近年 41 岁及以上的农民工群体比例有所上升，农民工群体逐渐显现老龄化的趋势；农民工数量分布呈现“东多西少”的区域性特征，但近年中西部对农民工的吸纳能力有所增强；从业多集中在制造业和建筑业上，但近年制造业下降、建筑业上升趋势明显；从业收入水平整体较低，人均月收入虽有增长但增速在不断减慢，社会保障仍很薄弱；农民工群体内部出现代际交替，1980 年及以后出生的新生代农民工逐渐成为外出农民工的主体，相比老一代农民工，具有文化程度更高的优势，从业选择更倾向于制造业；目前仍只有 1/3 左右的农民工接受过技能培训，以非农职业技能培训为主；农民工群体就业稳定性和工作环境较差，仅有 5.9% 的农民工具有劳动技能等级或职业技术等级凭证，且仅有 0.3% 的农民工群体是经过培训部门安排上岗的；农民工职业类型以技术工人、个体服务等中层偏下的等级为主，专业技术人员和管理人员占比很低；农民工代际职业上升率及职业向上流动率均较高，农民进城务工确实实现了地位提升，但职业地位结构仍不太合理。因此，本书认为，在农民工技能人才培育上，应拓宽正规培训渠道，提升农民工职业技能；恢复八级职业技术分层制度，打通农民工职业上升通道。

第五章

普通高校的人才供给

导　读

随着扩招的推进，高校毕业生数量快速增长，当代大学毕业生就业存在结构性失衡，具体表现为初次就业率低，专业设置、招生规模与市场需求脱节，就业准备不足、离职率高，就业期望与现实需求严重脱节。市场需求与高校供应不匹配为问题根本。

本书建议，提升大学毕业生的就业能力需从以下方面着手。

在国家层面，赋予高校更大的办学自主权，建立以政府行政监督为辅，以市场、高校和社会共同参与为主的专业设置路径，同时增加大学生自主创业的多样化支持渠道。

在企业层面，努力提升就业大学生的工作满意度，增强就业大学生的企业归属感。

在学校层面，切实增加对毕业生的职业技能培训（如专业知识的实用性训练等），同时在就业辅导中应增强毕业生的现实感，降低不切实际的预期。

第一节　大学生培养和供给情况

高校毕业生的数量逐年攀升，2015 年全国高校毕业生的数量达到 749 万人。从专业角度看，大多专业学科本科毕业生数量占比有所下降，但经管整体呈上升趋势。在细分的专业上，中国高校未凸显出创新特色，盲目追求学科设置的“大”而“全”，办综合性大学。但在社会需求上，2014 届大学毕业生的工作与专业相关度为 69%，近四成的大学生在毕业三年后，转换行业，改变就业方向。

一　高校毕业生数量快速增长

自1999年高校扩招以来，大学的毛入学率快速增长，高等教育从精英教育（毛入学率为5%～15%）转变为大众教育（毛入学率为15%～50%），教育事业取得了长足的发展。与此同时，高校毕业生的数量逐年攀升。2013年，全国高校毕业生达到699万人，其中，普通本科毕业生为320万人，被称为最难就业年（见图5－1）。2015年全国高校毕业生的数量达到749万人，其中，普通本科毕业生为359万人，又增加了39万人，可谓更难就业年。[①] 同时，劳动力供求的结构性失衡日益凸显，人力资本与产业结构不匹配矛盾突出。就业结构性矛盾凸显并有长期持续的可能，主要体现在高校毕业生、农村转移劳动力等重点人群的“就业难”，传统工业集聚地区和经济欠发达地区的“就业挤出”和就业渠道狭窄，以及劳动密集型行业、高新技术产业的人才短缺等方面。一方面产业转型升级创造高端岗位的速度远远低于毕业生数量的增速，另一方面随着技术进步加快和产业优化升级，技能人才短缺问题将更加突出，高级工程师、高级技师和技师等岗位供给缺口将进一步拉大。[②]

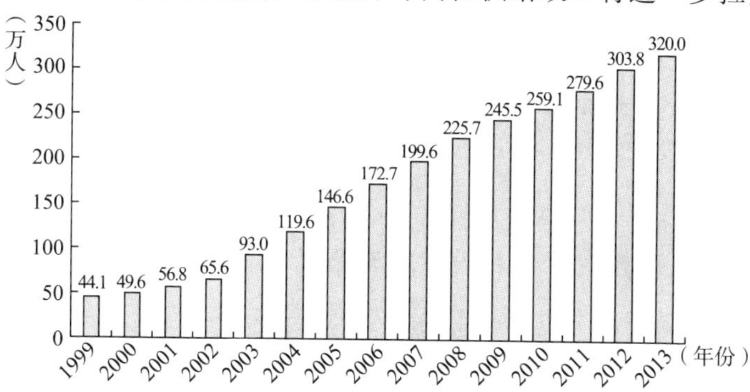

图5－1　1999～2013年全国普通本科毕业生人数

资料来源：《中国教育统计年鉴》（1999～2013年）。

① http://career.eol.cn/kuai_xun_4343/20131210/t20131210_1050496.shtml.

② http://epaper.gmw.cn/gmrb/html/2015－10/09/nw.D110000gmrb_20151009_2－10.htm?div=－1.

二 高校专业设置

（一）大多专业学科本科毕业生数量占比下降，但经管整体呈上升趋势

为了清晰地看出每年不同学科学生数占比的变化趋势，笔者将文学、哲学、历史、艺术、法学和教育合并为人文社科艺术，经济学和管理学合并为经管，其余应用型较强的学科保持不变。由图5－2可知，除了2013年将艺术从文学学科剥离出来导致文学专业学生人数占比下降外，工学、理学、医学、农学和师范也整体呈现下降趋势，仅经管整体呈上升趋势。

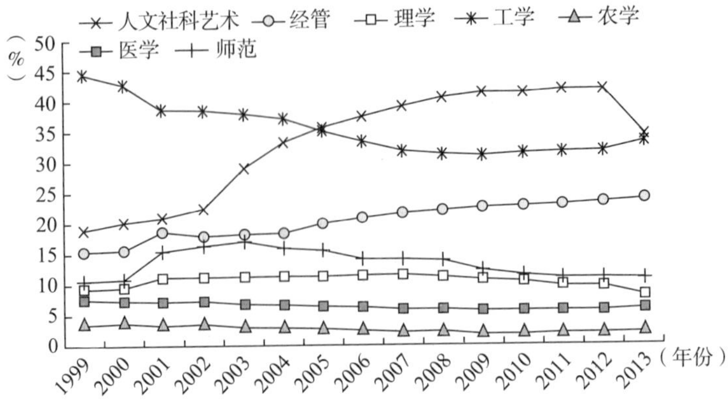

图5－2　1999～2013年普通本科分学科学生数占比

注：2013年的文学不包括艺术学专业学科。

资料来源：《中国教育统计年鉴》（1999～2013年）、教育部网站。

（二）高校专业盲目设置，未凸显出创新特色

2010年我国本科专业目录修订工作专家会议认为，高等教育质量包括宏观结构性质量和个体质量。而专业设置既是高教宏观结构质量的重要组成部分，也直接涉及高校微观教学质量。[①] 可以说，

① 《教育部启动新一轮高校本科专业目录修订工作》，《中国教育报》2010年9月27日。

专业设置质量是高等教育宏观质量与微观质量的联结点。

以美国为例，在高校专业设置上具备以下基本特征。

第一，无论是高校内部提出一个申报新专业的设想，还是高校的专业设置需要政府审批管理，都遵循了自下而上的路径。前者往往是专业教师发现设立新专业的基础和契机，然后汇报院系进行讨论，院系通过以后再上报学校一级。而针对后者，政府教育管理部门为了控制专业设置的无效或低效重复，在专业管理制度中安排了多方评价、多方比较的程序。美国要求确实已经有教育机构设置了该专业，且在审批新专业的设置时，一定会听取多方（包括市场）意见，特别是已经开设此专业的高校同行的建议与意见。

第二，普遍重视新兴与交叉学科的发展。美国在学科大类中特别单独设置了“交叉学科”。随着产业结构的日益复杂化，多种学科交叉已经是科学技术发展的必然趋势。[①] 我国教育部印发的《普通高等学校本科专业目录（2012 年）》《普通高等学校本科专业设置管理规定》等文件中也指出，高校设置和调整专业应主动适应国家和区域经济社会发展需要，适应知识创新、科技进步以及学科发展需要，更好地满足人民群众接受高质量高等教育需求；应遵循高等教育规律和人才成长规律，符合学校办学定位和办学条件，优化学科专业结构，促进学校办出特色，提高人才培养质量。

第三，密切结合大学生就业设置专业。美国建立通畅的毕业生就业反馈渠道和社会调查系统，获悉尽可能新的人才供需现实情况的信息数据，据此反思专业设置的合理性和有效性，也做出相应的专业人才培养数量和质量上的预测。按照社会需求及时更新大学专业设置，安排能够传授与市场需要相符合的知识与技能的合理课程，努力建立就业与专业设置相协调的运作机制。

第四，注重 STEM 教育，并将该教育理念与法律条款相结合，

---

① 于慧：《我国高校本科专业设置标准研究》，博士学位论文，中山大学，2011。

促进实施。以美国 STEM 教育为例，在商科学生越来越多的情况下，美国提出了 STEM 计划，STEM 代表科学（Science）、技术（Technology）、工程（Engineering）、数学（Mathematics），即 STEM 教育就是科学、技术、工程、数学的教育。在国家实力的比较中，获得 STEM 学位的人数成为一个重要的指标。早在 1986 年，美国国家科学委员会就发表过《本科的科学、数学和工程教育》报告，这被认为是美国 STEM 教育集成战略的里程碑，指导了国家科学基金会此后数十年对美国高等教育改革在政策和财力上的支持。2006 年 1 月 31 日，美国前总统布什在其国情咨文中公布一项重要计划——《美国竞争力计划》（American Competitiveness Initiative, ACI），提出知识经济时代教育目标之一是培养具有 STEM 素养的人才，并称其为全球竞争力的关键。2007 年 10 月 30 日，美国国家科学委员会发表《国家行动计划：应对美国科学、技术、工程和数学教育系统的紧急需要》报告，STEM 教育开始从本科阶段延伸到中小学教育阶段，希望从中小学就开始实施 STEM 教育。同年，美国参众两院在 8 月 2 日一致通过了《美国创造机会以有意义地促进技术、教育和科学之卓越法》（又称作《美国竞争法》）。《美国竞争法》一共包括 8 个部分，其中第六部分的标题即为“教育”，其他部分也有多项条款与教育有关。教育条款主要涉及教师教育、STEM 教育、外语教育和本科生与研究生奖学金等 4 个方面。《美国竞争法》对 STEM 教育的重视，极大程度上反映了美国社会的一种共同关注趋势。目前，该教育理念已扩展到幼儿园阶段。

反观中国，首先，在专业审批上，虽然也是学校自下而上的审批方式，但我国主要请有关专家对提交备案专业的基本条件，尤其是师资力量进行审核，再组织专家对需要审批的专业进行评议，欠缺多方评价和比较的程序。其次，在专业申报上，以我国高校 2014 年专业学科申报为例，工学为 667 个，管理学、文学、艺术学和理学，依次为 301 个、186 个、168 个和 138 个，经济学、教育学、法学、农学、医学、历史学依次为 99 个、46 个、32 个、24 个、14

个和 6 个，在细分的专业上，也未凸显出创新特色，盲目追求学科设置的“大”而“全”，办综合性大学。[①] 而在美国几乎找不到完全一样、一个模式的两所学校，[②] 由此可见美国专业的设置主要由学校层面主导。再次，在专业与就业协调上，我国目前专业设置不由市场决定，没有适合市场和反映经济产业结构，主要由行政审批决定。以师范生为例，现在全国每年毕业的师范生有 60 多万人，但基础教育的师资需求只有 25 万人，并且每年新入职的教师中，有 1/4 来自非师范类院校的综合性大学。最后，在教育理念上，虽然我国是诸多 STEM 人才的摇篮，但这类人才往往流失在国外，并且没有扩展到幼儿园阶段发展 STEM 人才的教育理念。中美专业设置对比如表 5－1 所示。

表 5－1　中美专业设置对比

	美国专业设置特色	中国专业设置现状
校内、校外有机配合的专业管理制度	学校自下而上审批	学校自下而上审批
	政府行政审批（主要考察专业课程和实践，其构成了专业的有机整体）	政府行政审批（主要考察专业设置的基本条件，尤其是师资力量）
	高校同行评议	—
	社会力量广泛参与	—
逐步深化的专业认证与评估标准	高校的具体条件和水平	—
	社会评价和公众问责	—
	专业审查机构（政府授权）定期进行质量监管	—
重视新兴、交叉学科专业设置	单独设置“交叉学科”	追求学科设置的“大”而“全”
	高校可根据社会人才需求自行设置专业	—

① 何岸、杜学元：《高校专业设置雷同问题浅析——以四川省为例》，《清华大学教育研究》2004 年第 5 期，第 93～97 页。

② 刘振天：《西方国家教育管理体制中的社会参与》，《比较教育研究》1996 年第 3 期，第 10～14 页。

续表

	美国专业设置特色	中国专业设置现状
建立就业与专业设置相协调的运作机制	建立毕业生就业反馈渠道和社会调查系统	企业和高校均开展过毕业生社会调查
	反思专业设置的合理性和有效性	—
	预测专业人才培养的数量和质量	—
	调整专业和课程内容	—
教育理念	STEM 教育	—

（三）工作与专业相关度为 69%

专业知识是毕业生职业发展的重要砝码，但很多大学生毕业后会选择从事一份不对口的工作。根据麦可思 2014 届大学生毕业半年后社会需求与培养质量的抽样调查①，2014 届大学毕业生的工作与专业相关度为 69%。其中，工作与专业相关度 = 受雇全职工作并且与专业相关的毕业生人数/受雇全职工作的毕业生人数。

根据麦可思 2011 届大学毕业生三年后职业发展研究②，2011 届大学毕业生三年内的行业转换率为 41%。这就意味着，近四成的大学生在毕业三年后，转换行业，改变就业方向。

三 大学生就业能力

在衡量大学生就业能力指标的选取上，应包含大学生的专业知识学习情况、职业技能掌握情况和兼职实习情况。因学科不同要求不同，在专业知识学习上，笔者舍弃了学分绩、学习时间投入这两个变量，选取了可以统一衡量的全国大学英语四、六级考试成绩进行比较。在职业技能掌握情况上，选取证书获得和在学生机构或组织中的任职情况这两个指标。

① 于 2015 年 3 月完成，其中本科生样本约 12.6 万人。

② 2012 年初完成，回收全国样本中本科生样本约 15.6 万人。2014 年底对此全国样本进行了三年后的再次跟踪研究，回收全国本科生样本约 3.1 万人。

（一）大学生英语成绩985学校学生最高

在我国，大学英语四、六级考试成绩虽不算在学分绩当中，却是衡量全国大学生英语成绩的一个重要标准，尤其是通过四级考试（425分为通过）也成为部分学校毕业要求之一。由表5－2可知，985学校学生的英语水平明显高于其他类别学校，四、六级平均成绩均遥遥领先。211非985学校学生则仅在四级成绩上略高于普通学校，而在六级成绩上却低于普通学校，令人意外的是，其六级的平均成绩未达到通过标准（425分）。

从专业学科来看（见表5－3），工学专业学生的四级平均成绩最高，约为466分，其次是理学和医学专业学生的四级成绩，均在450分以上，而经管、人文社科艺术和农学专业学生的四级平均成绩较低。而在没有硬性要求的六级考试上，则是人文社科艺术专业学生的成绩最高，为441分，其次是工学和理学，而经管和农学专业学生的六级平均成绩均低于425分，未达到通过标准。

表5－2　不同类别学校学生的四、六级成绩

学校类别	大学英语四级成绩		大学英语六级成绩	
	均值	频数	均值	频数
985学校	521.7	172	487.5	134
211非985学校	449.8	516	421.8	309
普通学校	442.8	1873	427.7	905
合计	449.5	2561	432.3	1348

资料来源：清华大学中国经济社会数据中心“中国大学生就业追踪调查”（2014年）。

表5－3　不同学科学生的四、六级成绩

学科	大学英语四级成绩		大学英语六级成绩	
	均值	频数	均值	频数
经管	433.6	792	423.4	301
人文社科艺术	427.1	311	441.0	133
理学	455.2	193	434.2	104
工学	465.9	1179	434.9	767

续表

学科	大学英语四级成绩		大学英语六级成绩	
	均值	频数	均值	频数
农学	425.5	44	397.5	19
医学	454.9	42	432.0	24
合计	449.5	2561	432.3	1348

资料来源：清华大学中国经济社会数据中心"中国大学生就业追踪调查"（2014 年）。

（二）大学生职业技能：获得计算机等级证书的比例最高

1. 证书获得情况

从总体上看（见图 5－3），获得计算机等级证书的比例最高，其次是驾驶执照，而技能等级证书和专业资格证书相对较低。

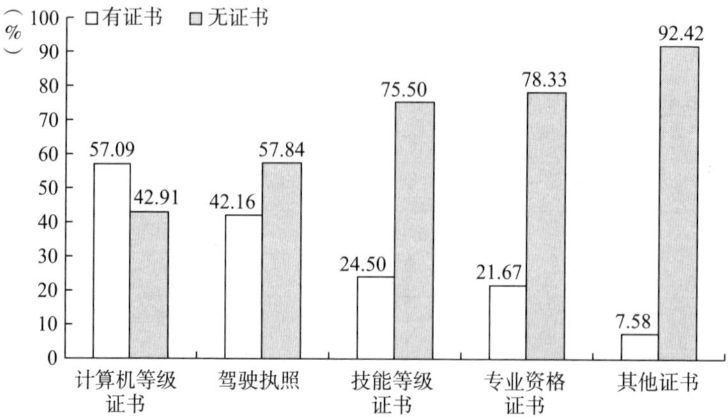

图 5－3　证书获得的整体情况（$N=3074$）

说明：因变量存在不同程度的缺失，故不同维度分析的样本量略有差异。

资料来源：清华大学中国经济社会数据中心"中国大学生就业追踪调查"（2014 年）。

由图 5－4 可知，985 学校中，学生获得驾驶执照的比例最高，211 非 985 学校和普通学校中，学生获得计算机等级证书的比例最高，其次是驾驶执照。

从学科上看（见图 5－5），除医学外，其他专业均是获得计算机等级证书的比例最高，尤其是经管专业，高达 65%。其次是驾驶执照，均在 40% 左右。另外，在专业资格证书获得上，经管专业学生的比例最高，约为41%，其次是人文社科艺术专业学生，约为26%，而医学专业学生获得专业资格证书的比例为0，这主要与医学专业自身的特殊性有关。

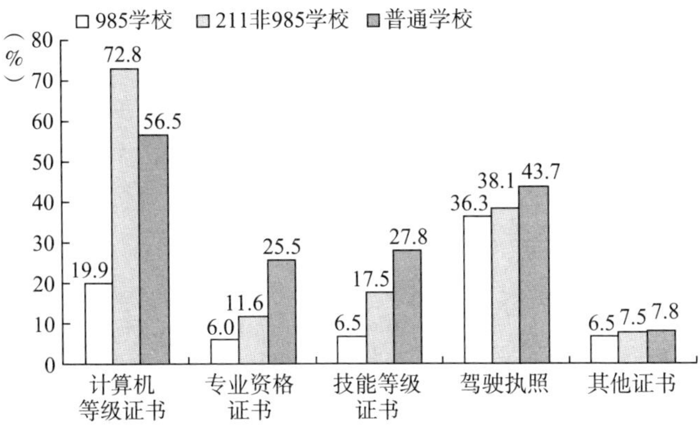

图5-4　不同类别学校的证书获得情况（$N=3073$）

资料来源：清华大学中国经济社会数据中心"中国大学生就业追踪调查"（2014年）。

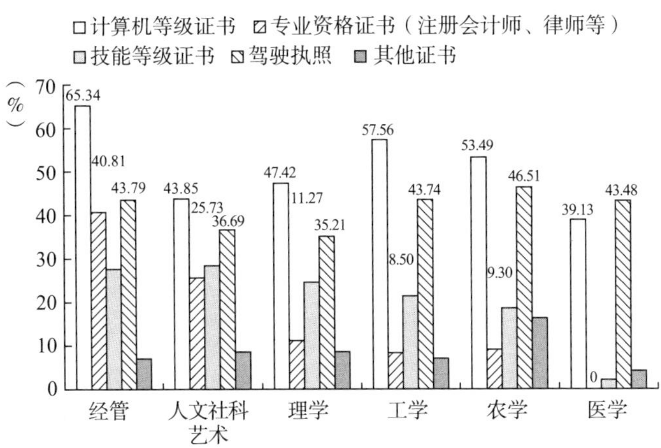

图5-5　不同专业学生的证书获得情况（$N=3073$）

资料来源：清华大学中国经济社会数据中心"中国大学生就业追踪调查"（2014年）。

2. 在学生机构或组织中的任职情况

在学生机构或组织中的任职情况不仅反映出学生当下的组织管理

能力，而且影响其日后职业发展。由图 5 - 6 可知，985 学校学生中在班级、社团和学生会任职过的比例最高，其次是 211 非 985 学校学生，比例均为 65% 左右，而普通学校学生任职的比例最低，约为 56%。

从学科上看（见图 5 - 7），农学专业学生在学生机构或组织中任职过的比例最高，约为 73%，其次是医学、工学和理学，均在 60% 以上，而经管、人文社科艺术专业学生任职的比例较低，均在 60% 以下。

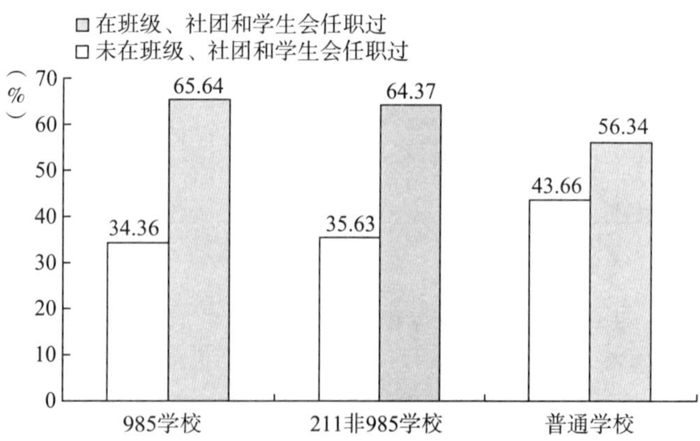

图 5 - 6　不同类别学校学生在学生机构或组织中的任职情况（$N = 3273$）

资料来源：清华大学中国经济社会数据中心“中国大学生就业追踪调查”（2014 年）。

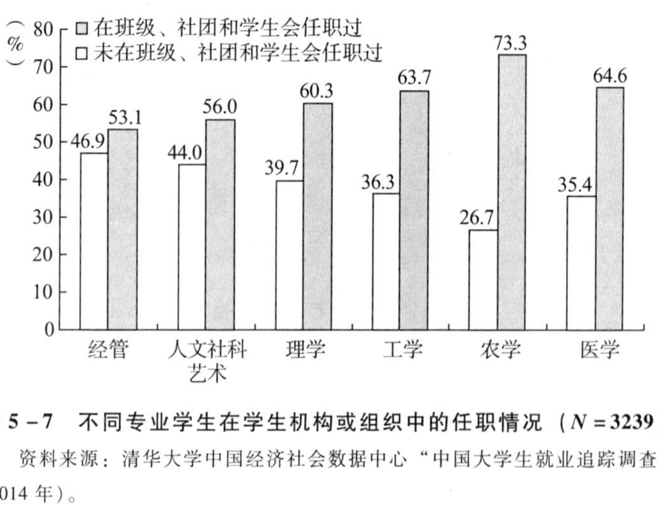

图 5 - 7　不同专业学生在学生机构或组织中的任职情况（$N = 3239$）

资料来源：清华大学中国经济社会数据中心“中国大学生就业追踪调查”（2014 年）。

（三）大学生参与兼职实习，工学和理学专业学生有过实习的比例较低

由图5－8所示，从学校类别来看，按照985学校、211非985学校和普通学校的次序，学生有过实习的比例依次增高。从专业学科来看（见图5－9），则是农学和医学专业学生有过实习的比例较高，其次是经管和人文社科艺术，工学和理学较低。

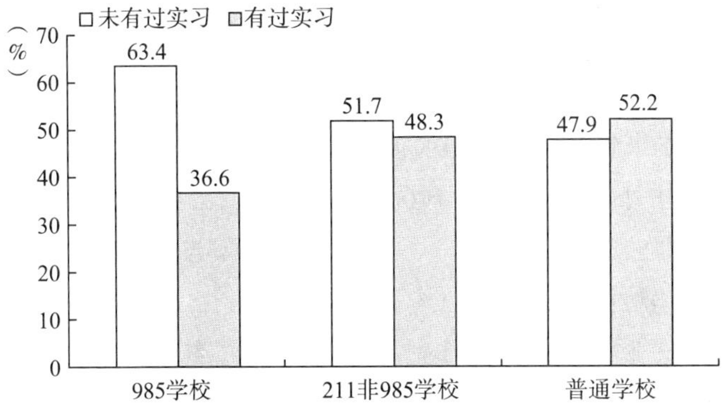

图5－8　不同类别学校学生的实习情况（$N=3273$）

资料来源：清华大学中国经济社会数据中心“中国大学生就业追踪调查”（2014年）。

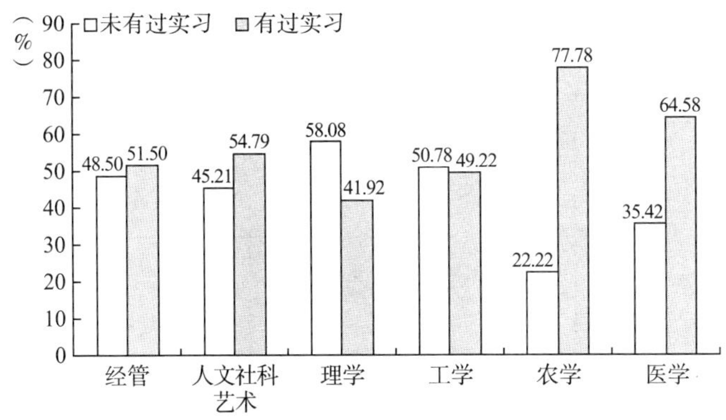

图5－9　不同专业学科学生的实习情况（$N=3239$）

资料来源：清华大学中国经济社会数据中心“中国大学生就业追踪调查”（2014年）。

第二节　大学生就业的社会需求

需求量较大的为各类工科专业。另外，企业在招聘时，更看重一些与劳动力质量无关的变量，如个体的外显特征、实习经历等，而非学业成绩、学校社团经历、证书获得等衡量学生在校表现的各类指标。

一　需求量较大的为各类工科专业

麦可思报告①显示，2014 届本科毕业生社会需求量较大的行业前五位为中小学教育机构（6.3%）、其他金融投资业（2.5%）、住宅建筑施工业（2.2%）、互联网运营与网络搜索引擎业（2.2%）、软件开发业（2.1%）。

根据就业状况，教育部把各专业分为“红、黄、绿牌”专业（见表 5－4）。出现红、黄牌专业的原因既可能是供大于求，也可能是培养质量达不到岗位需求，反映的是全国本专业的总体状态。

表 5－4　2015 年本科就业“红、黄、绿牌”专业

专业分类		2015 年本科各类专业
红牌专业：高失业风险型专业	失业量较大，就业率、薪资和就业满意度综合较低	生物工程、美术学、生物科学、应用物理学、应用心理学、法学、音乐表演
黄牌专业：次高失业风险型专业	除红牌专业外，失业量较大，就业率、薪资和就业满意度综合较低	体育教育、动画、英语、工商管理、汉语言文学

① 麦可思研究院发布的《2015 年中国大学生就业报告》，基于麦可思研究院对 2014 届大学生毕业半年后的调查研究，以及对 2011 届大学生毕业三年后的跟踪调查研究。

续表

专业分类		2015 年本科各类专业
绿牌专业：需求增长型专业	失业量较小，就业率、薪资和就业满意度综合较高	建筑学、软件工程、网络工程、通信工程、建筑环境与设备工程、车辆工程、矿物加工工程

资料来源：麦可思研究院发布的《2015 年中国大学生就业报告》。

二　企业最看重专业对口

由图 5 - 10 可知，企业在招聘时，更看重一些与劳动力质量无关的变量，如个体的外显特征（包括性别、专业对口、相貌仪表和谈吐举止）、实习经历和籍贯/生源地，而非专业课成绩、学校社团经历、各种获奖证书等衡量学生在校表现的各类指标。略有差异的是，个体工商户最看重性别，而企业最看重专业对口。

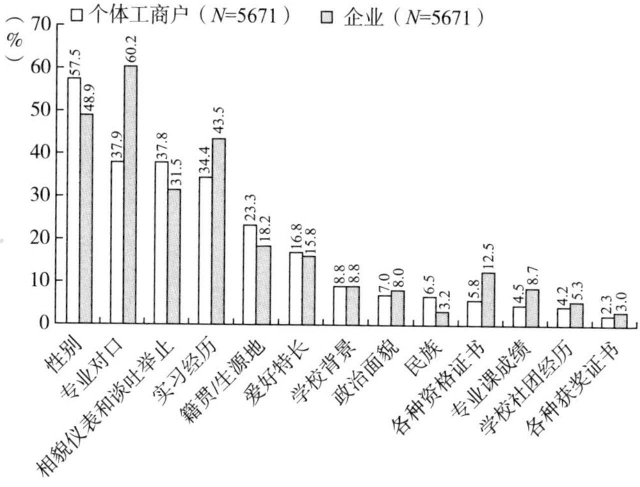

图 5 - 10　个体工商户和企业在招聘时所看重的因素

资料来源：国家工商总局和中国社会科学院“个体私营经济与就业关系”调查（2015 年）。

由图 5 - 11 可知，用人单位普遍认为大学生缺乏实习经历，在校期间学到的知识实用性不强，薪资期待过高，就业忠诚度偏低，还存在简历造假的情况。此外还建议国家应出台特殊政策，扶持女大学生就业，鼓励大学生到中小城市就业。

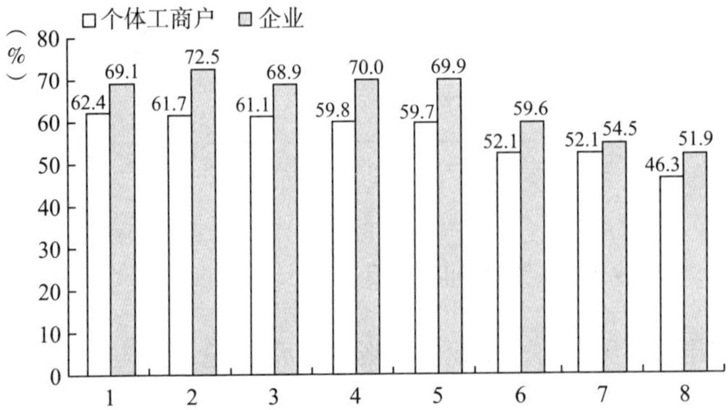

图 5－11 个体工商户和企业对大学生就业的看法

说明：1. 国家应该出台特殊政策，扶持女大学生就业。2. 目前中小城市的就业机会并不比大城市少，大学生没必要挤在"北上广"。3. 大学生创业之前必须先有一段给别人打工的经历才稳妥。4. 大学生在校期间学到的知识实用性不强，用人的个体工商户、企业需要再次培训。5. 大学生对工资等方面期望值过高，个体工商户、企业无法满足。6. 大学生就业忠诚度偏低，个体工商户、企业留不住人才。7. 重点大学毕业生在专业技术方面比非重点大学毕业生更有优势。8. 大学生的简历与本人实际情况不符，存在夸张、虚报、造假等问题。

资料来源：国家工商总局和中国社会科学院"个体私营经济与就业关系"调查（2015 年）。

第三节 大学生的就业质量

在就业质量上，主要有以下特点：

■ 全国普通高校毕业生初次就业率超过 70%；

■ 求职次数农学最少，经管最多；

■ 求职花费均为 1100～1160 元；

■ 求职主要通过校内各种招聘会、求职网站等媒介和学校老师提供的就业信息；

■ 在求职过程中，遭受过性别歧视、户口歧视和外貌歧视的比例较高，此外还有一些学生在求职过程中遭遇过口音歧视和农村歧视；

■ 收入和福利：家庭背景对起薪有显著影响；

■ 2014 届大学毕业生毕业半年内的离职率为 33%。

一　就业情况

（一）初次就业率超过 70%

国家人力资源社会保障部数据表明，截至 2014 年 7 月 1 日，全国普通高校毕业生初次就业率超过 70%，与 2013 年基本持平。清华大学的调查数据表明，2014 年毕业生初次就业率为 73.85%（$N=2083$）。从学校类别来看，985 学校毕业生初次就业率最高，为 76.36%（$N=55$），其次是普通学校，为 75.14%（$N=1609$），211 非 985 学校比例最低，仅为 67.91%（$N=374$）。从专业学科来看，医学毕业生的初次就业率最高，为 79.31%，其次是工学和经管，均在 75% 左右，而人文社科艺术和理学均在 71% 左右，农学最低，仅为 51.85%。

（二）求职次数农学最少，经管最多

北京大学教育经济研究所的研究表明，单纯依靠增加求职次数并不能显著提高求职成功率，能否获得用人单位的认可主要受毕业生知识、能力、素质等因素的影响。

从不同专业学科来看（见表 5－5），经管和工学专业学生投出简历数较多，均在 30 份以上，而农学和经管专业学生收到录用通知数最多。从投出简历数和收到录用通知数的差值来看，农学最小，经管最大。由此我们可以推测，农学专业学生就业最为容易，而经管专业学生就业则相对较难。然而，这里并未考虑不同专业的就业期待、就业质量等其他变量，因此进一步推论还需深入分析。

表 5－5　不同学科求职次数

学科	投出简历数 $N=1994$	收到笔试、面试数 $N=2002$	参加笔试、面试数 $N=2001$	收到录用通知数 $N=2000$	差值
经管	33.6	11.1	7.2	3.5	30.1
人文社科艺术	26.0	9.4	6.7	3.0	23.0

续表

学科	投出简历数 $N = 1994$	收到笔试、面试数 $N = 2002$	参加笔试、面试数 $N = 2001$	收到录用通知数 $N = 2000$	差值
理学	29.8	9.4	7.5	2.3	27.5
工学	31.6	9.3	7.1	2.5	29.1
农学	14.4	8.7	6.6	4.0	10.4
医学	28.9	6.4	4.6	2.1	26.8
合计	31.0	9.9	7.0	2.9	28.1

资料来源：清华大学中国经济社会数据中心“中国大学生就业追踪调查”（2014 年）。

从不同类别学校求职情况来看（见表 5－6），普通学校学生投出简历数最多，收到录用通知数也最多。但从投出简历数和收到录用通知数的差值来看，985 学校的差值最大，其次是普通学校，而 211 非 985 学校最小。这就意味着，211 非 985 学校的学生就业最为容易。

表 5－6　不同类别学校求职次数

学校类别	投出简历数 $N = 1994$	收到笔试、面试数 $N = 2002$	参加笔试、面试数 $N = 2001$	收到录用通知数 $N = 2000$	差值
985 学校	30.4	8.4	6.1	1.9	28.5
211 非 985 学校	29.1	8.5	6.6	2.2	26.9
普通学校	31.5	10.2	7.2	3.1	28.4
合计	31.0	9.9	7.0	2.9	28.1

资料来源：清华大学中国经济社会数据中心“中国大学生就业追踪调查”（2014 年）。

（三）求职花费均为 1100～1160 元

北京大学教育经济研究所的研究表明，2005 年、2007 年、2009 年、2011 年的求职费用显著上升，均为 1100～1160 元。服装费、交通费和人情费是毕业生求职的三项主要支出。

从学校类别来看，级别越高，学生求职花费越低。985 学校

（$N=55$）、211 非 985 学校（$N=366$）和普通学校（$N=1975$）的求职花费分别为 968 元、1310 元和 1494 元。从专业学科来看，人文社科艺术、经管、理学和农学专业学生的求职花费均为 1565～1600 元，而应用性较强的工学和医学的求职花费为 1311 元和 539 元。

（四）求职渠道主要为校内各种招聘会、求职网站等媒介

从总体上看，985 学校和 211 非 985 学校学生求职主要通过校内各种招聘会，而普通学校学生主要是通过求职网站等媒介。不言而喻，普通学校学生在招聘信息的获得上存在明显劣势。985 学校和 211 非 985 学校学生的求职渠道主要为校内提供的资源，而普通学校学生则为自我网络检索（见图 5－12）。

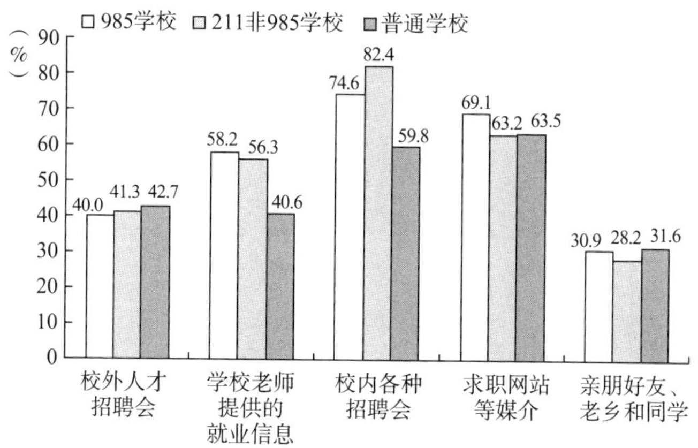

图 5－12　不同类别学校学生的求职渠道

资料来源：清华大学中国经济社会数据中心“中国大学生就业追踪调查”（2014 年）。

（五）在求职过程中遭受过性别歧视、户口歧视和外貌歧视的比例较高

由图 5－13 可知，毕业大学生在求职过程中，遭受过性别歧视、户口歧视和外貌歧视的比例较高，此外还有一些学生在求职过程中遭受过口音歧视和农村歧视。从不同性别来看（见图 5－14），女性感受到的性别歧视、户口歧视和外貌歧视都比男性强

烈，尤其是性别歧视。而男性则感受到的口音歧视和农村歧视高于女性。

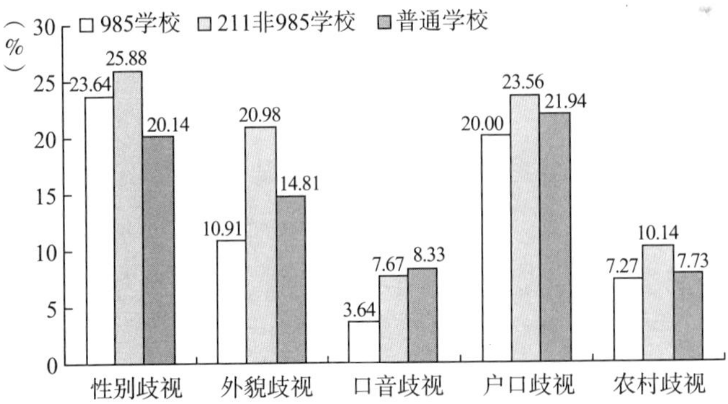

图 5-13　不同类别学校在求职过程中遭受的歧视情况（$N=1990$）

资料来源：清华大学中国经济社会数据中心“中国大学生就业追踪调查”（2014 年）。

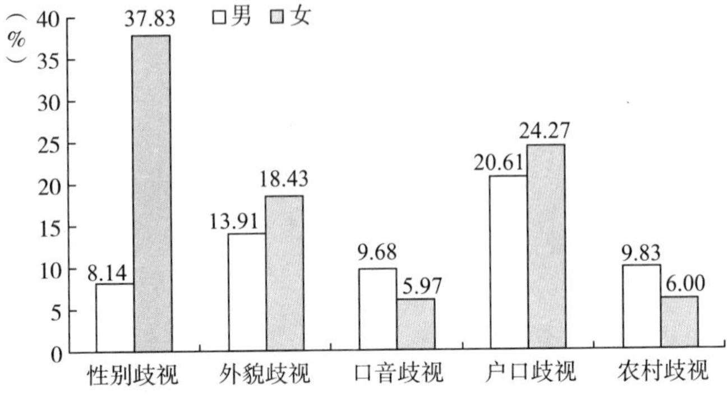

图 5-14　不同性别在求职过程中遭受的歧视情况

资料来源：清华大学中国经济社会数据中心“中国大学生就业追踪调查”（2014 年）。

（六）收入和福利：家庭背景对起薪有显著影响

李宏彬等指出，家庭背景对大学生的起薪有显著影响。此外，学校等级、专业、学习成绩、担任学生干部、入党、兼职打工对收入也有影响。但在学习成绩中，学分绩有负面影响，而英语四级成绩是正面影响，且担任学生干部和入党是正面影响，而兼职打工则是负面影响。[1]

从福利来看（见图 5－15），除了住房补贴外，在常规的“五险一金”获得上，存在明显的学校类别差异。这就意味着，从社会福利来看，985 学校、211 非 985 学校和普通学校学生的就业质量依次降低。

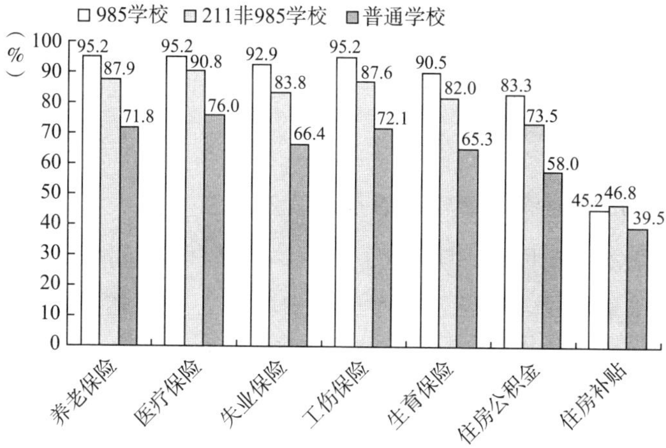

图 5－15　不同类别学校学生的工作福利情况

资料来源：清华大学中国经济社会数据中心“中国大学生就业追踪调查”（2014 年）。

（七）离职情况：2014 届大学毕业生毕业半年内离职率为 33%

麦可思调查报告显示，2014 届大学毕业生毕业半年内的离职率（33%）与 2013 届（34%）基本持平。其中，本科院校 2014 届大学毕业生毕业半年内离职率为 23%，与 2013 届（24%）基本持平。在本科院校中，211 院校半年内离职率为 12%，非 211 院校为 25%。2014 届本科毕业生半年内离职的人群有 98% 为主动离职，主动离职的主要原因是“个人发展空间不够”（50%）、“薪资福利偏低”（43%）。从专业学科来看，在 2014 届本科毕业生中，医学

① 李宏彬、孟岭生、施新政、吴斌珍：《父母的政治资本如何影响大学生在劳动力市场中的表现？——基于中国高校应届毕业生就业调查的经验研究》，《经济学》（季刊）2012 年第 3 期，第 1011～1026 页。

专业学生半年内离职率最低（14%），文学专业学生半年内离职率最高（30%）。

主动离职的情况反映出大学生自身对初次就业的不满，换言之，是自我期望与社会需求的不匹配导致离职情况的发生。溯其根源，教育扩招产生的“过度本科教育”和“过高职业期待”，导致职位需求人才层次的差距。也就是说大学生的自我期待与现实职位供给之间的心理落差，产生了较高的主动离职率。

二　就业满意度

（一）就业满意度较高的是体制内单位

由图5－16可知，就业满意度较高的是体制内单位，包括党政机关，事业单位，工会、共青团、妇联等人民团体，以及国有企业，就业满意度均高于80%；而体制外单位，包括外资企业、个体经营、集体企业、民营企业等，就业满意度均在80%以下。

以中美对比为例，纽约财经与科技网站——商业内幕联手全球最大的薪资数据库网络服务公司PayScale，参考《财富》前500大企业名单以及各公司的薪资报酬、工作压力、工作满意度、幸福指数等多项指标，评选出了全美最好的50家公司。[①] 以排名第一和第二的Facebook和Google为例，两者均为外企性质，员工满意度却高达93%和84%。反观国内，就业满意度较高的是体制内单位，这也在一定程度上解释了招工难情况。

（二）就业满意度较高的专业为农学、医学和工学

清华大学中国经济社会数据中心追踪的就业数据表明，就业满意度较高的为农学、医学和工学，均在75%以上，就业满意度最低的为经管，约为67%。经管专业学生虽然很多，但是相对好的就业机会很少。这在一定程度上造成了经管专业学生较低的就业满意度（见图5－17）。

① http://www.businessinsider.com/best-companies-to-work-for-in-america-2015-4/.

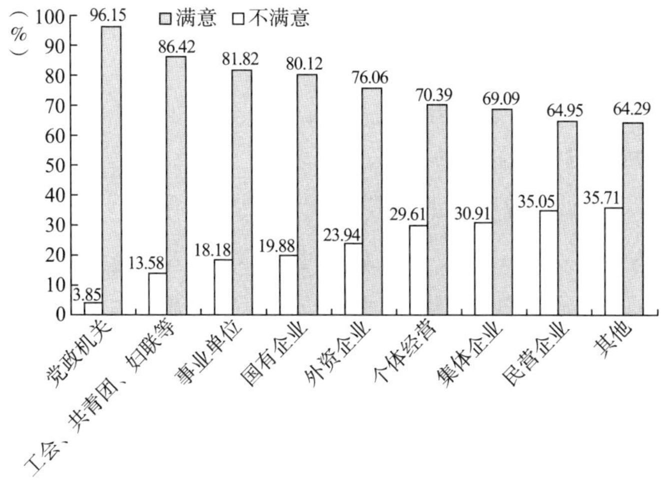

图 5-16　不同单位的就业满意度（$N=1470$）

资料来源：清华大学中国经济社会数据中心“中国大学生就业追踪调查”（2014 年）。

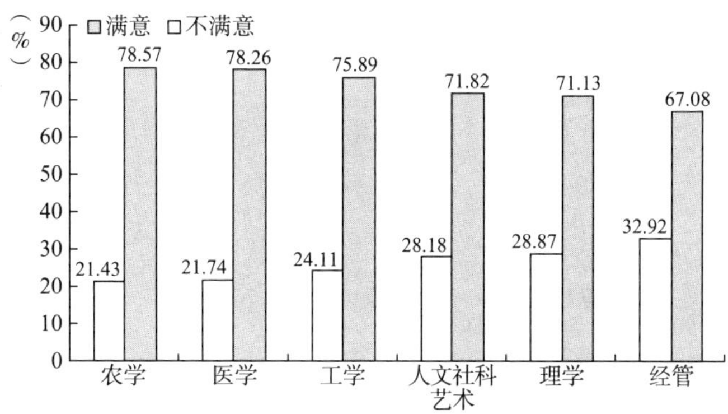

图 5-17　不同专业的就业满意度（$N=1486$）

资料来源：清华大学中国经济社会数据中心“中国大学生就业追踪调查”（2014 年）。

第四节　大学生的就业情况：就业期望与社会现实严重脱节

大学生的就业情况呈现以下特征：

■ 毕业去向选择：选择工作占多数；

■ 就业在地级市及以下地区接近 50%；

- 民营企业就业比例达到45.15%；
- 主要就业在基础建设与信息服务领域；
- 录用中占比最高为普通员工；
- 理想月薪与现实差距巨大；
- 2014届本科毕业生自主创业比例为2.0%。

国务院办公厅印发《关于做好2013年全国普通高等学校毕业生就业创业工作通知》指出拓宽高校毕业生就业渠道（包括引导高校毕业生到民营企业、非公有制经济组织就业），鼓励高校毕业生自主创业。2014年的通知中也指出：做好高校毕业生就业创业工作，对于保持就业形势稳定，促进经济社会健康发展具有重要意义。鼓励高校毕业生到城乡基层就业，鼓励小微型企业吸纳高校毕业生就业，实施大学生创业引领计划（2014～2017年）。接下来，我们将以政策倡导为参考，分析现实中大学生的就业选择。

一　毕业去向选择：选择工作占多数

由图5－18可知，约八成普通学校学生和七成211非985学校学生毕业后选择在国内工作，985学校学生则主要选择留在国内读研（54.0%）或在国内工作（31.3%），另有12.6%的人选择出国留学。

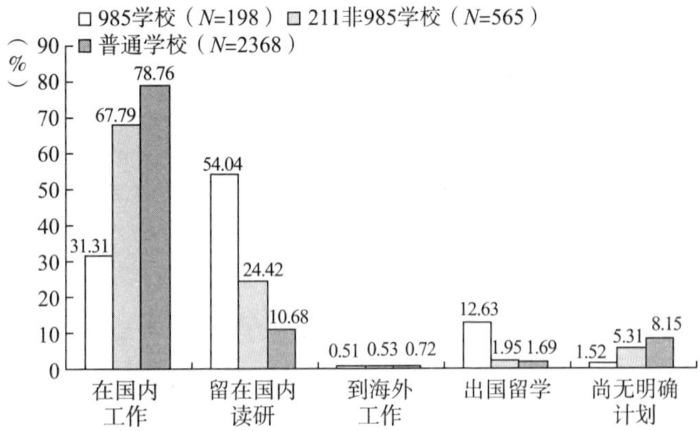

图5－18　不同类别学校学生的毕业去向

资料来源：清华大学中国经济社会数据中心“中国大学生就业追踪调查”（2014年）。

二　就业在地级市及以下地区接近 50%

大学生去比较适合自己的区域，能够得到好的配套，如比较好的平台、比较好的培训，视野更宽广的大城市的机会更多，而且激烈的竞争更能够激发个人潜能，更容易达到较高的职业高度，等等。因此，对于大学毕业面临择业困惑的毕业生而言，选择一个合适的工作地点显得尤为重要。下面我们分析毕业生选择的最理想的工作地点与现实的差距。

麦可思报告显示，2014 届大学生毕业半年后有 18% 在直辖市就业，28% 在副省级城市就业，54% 在地级市及以下地区就业。其中，本科毕业生比高职高专毕业生在直辖市就业的比例高 8 个百分点（分别为 22% 和 14%）。根据麦可思数据，过去 5 年里，2010 ~ 2014 届本科毕业生就业比例在直辖市为两成左右，在副省级城市约三成，在地级市及以下地区接近五成。

在过去 5 年里，大学毕业生的就业城市分布已经初步出现“重心下沉”，即前往地级市及以下地区就业。如果加强这方面的政策引导，大学毕业生去向与城市化进程的不匹配现在有望得到进一步缓解。

三　民营企业就业比例达到 45.15%

大学生毕业后到底该找什么样的工作？应该去国企（事业单位）、外企，还是民企？国企（事业单位）工作稳定，相对安逸，是很多大学生传统印象里的好工作；外企是典型的精英集聚地，竞争激烈，但是待遇非常优厚；而民企，虽然以往并不见得是大学生们的首选，但这几年以吸纳就业岗位主力军的面貌出现，因此也可以认真考虑。

清华大学中国经济社会数据中心的调查数据表明，从就业单位性质来看，大学毕业生普遍倾向党政机关及国企等体制内单位，而现实中新增就业岗位绝大部分是体制外单位创造的。

理想状况下，有 690 人左右选择党政机关（主要包括公务员、选调生等）和事业单位，占到总人数的 34.80% 左右，显示出党政机关依然受到大学毕业生的青睐。此外，选择国企的人数均高于选择外资企业和民营企业的人数，说明“稳定”仍旧是毕业生衡量工作的一个重要标准，其吸引力不仅来自高工资和高福利，也来自事业发展机会。然而，现实状态下，大学生毕业后去民营企业的比例最高，达到45.15%。该结果与麦可思的调查报告相近，即本科院校中有50%的毕业生就业于“民营企业或个体经营”。此外，本科毕业生在民营企业的就业比例呈上升趋势，5年上涨了10个百分点，已接近五成。这5年来，本科毕业生的去向主要从大型企业流向了中小型企业。2010~2014届本科毕业生中，在300人及以下的中小型企业就业的人数比例呈上升趋势（从35%增长到47%），在300人以上的大型企业就业的人数比例呈下降趋势（从36%下降到26%）。其次是国有企业，比例为25.84%。

值得一提的是，理想状态和现实一致的比例为32.9%（N = 1427)，而理想状态高过现实状态的占比为14.7%，现实状态高过理想状态的占比为52.4%（见图5-19)。

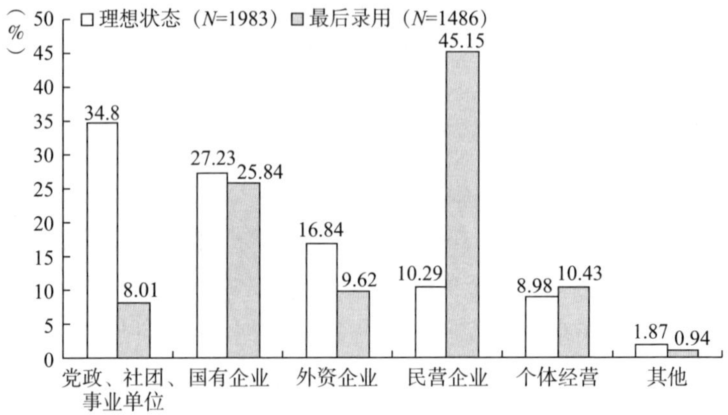

图5-19　理想状态与最后录用的工作单位

资料来源：清华大学中国经济社会数据中心“中国大学生就业追踪调查”(2014年)。

四　主要就业在基础建设与信息服务领域

在清华大学的调查问卷中我们设计了一个相对开放的问题：

“你最理想的工作单位属于什么行业?”根据国家统计局的“行业类型”统计标准，总共可以分为9个行业，如图5-20所示。

2010年最受大学毕业生青睐的行业是医疗卫生业，人数在752人左右，占到27.35%；其次是党政机关、群众组织、社会团体以及国际组织，人数达到390人，占比达到14.19%。

数据表明，2014年毕业生的行业选择理想状态是偏向“经济和稳定导向”，最受青睐的是科教、文卫、环境、公共设施管理行业，占比为25.52%，其次是金融、房地产及其他商务服务业，占比为20.36%。然而，现实状态则是偏向“基础和社会需求导向”。毕业生最后录用的单位主要是基础建设的采矿业、制造业、建筑业，占比为20.90%，其次是网络时代发展急需的信息传输、计算机服务和软件业，占比为20.50%。

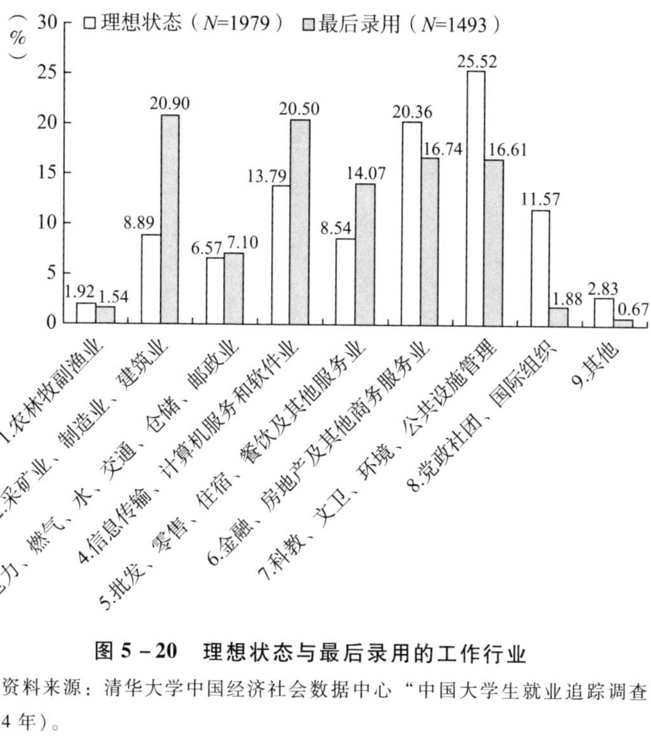

图5-20　理想状态与最后录用的工作行业

资料来源：清华大学中国经济社会数据中心“中国大学生就业追踪调查”（2014年）。

五　录用中占比最高为普通员工

数据表明（见图 5－21），机关企事业管理人员、专业技术人员和自雇佣者成为最热门的三大理想职业，分别占比 36. 17%、31. 21% 和 19. 19%。然而，最后录用中占比最高的是普通员工，比例高达 48. 25%，其次是专业技术人员，占比 44. 33%。

正如北京师范大学经济与工商管理学院院长赖德胜表示："现在大学生就业难，在某种意义上，不是难在找不到工作，而是难在找不到高端工作。"

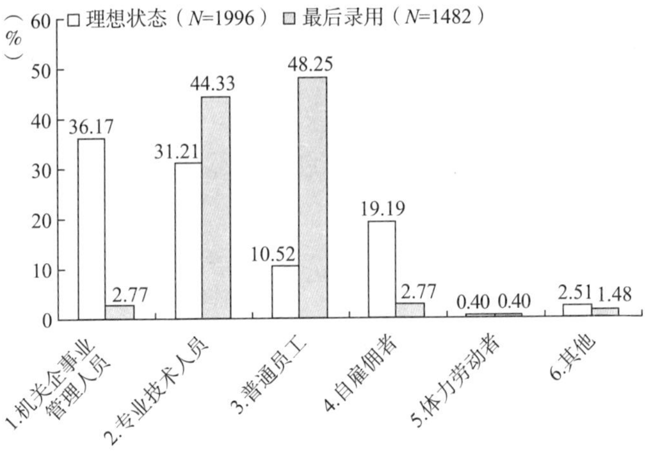

图 5－21　理想状态与最后录用的工作职业

资料来源：清华大学中国经济社会数据中心"中国大学生就业追踪调查"（2014 年）。

六　理想月薪与现实差距巨大

最理想的月薪水平几乎是每个人力资源面试官都会问的一个问题，因此，对于准备直接进入劳动力市场的应届毕业生而言，理想月薪显然是必须先要规划好的。现在社会上一种非常普遍的观点认为，导致大学生就业率过低，"毕业即失业"的背后原因在于，一方面大学生人数激增，供大于求；另一方面大学生对地域、薪水的期望值过高，导致签约率低。那么，真的是因为大学生的理想薪水过高才导致低就业率吗？作为就业倾向非常关键的一部分，报告大学生的理想月薪显得尤为重要。

表 5－7 给出了 2014 年大学生实际月薪和理想月薪的简单分布。结果显示，大学生预期的平均月薪为 10734 元，最多的高达 10 万元，而最低的为 1000 元，标准差非常大。然而，大学生的实际平均月薪为 2556 元，且最高仅为 34867 元，最低为 430 元。在收入上，理想与预期之间存在一个巨大的鸿沟。

表 5－7　2014 年大学生实际月薪和理想月薪

单位：元

	样本量	均值	标准差	最小值	最大值
实际月薪	1442	2555.866	1553.705	429.5674	34866.73
理想月薪	1949	10733.93	16895.3	1000	100000

资料来源：清华大学中国经济社会数据中心“中国大学生就业追踪调查”（2014 年）。

由表 5－8 可知，从不同专业学科学生来看，人文社科艺术专业学生的现实月薪和理想月薪差值最小，而理学专业学生的差值最大；从不同学校类别来看，985 学校学生的现实月薪和理想月薪差值最大，超过 1 万元，211 非 985 学校学生差值最小；从不同性别来看，男生的理想月薪远远高于现实月薪，而女生则差值较小。

表 5－8　不同类型学生的月薪情况

单位：元

		现实月薪	理想月薪	差值
专业学科	经管	2176	9397	－7221
	人文社科艺术	2252	8297	－6045
	理学	2857	13280	－10423
	工学	2921	12261	－9340
	农学	2069	9942	－7873
	医学	2462	10466	－8004

续表

		现实月薪	理想月薪	差值
学校类别	985 学校	3461	14904	-11443
	211 非 985 学校	2756	10238	-7482
	普通学校	2482	10705	-8223
性别	男	2691	13505	-10814
	女	2393	7384	-4991

资料来源：清华大学中国经济社会数据中心“中国大学生就业追踪调查”(2014 年)。

笔者初步回归分析表明，父母的经济资本（收入）和政治资本(副科级别以上)，以及个体自身能力（高考成绩、证书获得、社团及学生会任职、大学 GPA、性别）均对大学生初职收入存在显著影响。而经济资本中的家庭住房、政治资本中的工作为体制内单位和党员身份对大学生初职收入无影响。

七　2014 届本科毕业生自主创业比例为 2.0%

2011 年中国传媒大学调查统计研究所关于大学生创业调查[①]显示，多数受访者（81.5%）对创业“有兴趣”，接近半数的受访者（49.1%）打算“自己创业”或“和朋友共同创业”。“家庭”、“朋友”和“传媒”对受访者创业想法的影响相对较大(分别为 30.0%、24.2% 和 21.0%)。谈到具体的创业规划，受访者倾向于“进入启动资金少、风险低”（39.6%）或“自己感兴趣”（37.3%）的领域，更多的计划是在“工作 1～3 年后”(69.7%)，在“自己家乡”（46.2%）开始创业，并选择“志同道合者”（55.0%）或“有经验的人”（28.7%）作为自己的合作伙伴。

2014 届本科毕业生创业比例为 2.0%，比上届（1.2%）高了 0.8 个百分点。从区域来看，2014 届本科毕业生自主创业比例最高

① 依托腾讯网进行的网络问卷调查，有效样本为 4551 个。

的就业经济区域为泛长江三角洲区域经济体（2.5%）。从行业来看，2014 届本科毕业生自主创业集中的前两位行业是教育业（13.0%）、零售商业（11.1%）。2011 届本科毕业就创业的人群，有44.8%的人三年后还在继续自主创业，比 2010 届（41.1%）增长了 3.7 个百分点；有 49.6% 的人退出创业，选择了受雇全职工作，比 2010 届（53.4%）减少了 3.8 个百分点。

从创业原因来看，麦可思的报告显示，就业困难不是创业最主要的原因。大学毕业生创业的主要动因是“理想就是成为创业者”“有好的创业项目”，其中属于机会型创业的毕业生占创业总体的 85%。而 2011 年中国传媒大学的调查表明，更多的受访者认为通过自主创业能“实现自我价值”（72.1%）、“享受人生自由”（65.8%）和“实现理想”（59.9%）。但对于应届毕业生的创业行为，受访者存在矛盾的认识，既认为“是对人生规划的实施”（46.9%），又同时被认为“是就业环境造成的无奈”（37.5%）。

从创业的影响因素上看，“资金”、“人脉关系”、“市场环境”和“社会阅历”被认为是影响创业最主要的客观因素（分别为 83.3%、67.4%、47.0%、46.1%），而“市场意识”、“创新精神”、“责任感”和“合作意识”被认为是影响创业最主要的主观因素（分别为 67.2%、51.0%、47.9%、44.3%）。

此外，受访者希望能参加针对性强的创业指导课程学习，他们中仅有少数参加过创业辅导课程或创业大赛（11.1%）。“提供资金、项目双选平台”（58.3%）和“专业培训”（49.7%）是受访者最希望获得的创业服务。

总结：市场需求与高校供应不匹配为问题根本

自 1999 年高校扩招以来，我国的高等教育已从精英教育转变为大众教育，但劳动力供求的结构性失衡日益凸显。本章主要依据清华大学中国经济社会数据中心“中国大学生就业追踪调查”

(2014 年) 数据、国家工商总局和中国社会科学院“个体私营经济与就业关系”调查 (2015 年) 数据分析大学生就业的相关情况。调查显示：一是工商管理类大学毕业生占比逐年上升，但这类毕业生的就业形势已不容乐观。二是雇主招聘时看重的因素包括专业对口、相貌仪表和谈吐举止、实习经历等，但性别、籍贯/生源地等与劳动力素质几乎无关的先赋因素也有重要影响。另外，用人单位普遍认为大学生在校期间学到的知识实用性不强，薪资期待过高，就业忠诚度偏低。三是大学毕业生的就业期望与社会现实严重脱节。从就业单位性质来看，大学毕业生普遍倾向党政机关及国企等体制内单位，而现实中新增就业岗位绝大部分是体制外单位创造的；不少人期望从管理人员干起，而企业提供的更多的是普通员工的职位；大学毕业生的月薪平均期望值在 1 万元以上，与平均每月 2500 多元的现实状况相去甚远。

基于此，笔者提出以下几点建议。

第一，在专业设置上，应借鉴美国经验，走出市场需求与高校供应不匹配的困境，转变政府行政审批的主导地位，建立以政府行政监督为辅，以市场、高校和社会共同参与为主的专业设置路径。此外，还应转变教育理念，从注重商科培养转变为注重 STEM 培养。

第二，在大学生培养上，高校应与企业需求结合，增加相关的职业技能培训（如谈吐举止训练、专业知识的实用性训练等），同时保障教育过程公平，如提供给不同类别学校学生相同的实习机会，扩宽求职渠道，避免高校优势累积，乃至成为就业的筛选器，阻碍社会流动。

第三，在大学生就业上，企业应努力提升就业大学生的工作满意度。大学生就业普遍存在理想高于现实的窘境，企业也存在对大学生就业的固有偏见，双方的不满意必然会造成负面情绪的劣势累积，导致人力浪费。因此企业应努力提升就业大学生的工作满意度（如给予充分的晋升机会和发展空间），提供及时的心理疏导，实现企业和大学生的双赢局面。而大学生应降低过高的职业期待，积极响应国家政策号召。

第四，在鼓励大学生自主创业上，除了资金支持外，应为创业者提供与成功企业家交流和学习的平台，帮助创业者拓宽人脉关系，学习经营管理经验。

第六章

职业教育的人才供给

导　读

中职教育规模显现萎缩之势、高职教育生源规模仍显不足，中高职专任教师数量缺口较大。

国家对高职教育的财政教育经费投入明显低于本科教育，高职院校生均财政经费仅为本科院校的1/3；职业教育毕业生的收入水平普遍不高，很多地区显现出职业教育回报率较低的现实。

受“重学历、轻技能”的传统观念影响，职业教育学校薄弱的实训教学，企业参与不足、缺乏制度化的校企合作，中高职教育体系的脱节，社会认同度低等使我国职业教育发展陷入困境。

因此，解决职业教育技能人才供给问题，应切实推行校企深度结合，激发企业参与热情，增强职业学校教育吸引力，完善职业技能等级认证制，结合产业转型人才需求，提高财政经费使用绩效，提升职业学校人才培养能力。

第一节　我国职业教育概述

从职业教育体系来看，我国职业教育主要包括职业学校教育和职业培训两种类型，但目前中国的职业教育发展尚不成熟、体系尚不完备。

一　我国职业教育发展历史及政策演进

职业教育作为教育体系中的重要组成部分，与经济社会发展的联系极为紧密。中国职业教育的发端是伴随着1867年中国第一所近代海军学校福州“马尾船政学堂”的开办，后经洋务派、改良派、维新派的倡导，清政府将其纳入了现代学校教育的学制体系之中，从而实现与普通教育的完全并列。在最初，中国的职业教育发展是十分缓慢的，在经历抗日战争和“文化大革命”时期几乎停滞的发展阶段后，我国职业教育开始逐渐恢复并取得长足发展，在改革开放进程中经历了“停滞中恢复”、“调整中发展”、“中职衰退、高职崛起”和“中职重振、和谐发展”四个主要的发展阶段，而此期间政府在教育投入、政策制定等方面的大力扶持对中国职业教育的快速发展起到了重要的推动作用。本书对我国职业教育发展的历史进程及政策演进进行分阶段的梳理，简要阐述如下。

1978～1990年，在经历十年“文化大革命”对职业教育事业的严重摧残之后，我国职业教育开始逐渐恢复发展，这一阶段职业教育政策的重点是调整中等教育结构、初步建立一个职业技术教育体系。

1991～1996年，我国职业教育政策的重心是大力发展中等职业教育、由规模式扩张向内涵式发展迈进，我国中等职业教育也在这一阶段得到迅猛发展。在这一阶段，出台了两个有历史意义的政策法规，一是1991年国务院出台的《关于大力发展职业技术教育的决定》，二是1996年《中华人民共和国职业教育法》的颁布，自此职业教育开始走上依法建设的道路。中等职业教育进入蓬勃发展的阶段。

1997～2001年，我国职业教育政策重心由中等职业教育向高等职业教育转移，中等职业教育开始出现滑坡，高等职业教育迎来大发展时期。随着计划经济体制下统招统分政策的取消、高等学校扩张政策的出台以及义务教育阶段收费政策的实施，高等教育由“精英教育”向“大众教育”转型，增加了普通家庭子女接受高等教育的机会，导致中等职业教育的吸引力大大降低，而高等职业教育则形成了“多车道”一起办高职的繁荣局面，高等职业教育规模迅速扩大。

2002年以来，我国职业教育发展进入新的历史阶段，政策的重心落在大力推动职业教育的全面发展上，中等职业教育和高等职业教育走向和谐有序的共同发展，中国特色的现代职业教育体系逐步建立并不断完善。

二　我国职业教育发展尚不成熟、体系尚不完备

根据《国际教育标准分类法》（ISCED）中对职业教育的释义，职业教育系指为学习者掌握在某一特定的职业或行业，或在某类职业或行业从业所需特有的知识、技艺和能力而设计的教育课程。我国1996年颁布的《中华人民共和国职业教育法》明确指出：实施职业教育必须贯彻国家教育方针，对受教育者进行思想政治教育和职业道德教育，传授职业知识，培养职业技能，进行职业指导，全面提高受教育者的素质。与普通教育和成人教育不同，职业教育人才培养的重点目标是为社会输送应用型人才和具有一定文化水平、专业知识技能的劳动者，侧重的是人才实践技能和实际工作能力的培养。

从职业教育体系来看，我国职业教育主要包括职业学校教育和职业培训两种类型，其中，职业学校教育分为初等、中等、高等职业学校教育，各级职业教育学校在我国中等以上教育阶段中的归属界定以及具体院校类型如图6－1所示。职业培训则主要包括从业前培训、转业培训、学徒培训、在岗培训、转岗培训及其他职业性培训，可以根据实际情况分为初级、中级、高级职业培训。上述两种职业教育类型中，本书将重点对职业学校教育体系下的中等职业学校教育和高等职业学校教育（高职高专①）的发展现状进行数量

① 高职高专院校包括“高等职业学校”和“高等专科学校”两种，其中“高等职业学校”的比重已经非常高，2013年占比已接近90%，受统计数据所限，本书以高职高专总体数据为基础对高职教育现状进行分析。

分析。

需要说明的是，本书对高等职业学校教育发展现状的分析是以高职高专院校整体作为分析对象。事实上一个完备的高等职业教育体系应该由研究生（包括博士研究生和硕士研究生）、本科和专科构成。而目前中国的职业教育发展尚不成熟、体系尚不完备，当前的高职教育正处于由专科层次向本科层次的过渡，即目前仅包含专科和本科两个学历层次。从统计的视角来看，目前我国高等职业教育学校相关数据是将“高等职业学校”（高职）和“高等专科学校”（高专）放在一起统计，二者的人才培养目标是一致的，即均以“培养技能型、应用型高等人才”为主要目标，差别在于高等职业学校更偏重于实践技术的培养，而高等专科学校则更偏重于理论知识教学。另外从高职教育的发展现状来看，截至 2013 年，“高等职业学校”占高职高专学校总数的比重已接近 90%。基于以上两点，本书以高职高专院校作为量化分析的对象，以此揭示我国高等职业教育的发展现状。

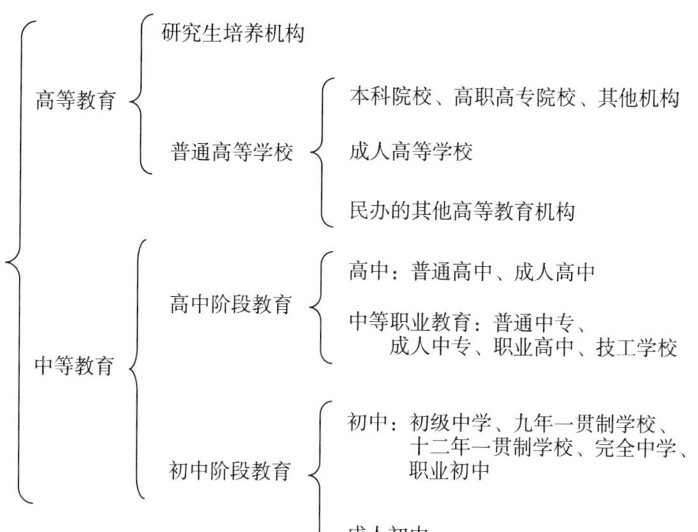

图 6－1　我国中等及以上阶段学校教育体系

第二节 我国职业学校教育发展现状

中等职业学校教育发展现状：

- 中等职业教育院校规模总体呈下降趋势；
- 中等职业教育院校师资力量还存在约9万人缺口；
- 国家财政教育经费投入仅占总投入的7.02%。

高等职业学校教育发展现状：

- 高等职业教育院校规模略大于本科院校；
- 高等职业教育院校师资力量基本达到合格要求；
- 国家财政教育经费投入高职（专科）院校占比17.17%。

职业教育是向社会输送技能型、应用型人才的主要途径，职业学校教育作为职业教育的主要类型之一，其发展现状直接决定了技能劳动力的培育质量和供给水平。因此，本小节基于《中国教育统计年鉴》《中国教育经费统计年鉴》《中国统计摘要》和国家统计局等官方数据，以中高等职业技能学校作为主要分析对象，对我国目前中高等职业教育的发展现状及技能人才的供给水平进行数量分析，揭示我国职业学校教育对技能劳动力的培养能力，并由此探寻导致我国技能劳动力供给不足的主要因素及薄弱环节。

一 中等职业学校教育发展现状

学校是人才培养的摇篮，中等职业教育院校是劳动力技能培养和技能型人才供给的主要途径。在对我国中等职业学校教育发展现状的分析中，本书从院校规模、院校师资力量、国家财政教育经费投入等几个方面出发，对2002～2013年上述要素指标的相关数据进行搜集、整理及计算，并通过进一步的统计分析，客观揭示和反映我国中等职业学校教育的发展水平及趋势特征。数据整理及计算结果如表6－1所示。

表 6-1 2002~2013 年我国中等职业教育院校规模、师资、财政投入等情况

<table>
<tr><th rowspan="2">年份</th><th colspan="2">学校</th><th colspan="2">专任教师</th><th rowspan="2">生师比</th><th colspan="2">实验室、实习场所设施建设</th><th colspan="2">国家财政教育经费投入</th></tr>
<tr><th>学校数（所）</th><th>占高中学校总数比例（%）</th><th>专任教师数（万人）</th><th>占高中阶段专任教师总人数（%）</th><th>占教学用房面积比例（%）</th><th>每万人所占面积（平方米）</th><th>投入额（亿元）</th><th>占比（%）</th></tr>
<tr><td>2002</td><td>15919</td><td>48.55</td><td>69.06</td><td>41.94</td><td>16.58</td><td>18.61</td><td>3970.57</td><td>124.8</td><td>3.57</td></tr>
<tr><td>2003</td><td>14787</td><td>46.38</td><td>68.60</td><td>38.33</td><td>17.63</td><td>28.03</td><td>14686.90</td><td>126.8</td><td>3.29</td></tr>
<tr><td>2004</td><td>14454</td><td>46.02</td><td>73.60</td><td>38.08</td><td>19.15</td><td>27.11</td><td>12773.91</td><td>145.0</td><td>3.25</td></tr>
<tr><td>2005</td><td>14466</td><td>45.88</td><td>74.98</td><td>36.46</td><td>21.34</td><td>27.19</td><td>11688.00</td><td>171.5</td><td>3.32</td></tr>
<tr><td>2006</td><td>14693</td><td>46.37</td><td>79.91</td><td>36.47</td><td>22.65</td><td>28.30</td><td>11631.90</td><td>199.3</td><td>3.14</td></tr>
<tr><td>2007</td><td>14832</td><td>47.45</td><td>85.89</td><td>37.23</td><td>23.13</td><td>29.01</td><td>11698.57</td><td>512.2</td><td>6.19</td></tr>
<tr><td>2008</td><td>14847</td><td>48.20</td><td>89.49</td><td>37.68</td><td>23.32</td><td>29.54</td><td>11892.14</td><td>682.3</td><td>6.53</td></tr>
<tr><td>2009</td><td>14401</td><td>48.39</td><td>86.86</td><td>36.71</td><td>25.27</td><td>30.06</td><td>11442.51</td><td>814.2</td><td>6.66</td></tr>
<tr><td>2010</td><td>13872</td><td>48.53</td><td>87.15</td><td>36.42</td><td>25.69</td><td>31.86</td><td>12811.85</td><td>968.3</td><td>6.60</td></tr>
<tr><td>2011</td><td>13093</td><td>47.37</td><td>88.19</td><td>36.08</td><td>25.01</td><td>33.67</td><td>14734.11</td><td>1259.1</td><td>6.77</td></tr>
<tr><td>2012</td><td>12663</td><td>47.13</td><td>88.10</td><td>35.50</td><td>24.19</td><td>34.32</td><td>16414.62</td><td>1489.0</td><td>6.91</td></tr>
<tr><td>2013</td><td>12262</td><td>46.76</td><td>86.79</td><td>34.69</td><td>22.97</td><td>35.06</td><td>18738.12</td><td>1719.0</td><td>7.02</td></tr>
</table>

注：因 2013 年《中国教育经费统计年鉴》在国家图书馆等各类数据库中均未有提供，故 2012 年财政教育经费数据以 2011 年、2013 年均值替代。

资料来源：《中国教育统计年鉴》《中国教育经费统计年鉴》。

（一）中等职业教育院校规模总体呈下降趋势

首先，从我国中等职业教育院校规模的发展现状来看，2013 年我国中等职业教育院校数量达 12262 所，占高中阶段教育院校总数的 46.76%，院校规模与普通高中教育院校水平十分接近。而从趋势特征来看，中等职业教育院校规模总体呈下降趋势。根据图 6-2 可知，一方面，随着 2002~2013 年高中教育院校总数的整体下滑，中等职业教育院校数量也在波动中有所下降，由 2002 年的 15919 所下降到 2013 年的 12262 所，即 2002~2013 年我国中等职业教育院校的绝对规模有所缩小；另一方面，中职教育院校数量占高中阶段院校总数的比重也在小幅波动中略有下降，其中 2002~

2005 年中职院校比例下降较为明显，下降近 3 个百分点，之后又有所回升，在 2010 年恢复最高点后又出现下滑，可见 2002 ~ 2013 年我国中等职业教育院校的相对规模也略有下降，且 2010 年以后，在高中教育院校数量整体下滑的大环境下，中等职业教育院校数量下降的幅度相对较大。

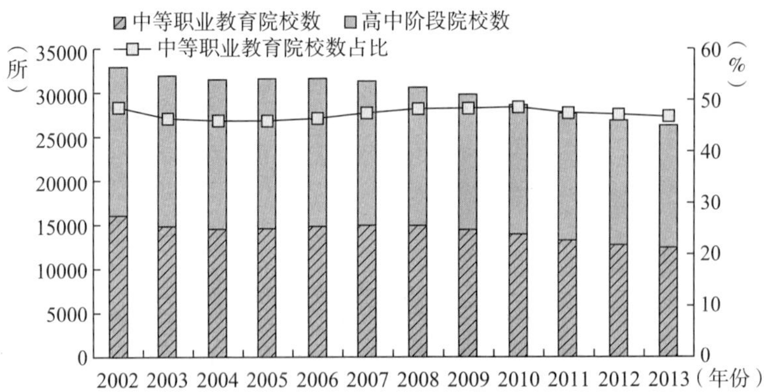

图 6 - 2　2002 ~ 2013 年中国高中教育阶段院校数量

资料来源：《中国教育统计年鉴》《中国教育经费统计年鉴》。

其次，进一步从校均规模[①]的发展现状来看，根据图 6 - 3 可知，中等职业教育院校的校均规模从 2002 年到 2013 年有大幅提升，2013 年平均每所中等职业教育院校的学生数已超过 2002 年的 2 倍。在中等职业教育院校数量规模总体缩小的情形下，校均规模的总体上升反映出中等职业教育院校在校学生数量的不断增长。从校均规模在 2002 ~ 2013 年的变化特征来看，2002 ~ 2011 年中等职业教育院校的校均规模一直呈上升趋势，2004 年后增长率逐年下滑，校均规模增长速度越来越慢，2009 年出现小幅回升后又继续下滑，至 2012 年增长率转为负值，校均规模开始下降。另外，结合中职院校绝对数量的变化特征，在 2012 年、2013 年中职教育院校数量为下降的情况下，校均规模也出现下滑，说明这两年中等职业教育院校学生规模的下降更为明显，下降速度超过了院校规模的下降速度，中职教育院校学生

① 校均规模 = 在校生人数/院校数量，即每所中等职业教育学校拥有的学生数量。

规模的缩小一定程度上导致了技能劳动力的供给不足。

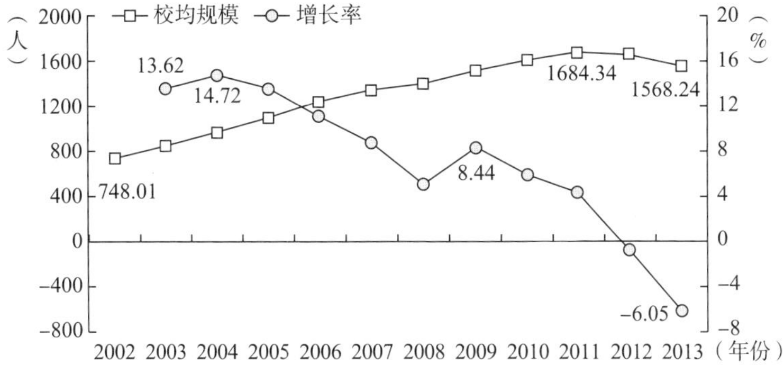

图 6－3　2002～2013 年中国中等职业教育院校校均规模

资料来源：《中国教育统计年鉴》《中国教育经费统计年鉴》。

最后，在实践教学方面，中等职业教育学校实践教学设施的建设情况日渐趋好。根据图 6－4 可知，2002～2013 年，中等职业教育院校实验室、实习场所用地面积占教学用房面积的比例总体呈快速上升趋势，从 2002 年的 18.61% 到 2013 年的 35.06%，上升了 16.45 个百分点，增长近 1 倍。人均实验室、实习场所建设面积也在波动中有所上升，由 2002 年的 0.4 平方米上升至 2013 年的 1.87 平方米，上升幅度近 4 倍。可见，国家对中等职业教育实践教学设施的建设在不断加强，对中职院校学生实践技术能力的培养越来越重视。

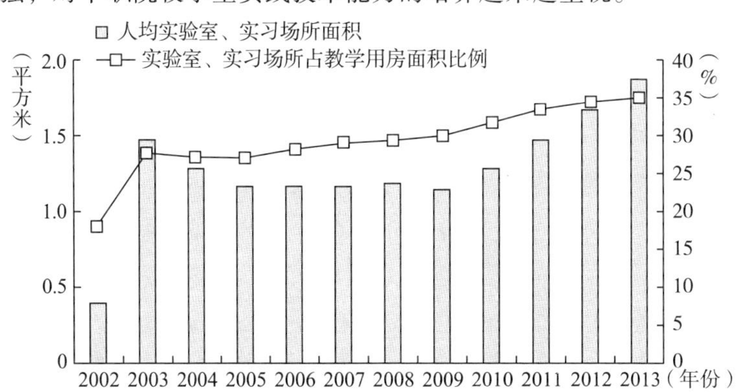

图 6－4　2002～2013 年中国中等职业教育院校实验室、实习场所设施建设

资料来源：《中国教育统计年鉴》《中国教育经费统计年鉴》。

（二）中等职业教育院校师资力量还存在约9万人缺口

师资建设是学校教育发展的重要方面，直接关系到教育教学的质量。从中等职业教育学校专任教师[①]的发展现状来看，2013年我国中等职业教育学校专任教师数达86.79万人，占高中阶段专任教师总人数（250.16万人）的34.69%，院校生师比达到22.97，[②]比普通高中学校的生师比（14.95）高出8个多点。生师比反映了一个学校的师资配备水平，生师比越高则说明学校的师资力量越不足。根据我国《中等职业学校设置标准》，中等职业学校的生师比应达到20∶1，由此可见，我国中等职业教育院校生师比的现状水平距离国家规定的标准尚有差距，师资力量仍显不足。按照教育部所制定的20∶1的生师比，2013年在中职院校在校生数量为1922.97万人的情况下，专任教师数量应达到96.15万人，即2013年中等职业学校专任教师数量还存在约9万人的缺口，中等职业教育师资力量还有待进一步的增强。

从师资总量近些年的变化趋势来看，根据表6-1及图6-5所示结果，2002～2013年我国高中教育阶段院校专任教师的数量总体上呈增加的态势。其中，中等职业教育院校的专任教师数量上升幅度并不明显，且占高中阶段专任教师总数的比例总体在下降，由2002年的41.94%下降至2013年的34.69%，下降了约7个百分点。进一步对院校生师比的变化特征进行分析，从图6-6可以看到，2002～2013年中等职业教育院校的生师比总体在提高，由2002年的16.58上升到2013年的22.97，提高了6个多点，在我国大力号召并着力推动职业教育发展的背景下，中等职业教育学校的师资建设并没有跟上学生规模不断扩大的步伐，中

① 专任教师是指具有教师资格、专门从事教学工作的人员，即需具备两个条件，一是要具有高等教育教师资格证书，二是要在统计的时段承担教学工作。

② 《中等职业学校设置标准》：专任教师一般多于60人，师生比达到1∶20，专任教师学历应达到国家规定。专任教师中，具有高级专业技术职务人数不低于20%。专业教师数应不低于本校专任教师数的50%，其中双师型教师不低于30%。每个专业至少应配备具有相关专业中级以上专业技术职务专任教师2人。

职院校师资建设明显不足、教师供给仍存在较大缺口。2011 年后缺口程度有所缓解，但仍未能达到教育部制定的 20:1 的生师比标准。再对比普通高中生师比的变化特征，在中等职业教育院校生师比总体提高的同时，普通高中生师比却总体呈现明显的下降趋势，二者之间的差距总体越来越大。

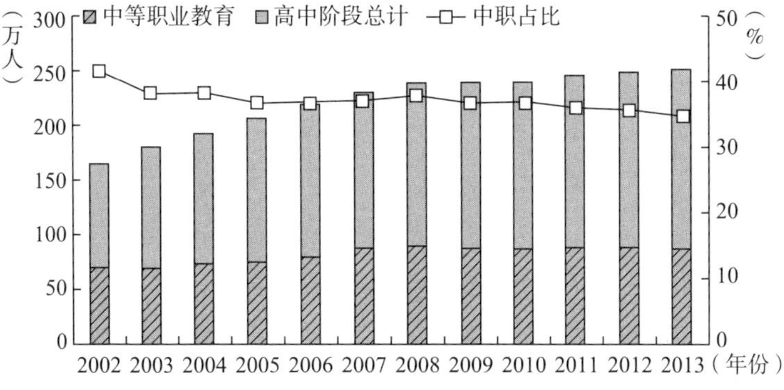

图 6-5 2002~2013 年中国高中阶段院校专任教师数

资料来源：《中国教育统计年鉴》《中国教育经费统计年鉴》。

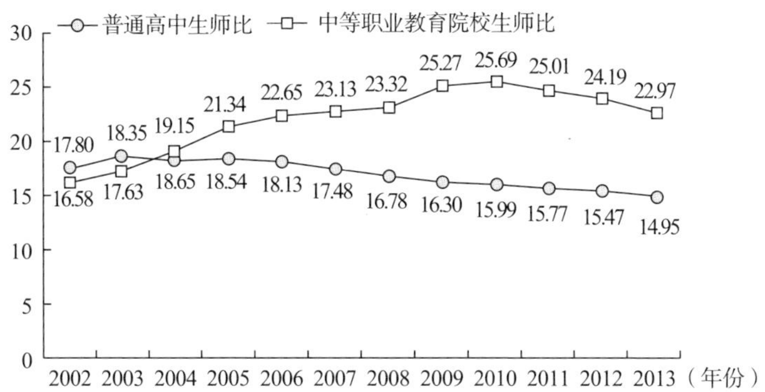

图 6-6 2002~2013 年中国普通高中、中职院校生师比

资料来源：《中国教育统计年鉴》《中国教育经费统计年鉴》。

综合上述分析，我们发现，虽然近年我国中等职业院校的招生规模连年扩大，但专任教师数量仍存在较大的缺口，教师增加速度十分缓慢，2011 年后虽然师资不足问题有所缓解，但距国家规定标准仍有差距，中职院校的师资力量仍存在较大的提升空间。而在教师层面，受社会观念、职业晋升、工资待遇等多方面的因素影响，大部分具备教师求职资格的从业人员在选择就业单位时仍更倾向于普通教育，中学教师资源仍过度集中在普通高中院校，这也是中等职业教育院校师资不足的主要原因之一。

（三）国家财政教育经费投入仅占总投入的7.02%

从国家对中等职业教育院校资金扶持的力度来看（见图6－7），2013年国家对中等教育职业院校的财政教育经费投入达1719亿元，占国家财政教育经费总投入的7.02%。进一步对2002～2013年国家财政教育经费总投入及中等职业教育院校的国家财政教育经费投入占比情况进行统计，可以看到，随着国家财政教育经费总投入的逐年提高，国家对中职教育院校的财政经费投入也表现出较为明显的上升趋势，2013年的投入水平已为2002年的13倍多。从中等职业教育院校的国家财政教育经费投入占总投入的比重来看，整体上升的趋势特征较为明显，但占比水平并不高，至2013年中职教育院校的国家财政教育经费投入也仅占总投入的7.02%，国家对中等职业教育院校的投入力度还亟待加大。

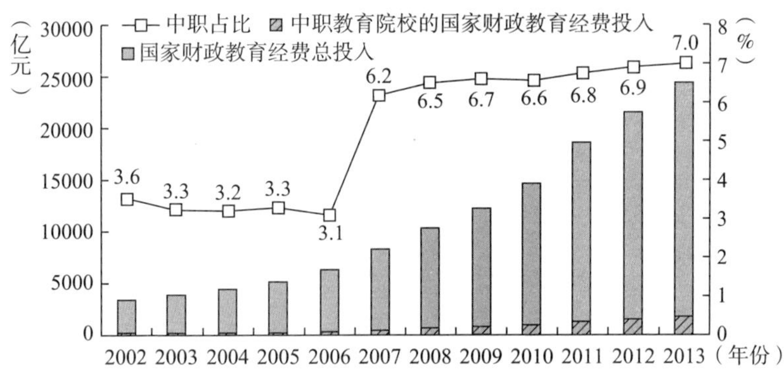

图6－7　2002～2013年中国国家财政教育经费投入

说明：因2013年《中国教育经费统计年鉴》在国家图书馆等各类数据库中均未有提供，故2012年财政教育经费数据以2011年、2013年均值替代。

资料来源：《中国教育统计年鉴》《中国教育经费统计年鉴》。

进一步对中职院校与普通高中院校国家财政教育经费投入的生

均水平[①]进行比较，结果如图 6－8 所示，可以看到，2007～2013年，中职院校生均国家财政教育经费投入水平总体呈现上升趋势，但在生均国家财政教育经费投入水平上要低于普通高中院校。由此可以看出，目前我国对中等职业教育的重视程度确实有所提高，但在生均国家财政教育经费投入上仍表现出对普通高中院校的倾斜，相对于普通高中院校，中等职业教育院校的发展仍处于弱势，未来国家应进一步调整优化财政教育经费分配方案，适度提高对中等职业院校的教育经费投入比例，真正将中等职业教育与普通高中教育放到同等重要的地位，大力扶持中等职业教育院校的发展，为增加技能型劳动人才供给提供充足的资金保障。

图 6－8　2007～2013 年中职、普通高中院校生均国家财政教育经费投入

说明：因 2013 年《中国教育经费统计年鉴》在国家图书馆等各类数据库中均未有提供，故 2012 年财政教育经费数据以 2011 年、2013 年均值替代。

资料来源：《中国教育统计年鉴》《中国教育经费统计年鉴》。

二　高等职业学校教育发展现状

对我国高等职业学校教育发展现状的分析，本书依然主要从院校规模、师资力量、国家财政教育经费投入等几个方面出发，对2002～2013 年的相关数据进行搜集、整理及计算，结果如表 6－2

① 生均财政教育经费投入＝经费投入/在校生人数，表示职业教育培养一名劳动力的平均教育经费投入。

所示，具体分析如下。

表 6-2　2002~2013 年我国高职（专科）院校规模、师资、财政投入等情况

年份	学校			专任教师		生师比	国家财政教育经费投入	
	学校数（所）	占普通高等学校总数（%）	校均规模（人）	专任教师数（万人）	占普通高等学校专任教师总人数（%）		投入额（亿元）	占比（%）
2002	767	54.94	2523	15.59	25.21	14.20	—	—
2003	908	58.51	2893	19.69	27.17	14.75	—	—
2004	1047	60.49	3209	23.77	27.69	13.15	—	—
2005	1091	60.88	3909	26.79	27.74	14.78	118.60	10.87
2006	1147	61.44	4515	31.63	29.40	18.26	157.60	12.51
2007	1168	61.22	5095	35.48	30.37	17.20	232.40	14.54
2008	1184	52.32	5564	37.71	30.47	17.27	335.00	16.72
2009	1215	52.71	5903	39.50	30.50	17.35	397.00	17.53
2010	1246	52.84	5904	40.41	30.09	17.21	491.60	16.94
2011	1280	53.13	5813	41.26	29.63	17.28	674.80	16.77
2012	1297	53.11	5858	42.34	29.40	17.23	749.25	17.00
2013	1321	53.03	5876	43.66	29.17	17.11	823.70	17.17

注：因 2013 年《中国教育经费统计年鉴》在国家图书馆等各类数据库中均未有提供，故 2012 年财政教育经费数据以 2011 年、2013 年均值替代。

资料来源：《中国教育统计年鉴》《中国教育经费统计年鉴》。

（一）高等职业教育院校规模略大于本科院校

首先，从学校数量规模来看，2013 年我国高职（专科）院校数量达 1321 所，占普通高等教育院校总数的比例达 53.03%，高于本科学校数量在总体中所占比例（46.97%）。从图 6-9 中可以看出，2002~2013 年，随着我国普通高等学校总数的逐年上升，本科和高职（专科）院校数量也呈现相似的变化趋势，其中，高职（专科）院校数量一直多于本科院校，但上升速度较为平缓，而本科院校数量则在 2008 年出现骤升，之后又趋于平缓上升，与普通高等学校总数的变化特征保持一致，即普通高等学校总数在2008年的骤升主要归功于本科院校数量的大幅增加。从占比情况来看，高职（专科）院校数量占普通高等学校总数的比例在2007年以前一直呈缓慢上升趋势，2008年骤降后趋于平稳。2008年高职（专科）院校数量占比的骤降则主要是本科院校数量增加而导致院校总体数量骤升，而高职（专科）院校数量本身并无太大变化。同时，我们也可以看到，无论是院校绝对数量还是在总体中所占比重，高职（专科）院校都大于本科院校。可见，在院校数量规模上，高职（专科）院校要略大于本科院校。

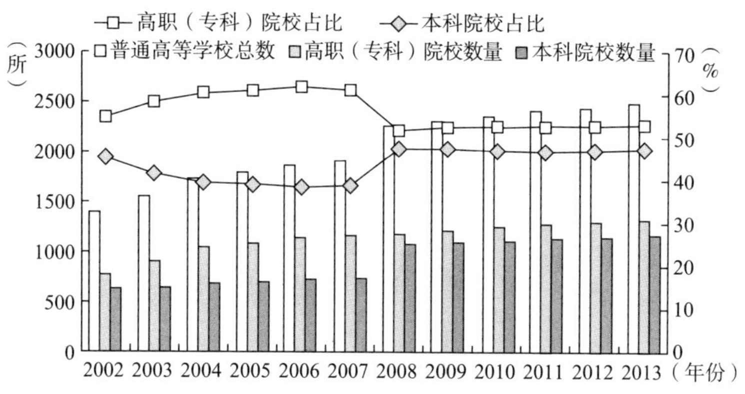

图6－9　2002～2013年中国普通高等学校数

资料来源：《中国教育统计年鉴》《中国教育经费统计年鉴》。

进一步对高职（专科）院校的校均规模进行分析，2013年我国高职（专科）院校校均规模仅为5876人，远小于本科院校的14261人。从图6－10中可以看到，高职（专科）院校的校均规模随时间的增加有逐年上升的趋势，由2002年的2523人上升至2013年的5876人，上升幅度超过一倍。而与本科院校相比，虽然在院校数量上，高职（专科）院校要多于本科院校，但在校均规模上远小于本科院校，且位于总体平均水平之下。由此可见，高职（专科）虽然实现了院校规模的扩张，但在学生规模上相比本科院校仍存在较大差距，高职（专科）院校招生难的困境尚未得到有效缓解。高职（专科）学校教育是培育高技能人才的主要渠道，高职

（专科）院校生源不足成为高技能人才供给不足的主要原因，如何促进高职（专科）院校全面发展、提高社会对高职教育的重视程度、增强高职院校对学生的吸引力，是缓解高技能人才供给短缺的关键所在。

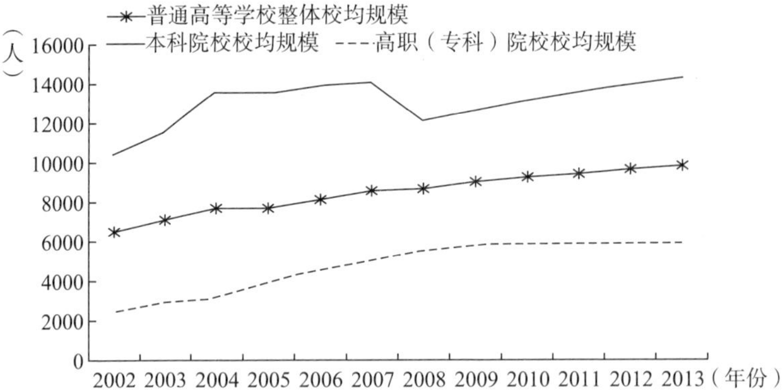

图 6－10　2002～2013 年中国普通高等学校校均规模

资料来源：《中国教育统计年鉴》《中国教育经费统计年鉴》。

（二）高等职业教育院校师资力量基本达到合格要求

从我国高等职业院校师资现状来看，具体见图 6－11、图 6－12。2013 年我国高职（专科）院校专任教师数达 43.66 万人，占普通高等学校专任教师总人数（149.69 万人）的 29.17%，其生师比达到 17.11，略小于本科院校的生师比（17.71）。按照我国教育部制定的《高职高专院校基本办学条件指标》，高职（专科）院校生师比至少应在 18 以下。由此可见，我国高职（专科）院校生师比已基本达到国家规定的合格标准，即我国高职（专科）院校的专任教师水平在数量上已然基本达到合格要求。

从变化趋势来看，根据图 6－11 可知，2002～2013 年，我国高职（专科）院校专任教师数量呈逐年上升的趋势，但上升速度较为平缓，上升幅度也低于普通高等学校专任教师总体的上升水平。具体来看，普通高等学校专任教师总数增加了近 88 万人，而高职（专科）院校专任教师数量仅增加约 28 万人。从高职（专科）院校专任教师数量在总体中所占比重来看，高职（专科）占比基本呈现缓慢上升的态势，但占比水平仍未超过总体的1/3。进一步对高职（专科）院校的生师比进行分析（见图6－12），可以看到，高职（专科）院校生师比在2006年达到18.26的最高点后，又回落至17.20，之后一直趋于平稳，即除2006年外，高职（专科）院校的生师比均小于18.00，说明我国高职（专科）院校生师比水平近十年一直保持在教育部规定的合格标准以内。另外，从与本科院校生师比的比较来看，高职（专科）院校的生师比在2006年以前要远低于本科院校，之后二者趋同，生师比水平相差无几。在专任教师数量远低于本科院校的情况下，这一比较结果也从侧面揭示出高职（专科）院校生源规模极为不足。

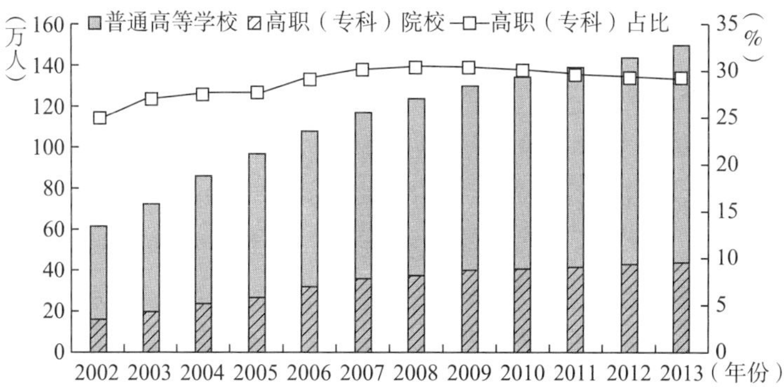

图6－11　2002～2013年中国普通高等学校专任教师数

资料来源：《中国教育统计年鉴》《中国教育经费统计年鉴》。

图6－12　2002～2013年中国本科、高职（专科）院校生师比

资料来源：《中国教育统计年鉴》《中国教育经费统计年鉴》。

（三）国家财政教育经费投入高职（专科）院校占比17.17%

从资金投入情况来看，在资金总量上，2013年国家对高职（专科）院校的财政教育经费投入达823.70亿元，与本科院校的财政教育经费投入（3973.21亿元）比相去甚远；在占比水平上，国家对普通高等学校财政教育经费的总投入中，高职（专科）院校占比17.17%，本科院校则占比82.83%；在生均水平上，高职（专科）院校生均国家财政教育经费投入仅为8460.04元，远低于本科院校26585.53元的生均水平（见图6－14）。由上述数量分析可见，无论是在总量投入上还是在生均水平上，高职（专科）院校的国家财政教育经费投入都要远落后于本科院校，高职（专科）院校的资金投入十分不足，国家在高等教育财政经费投入的分配上，“偏学历教育、轻技能教育”的倾向仍较为明显。

从国家财政教育经费投入的变化趋势来看，根据图6－13和图6－14可知，2005～2013年国家对高职（专科）院校的财政教育经费投入在逐年提高，且上升趋势较为明显；高职（专科）院校国家

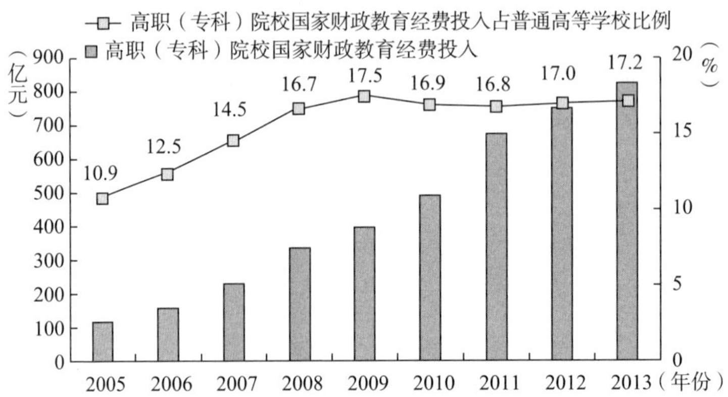

图6－13　2005～2013年中国高职（专科）院校国家财政教育经费投入

说明：因2013年《中国教育经费统计年鉴》在国家图书馆等各类数据库中均未有提供，故2012年财政教育经费数据以2011年、2013年均值替代。

资料来源：《中国教育统计年鉴》《中国教育经费统计年鉴》。

财政教育经费投入占普通高等学校的比例也呈现较为平稳的上升态势，但占比水平并不高，至2013年占比尚未超过20%；高职（专科）院校的生均国家财政教育经费投入逐年提高，从2007年到2013年提高了2倍多，但与本科院校相比，仍明显偏低，2013年本科院校生均国家财政教育经费投入水平是高职（专科）院校3倍多。由此可以看到，我国对高职教育越来越重视，财政支持力度也在逐渐加大，但在经费投入分配上对本科教育的倾向程度仍十分明显，国家对高等职业院校的资金扶持力度还有较大的提升空间。

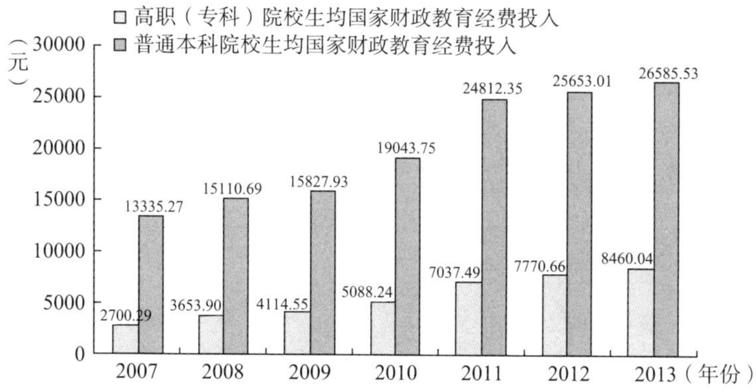

图6－14　2007～2013年中国本科、高职（专科）院校生均国家财政教育经费投入

说明：因2013年《中国教育经费统计年鉴》在国家图书馆等各类数据库中均未有提供，故2012年财政教育经费数据以2011年、2013年均值替代。

资料来源：《中国教育统计年鉴》《中国教育经费统计年鉴》。

第三节　我国职业教育技能劳动力供给水平

中等职业学校教育体系培养对象的减少在一定程度上影响了技能劳动力的社会输出量，是技能劳动力供给短缺的原因之一。我国高职院校学生规模已接近普通高等学校总数的一半，但学生规模正逐渐减少的趋势已然显现。这也为相关教育部门敲响了警钟，在高技能人才极为短缺的今天，如何有效扩张中高职院校的学生规模，也成为亟待思考和解决的问题。

职业学校教育是向人才市场输送技能劳动力的主要渠道，职业教育学校生源规模及人才输出水平在一定程度上可以反映出就业市场中技能劳动力的供给现状。由此，本书通过分析中高等职业教育学校学生培养及输出规模的现状及趋势特征，进而揭示中高等职业教育体系下技能劳动力的供给现状及特征。

一　中职教育培养对象减少影响技能劳动力供给

本书对我国中等职业教育学校 2002 ~ 2013 年的招生、在校生和毕业生人数进行搜集整理（见表 6 - 3），据此对我国中等职业教育学校的学生规模进行数量分析，揭示中等职业学校教育体系下技能劳动力的供给水平及趋势特征。

表 6 - 3　2002 ~ 2013 年中国中等职业教育劳动力培养规模

单位：万人，%

年份	招生人数		在校生人数		毕业生人数		毕业生中获取职业资格证书的比例
	中职教育院校招生人数	占高中阶段招生总人数比例	中职教育院校在校生人数	占高中阶段在校生总人数比例	中职教育院校毕业生人数	占高中阶段毕业生总人数比例	
2002	473.55	40.11	1190.75	40.95	1.44	21.00	—
2003	515.75	40.68	1256.73	38.75	346.40	42.19	46.28
2004	566.20	40.80	1409.25	38.62	359.19	39.04	49.51
2005	655.70	42.76	1600.40	39.70	418.19	38.29	53.40
2006	747.80	46.19	1809.90	41.68	479.05	39.31	56.03
2007	810.00	49.09	1987.00	43.89	530.90	39.75	58.80
2008	812.10	49.24	2087.10	45.61	590.66	41.42	59.85
2009	868.50	51.12	2195.20	47.30	625.19	42.86	61.44
2010	870.40	51.00	2238.50	47.86	665.29	45.30	62.91
2011	813.90	48.89	2205.30	47.06	660.35	44.91	62.54
2012	754.10	47.17	2113.70	46.00	674.89	45.66	62.84

续表

年份	招生人数		在校生人数		毕业生人数		毕业生中获取职业资格证书的比例
	中职教育院校招生人数	占高中阶段招生总人数比例	中职教育院校在校生人数	占高中阶段在校生总人数比例	中职教育院校毕业生人数	占高中阶段毕业生总人数比例	
2013	674.80	45.06	1922.97	44.00	674.44	45.46	77.78

资料来源：《中国教育统计年鉴》《中国教育经费统计年鉴》《中国统计摘要》。

从中等职业教育院校学生规模的现状来看，2013 年中等职业教育院校招生人数达到 674.80 万人，占高中阶段招生总人数的比例为 45.06%；在校生人数达到 1922.97 万人，占比达到 44.00%；毕业生人数达到 674.44 万人，占比达 45.46%，其中毕业生中获取职业资格证书的比例达到 77.78%。由此可见，我国中等职业教育学校学生规模已接近高中阶段学生总数的一半。

进一步对中职教育院校学生规模近几年的变化趋势和特征进行分析，结果如图 6－15 至图 6－18 所示。首先，对中等职业教育院校的招生规模、在校生规模以及毕业生规模进行整体比较（见图 6－15），可以看到，2002～2013 年我国中等职业教育院校的招生人数、在校生人数以及毕业生人数呈现极为相似的趋势特征，即在 2002～2010 年三者均呈逐渐上升的态势，2010 年后招生人数、在校生人数均开始出现明显减少，毕业生人数略有下降后又恢复缓慢上升。中等职业学校教育体系培养对象的减少在一定程度上影响了技能劳动力的社会输出量，是技能劳动力供给短缺的原因之一。从职业技能方面来看，中职毕业生中获取职业资格证书的比例总体在增加，从而在一定程度上反映出学生以及企业对职业技能鉴定的重视，市场中职业技能资格认证体系开始逐步建立，但这一体系是否发展成熟，一些职业技能考试是否能帮助企业识别真正的技能型人才、提高毕业生的技能水平，还有待进一步的分析考证。

其次，分别对中等职业教育院校的招生、在校生和毕业生的总量规模以及总体占比情况进行分析（见图 6－16 至图 6－18），可以看到，中等职业教育院校的招生人数占高中阶段招生总人数的比重整

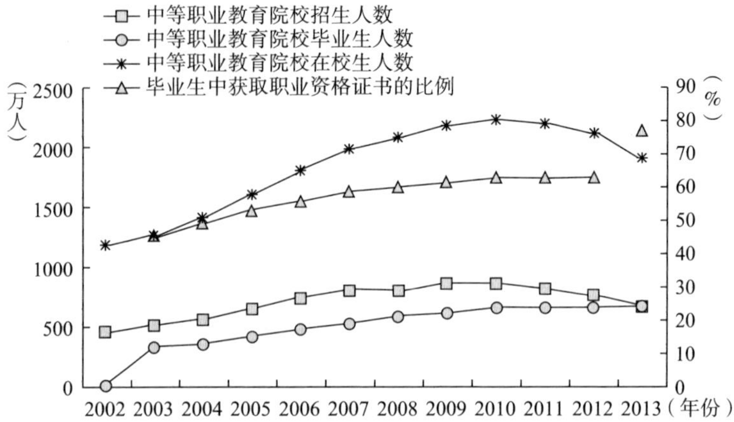

图 6－15　2002～2013 年中国中等职业教育院校学生规模

资料来源：《中国教育统计年鉴》《中国教育经费统计年鉴》。

体呈上升的趋势，在 2009 年达到最高点后开始出现下滑；中等职业教育院校的在校生人数占高中阶段在校生总数的比重，也与招生状况保持了极为相似的变化特征，在 2010 年后出现回落；而中等职业教育院校的毕业生人数占高中阶段毕业生总人数的比重在 2005 年后即保持了较为平稳的上升状态，没有出现大的波动。另外，中等职业教育院校的招生人数、在校生人数和毕业生人数都少于普通高中。可见，我国高中生源仍多集中于普通高中院校，大多数的家长和学生仍更倾向于接受普通教育，中等职业教育出现“招生难”的困境。

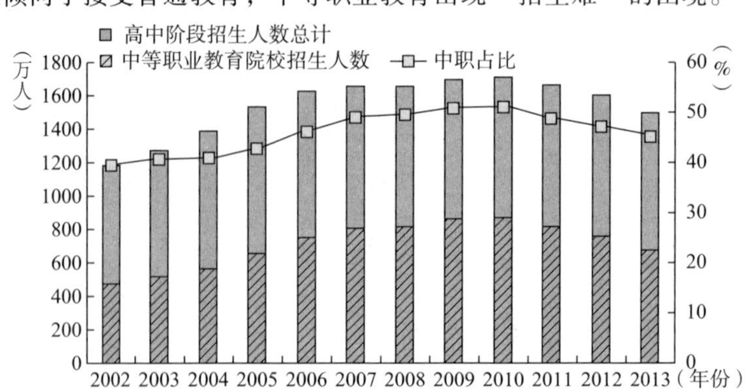

图 6－16　2002～2013 年中国中等职业教育院校招生规模

资料来源：《中国教育统计年鉴》《中国教育经费统计年鉴》。

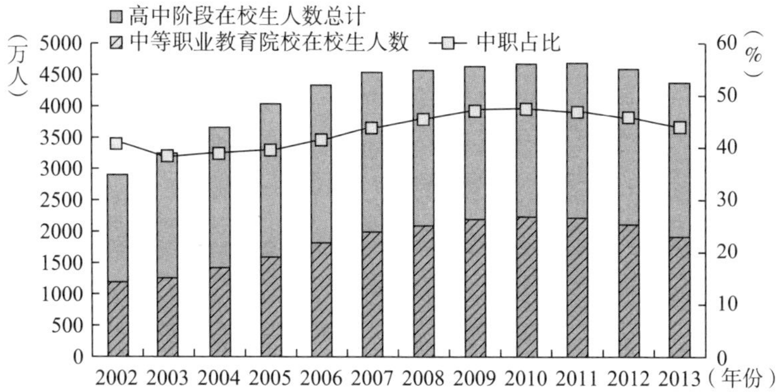

图 6－17　2002～2013 年中国中等职业教育院校在校生规模

资料来源：《中国教育统计年鉴》《中国教育经费统计年鉴》。

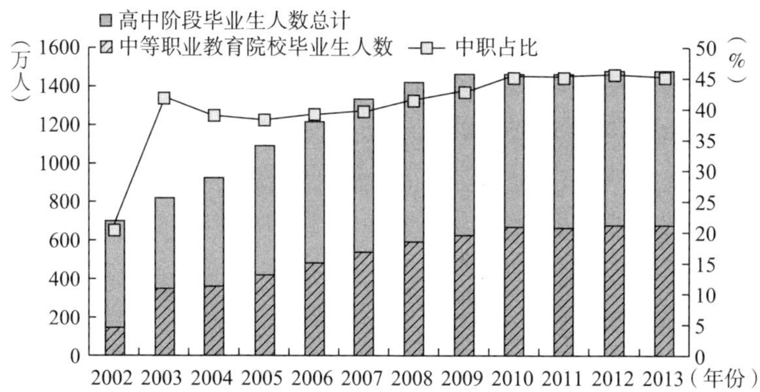

图 6－18　2002～2013 年中国中等职业教育院校毕业生规模

资料来源：《中国教育统计年鉴》《中国教育经费统计年鉴》。

二　高职教育技能劳动力供给占普通高等学校总数近一半

对高等职业教育劳动力的现状分析，本书依旧以招生人数、在校生人数以及毕业生人数作为量化分析的指标，相关数据及计算结果整理如表 6－4 所示。可以看到，截至 2013 年，我国高职（专科）院校招生人数已达到 318.4 万人，占普通高等院校招生总人数的比例达 45.50%；在校生人数达到 973.6 万人，占普通高等院校在校生总人数的比例达 39.45%；毕业生人数达到 318.7 万人，占普通高等院校毕业生总人数的比例达 49.90%。由此可以看到，我国高职（专科）院校学生规模已接近普通高等学校总数的一半。

表 6-4　2002～2013 年中国高等职业教育劳动力培养规模

单位：万人，%

年份	招生人数		在校生人数		毕业生人数	
	高职（专科）院校招生人数	占普通高等院校总人数比例	高职（专科）院校在校生人数	占普通高等院校总人数比例	高职（专科）院校毕业生人数	占普通高等院校总人数比例
2002	89.1	27.80	193.4	21.41	27.7	20.72
2003	199.6	52.22	479.4	43.24	94.8	50.51
2004	237.4	53.07	595.7	44.67	119.5	49.98
2005	268.1	53.14	713.0	45.65	160.2	52.22
2006	293.0	53.65	795.5	45.75	204.8	54.25
2007	283.8	50.15	860.6	45.66	248.2	55.43
2008	310.6	51.11	916.8	45.36	286.3	55.93
2009	313.4	49.01	964.8	44.99	285.6	53.78
2010	310.5	46.92	966.2	43.29	316.4	54.99
2011	324.9	47.67	958.9	41.54	328.5	54.01
2012	314.8	45.70	964.2	40.32	320.9	51.37
2013	318.4	45.50	973.6	39.45	318.7	49.90

资料来源：《中国教育统计年鉴》《中国教育经费统计年鉴》《中国统计摘要》。

结合表 6-4 的数据结果，进一步对高等职业教育院校学生规模趋势特征进行分析，结果如图 6-19 至图 6-21 所示。可以看到，2002～2013 年，我国高职（专科）院校在招生人数、在校生人数及毕业生人数方面均总体呈上升的趋势，但从其所占比重的变化特征来看，招生人数及在校生人数所占比重在 2006 年后都有所下降，毕业生人数所占比重则在 2009 年后略有下降。以上分析也从侧面揭示出，我国高职（专科）院校学生规模正逐渐减小的趋势已然显现，这也为相关教育部门敲响了警钟，在高技能人才极为短缺的今天，如何有效扩张高职院校的学生规模，也成为亟待思考和解决的问题。

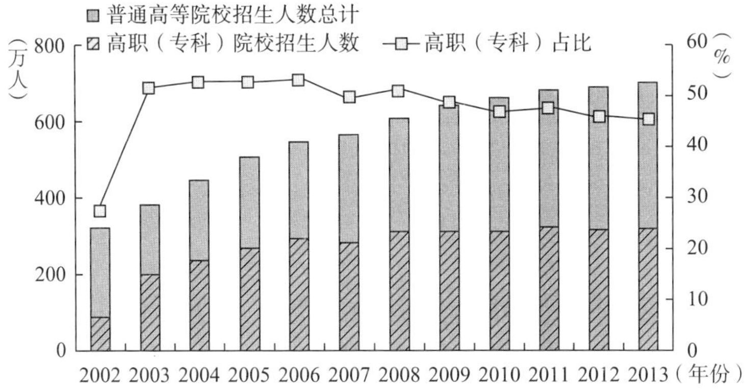

图 6－19　2002～2013 年中国高等职业教育院校招生规模

资料来源：《中国教育统计年鉴》《中国教育经费统计年鉴》。

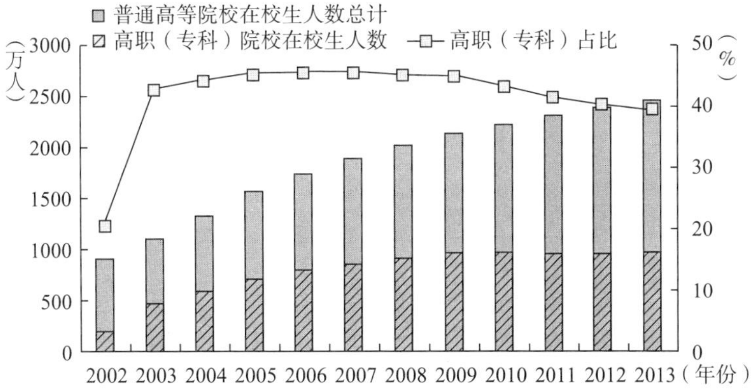

图 6－20　2002～2013 年中国高等职业教育院校在校生规模

资料来源：《中国教育统计年鉴》《中国教育经费统计年鉴》。

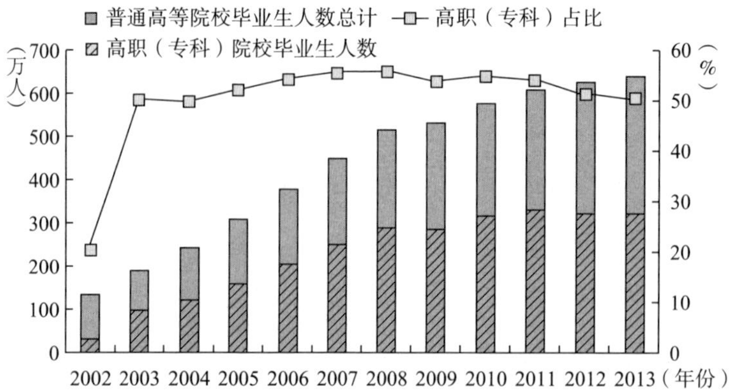

图 6-21　2002～2013 年中国高等职业教育院校毕业生规模

资料来源：《中国教育统计年鉴》《中国教育经费统计年鉴》。

第四节　我国职业教育技能人才培养的困境

我国职业教育技能人才培养的困境主要体现在以下几点：

■ 传统文化观念对技术技能工人存在歧视和偏见；

■ 职校生源质量不高，实训教学较为薄弱；

■ 企业主动参与热情不高，缺乏制度化的校企合作；

■ 中高职教育体系存在割裂与脱节，人才培养目标各自为营、课程设置不连贯、专业设置存在脱节、教学规划缺乏承接；

■ 职校缺乏吸引力，社会认同度低。

一　传统文化观念对技术技能工人存在歧视和偏见

职业教育是镶嵌在传统文化与社会结构之中的，它与传统文化、社会结构的关系决定了职业教育的位置。[①] 我国传统文化价值观对人们思想行为的深入影响，使社会各个阶层对技术技能工人存在一定的歧视和偏见，从而使职业教育的发展缺乏极大的内在动

① 郑也夫：《吾国教育病理》，中信出版社，2013，第 30 页。

力，是我国职业教育人才培养不足的内在根源。

长期以来，“学而优则仕”“劳心者治人，劳力者治于人”“君子谋道不谋食”等思想一直占据人们的内心，社会整体对劳动技能存在普遍的轻视，对以“技能培养”为核心的职业教育从发展初期便形成一种认识上的偏见，甚至以鄙薄的态度视之。随着社会的不断进步、经济的不断发展，虽然我国开始越来越关注职业教育的重要性，改革开放后的职业教育发展也取得了巨大的进步和显著的成效，但“重普教、轻职教，重学历、轻技能”的价值观念和由此产生的一些社会现象在当今时代仍然较为普遍。社会中普遍存在这样一种认识：技术技能工人是社会阶层的下层，从事生产技术劳动是没有出息、没有前途的，即技术技能工人的社会声誉很低。而社会中大部分企业也认为技术劳动是廉价的，从就业市场中技术技能工人工资较低、社会保障薄弱的现实表现上可以充分地反映出这一特征。因此，职业技能学校很少是学生报考院校的首选，大部分家长也不愿意将孩子送入职校学习。凡有能力升学或通过高考渠道进入大学者，几乎都不会选择进入职业技术类院校。可以说，职业教育学校往往是学生无法通过高考这座独木桥的无奈之选。

从我国一些研究者对职校学生的调查数据来看，一项面向上海、云南、广州和山东的共 13 所中高职院校学生的问卷调查中，当问到“选择就读职业学校的原因”时，中职学生中 72.2% 回答是“未能考上普高”，高职学生中 73.1% 回答是“未能考上本科”；回答是“可以尽早就业”的，中职生中占 20.7%，高职生中占 25.6%；而回答是“父母的要求”的，中职生中仅有 4.4%，高职生中仅有 25.6%。而当问到“选择当前所在学校的原因”，选择“就业情况好”与“升学率高”两个选项的人数比例较高，其中，选择“就业情况好”的，中职生中占 28.0%，高职生中占 30.6%；选择“升学率高”的，中职生中占 21.5%，高职生中占 30.6%。[①] 由以上数据结果我们可以

① 郑也夫：《吾国教育病理》，中信出版社，2013，第 36 页；沈汉达：《中国职业教育魅力建构论》，上海社会科学院出版社，2012，第 4~5 页。

看到，学生进入职业教育学校大多不是自愿的选择，职业学校并不是他们入学的首选，在选择具体的职业学校时考虑升学率的学生比例也较高。可以看到，无论是中职还是高职，自愿进入职校学习的学生比例或是家长要求的比例都很低，绝大多数学生选择职业技术学校是因为无法升入普高或本科而进行的无奈之选。而即使进入职校，也有一部分学生重点考虑的是所选学校的升学率。由此可见，“重士轻工”“重学历、轻技能”的价值观念在人们的心中仍然根深蒂固，由此而产生的对职业教育的偏见，也对职业教育向社会输送优秀技能人才造成很大的困境，若不能彻底转变这一价值观念，中国职业教育将难以实现根本的、长久的持续发展。

二　职校生源质量不高，实训教学较为薄弱

职业教育是培养高素质应用技术人才的核心渠道，职业教育学校毕业生的整体质量直接关系到劳动力市场中技能人才水平。而在我国现代职业教育发展进程中，职校人才培养质量不高是一个不容忽视的问题。沈汉达关于企业方对“职校人才培养成效满意度”的调查结果显示，完全满意和完全不满意的选择比例都为0，认为满意的占32.1%，不清楚的占25%，不太满意的占42.9%，可见企业方对职校向社会输送的人才质量满意度并不高，大多数企业不满意职校毕业生的能力水平。[①] 分析原因可知，影响职校人才培养质量的两个主要因素：一是职业技术学校生源质量不高，二是职校教学体系中实训教学十分薄弱。

首先，我国职校生源质量不高。受我国长期积淀的教育价值观的深刻影响，我国职业教育学校面临的重要困境之一是职校生源质量不高。国内家长很少自愿地让自己的孩子接受职业教育，因而职业学校招收的主要是不能升入高一级普通学校的学生，他们或是学习成绩较差，或是经济条件较差，在生源群体中属于弱势，这就决

① 沈汉达：《中国职业教育魅力建构论》，上海社会科学院出版社，2012，第4~5页。

定了职业学校在竞争中的先天不足。[①] 在前述问卷调查的数据结果中，我们也看到，因没能考上普通高中而进入中等职业技术学校的中职生比例达到72%，这一高比例应得到充分的重视。因是升学受阻的无奈之选，那么这类学生至少存在以下特征之一：不喜学习，自身学习能力很差、自制力很差；对从事技能类职业兴趣并不高；缺乏在职校学习的热情和动力。这就导致职业技术学校的一些学生，在职校的学习期间存在混时间的现象，而在学习职业技术技能上投入的时间精力过少。生源质量不高，也成为我国职业教育发展面临的首要问题。

其次，我国职业学校教育教学体系中实训教学环节较为薄弱。职业教育的人才培养目标是向社会输送应用技术型的技能人才，2012 年教育部公布的《关于进一步加强高校实践育人工作的若干意见》，明确提出要强化高校实践教学环节[②]，规定了不同类型高校实践学分所占的最低比例，其中要求高职高专类学校实践教学比重不低于50%。而在我国职业教育的发展实践中，技术实践教学往往被弱化，尤其是高职院校的实践教学环节十分薄弱。很多高职院校走向了与普通教育院校极为相似的教育模式，文化课、理论课占据高职院校的教学主体，而没有注重生产实践操作技术能力的培养。教学内容缺乏针对性、时代性、系统性，对职校生的实习安排或要求也多同于普教生，如在最后一个学年找个单位锻炼一下即可，而并不考虑其专业是否对口。而中职教育虽然重视对学生实践操作能力的训练，但往往是集中于初级层次的技术。因此，职业教育实践教学落实不力，是我国陷入高技能人才供给短缺的主要困境。杨进等对制造业企业中已经工作了三年以上的 2502 名职校毕业生进

① 俞启定：《对口招生：中高职衔接的关键所在》，《教育发展研究》2003 年第 7 期，第 41～43 页。

② 2012 年教育部公布的《关于进一步加强高校实践育人工作的若干意见》中指出，高校要结合专业特点和人才培养要求，增加实践教学比重，确保人文社会科学类本科专业不少于总学分（学时）的 15%，理工、农医类本科专业不少于25%，高职高专类专业不少于 50%，师范类学生教育实践不少于一个学期，专业学位硕士研究生不少于半年。

行问卷调查，毕业生“对制造业专业课程有效性的评价”结果显示，25.6%的毕业生认为职业院校缺乏实验、实训设备；20.67%的毕业生认为专业教学与职业岗位工作内容相去甚远；15.56%的毕业生认为课程内容针对性不强、盲目、陈旧；13.01%的毕业生认为教师大都“纸上谈兵”；9.73%的毕业生认为学习内容和中学差不多，文化课太多，也没有什么实训设备；9.06%的毕业生认为教学没有质量标准，想及格很容易；4.85%的毕业生认为教学随意性强；其他占2.02%。[①] 职校毕业生的评价结果在一定程度上折射出目前我国职业技术学校在教学内容设计、实践教学环节等方面确实存在较为严重的问题，是我国职业教育发展必须面对的现实。

造成这种现象的很大一部分原因在于，职校开展实践教学需要配备大批精良的实训设备、实训场地等，需要大量的资金支持，这对职业技术学校来说是不小的经济负担。在资金投入有限的条件下，职业技术学院自己配备教学所需的全部设备并不现实，精良的实训设备往往十分昂贵，且科学技术的不断创新也需要不定时地对设备进行更新换代，这不仅需要耗费职校本身就不太充足的教育经费，同时即便学校经费充足或有其他的资金投入来源，购买高昂的实训设备却不能用于生产也是一种极大的浪费。因而学校在教学安排中更愿意增加资金耗费少的理论教学安排或文化课的排课比例，而相对降低实践教学的比重，从而使职业技术学校逐渐偏离了以实践教学为核心的教育模式。因而，设备不足与实训条件有限是职业院校推行实践教学所面临的主要障碍，是导致实践教学环节十分薄弱的主要原因。

三　企业主动参与热情不高，缺乏制度化的校企合作

校企结合是职业教育的核心，德国职业教育的成功经验中最重要的一点是保证了校企结合的有效运行。在国家的大力推动下，我

---

① 杨进、赵志群、刘杰：《职业教育与中国制造业发展研究》，高等教育出版社，2009，第105页。

国职业教育在校企合作方面取得了一定的进步，但仍存在很大的提升空间。一些学者对校企合作的调查结果也从不同层面揭示了我国职业教育与企业合作的特点及所存在的诸多问题，首先，校企合作办学没有得到广泛推行。虽然随着国家的大力引导，职业技术教育与企业的联合日益加强，学校与企业间正逐步形成良性互动，但根据潘晨光等对全国32所职业技术院校的问卷调查发现，没有推行校企合作的职业学校仍占据较高比例。[①] 其次，高等职业院校与企业间的利益诉求存在错位。高等职业学校对校企合作的需求很大，但企业对参与学校办学的主动意愿较弱和热情不高，其调查结果显示，企业对合作职校毕业生的招聘比例并不高，职业院校也并没有成为企业员工培训的主要依托主体，[②] 企业在院校选择上更倾向于将知名大学作为合作对象，与职业院校的合作则少之又少，[③] 同时校企合作的企业类型目前以国有企业为主体，外企、私企等企业类型占比很低。再次，校企结合的深度不够，校企合作模式最多的三种类型是学生在企业实习、企业与学校合作进行订单教育以及学校为企业进行职工培训，结合形式仍以实习实训的浅层合作为主，合作模式缺乏多样性及深度结合。最后，实习实训的合作质量有待提升，企业在实习岗位安排、资金配套上均有不足，对实习生的安排多以企业自身生产需求为主而忽视对其技能的培养，学生实习的对口率很低，为学生实习所提供的配套资金很少，63%的企业是在10万元以下。由此可见，我国职业教育校企结合在合作形式、合作效率、合作质量等很多方面均还有较大的改进空间。

可见，企业主动参与热情不高是校企结合落实不到位的主要原

---

① 潘晨光、李萌、娄伟：《中国职业技术教育的发展与挑战——基于全国32所职业院校的调查》，《中国人口科学》2007年第2期，第52～60页。

② 潘海生、王世斌、龙德毅：《中国高职教育校企合作现状及影响因素分析》，《高等工程教育研究》2013年第3期，第143～148页。

③ 段素菊、庄曼丽、董新稳、贾玉洁：《企业参与职业教育：现状、问题与对策——基于对北京部分大型企业的调查分析》，《中国职业技术教育》2012年第3期，第22～26页。

因，政府缺少相关政策引导、政府相关政策操作性不强及缺乏系统保障机制是影响企业参与职业技术学校人才培养工作的三个最主要因素。在校企结合中，企业的利益得不到基本的保障或不能为企业带来潜在的收益，会严重影响校企合作的真正落实。而德国校企结合的成功即在于赋予了企业与学校同等的权利和地位，遵循了“工学平衡”的特征，责权利统一才能有动力。[①] 相比之下，我国校企结合的法律保障、政策支持极为缺乏，企业缺少与学校对等的权利，政府对校企合作中企业可能承担的收益风险没有给予应有的法律保护和资金补贴，校企合作运行机制的缺失大大降低了企业主动参与的积极性。

四　中高职教育体系存在割裂与脱节

职业教育与普通教育是我国国民教育分流机制的产物，而普通教育之所以一直占据教育体系的主流，主要原因是其建立了衔接紧密的教育体系。普通的初等、中等、高等教育是相互紧密衔接的，下一级学校为升入上一级学校打基础，上一级学校招收下一级学校的毕业生，教学内容是递进的，升学途径是通畅的，考试选拔制度也是规范的。而职业教育虽然也有初等、中等、高等之分，但它们之间长期以来并没有形成紧密的相互衔接的关系，而是和普通教育学校一样，在招生上仍以下一级普通教育学校的毕业生为主，[②] 而非下一级的职业学校，导致技能人才培养体系出现脱节和割裂，高技能人才供给乏力。

目前，我国中高职衔接模式的几种主要类型：一是“五年一贯制”衔接模式；二是中职生通过参加“普通高等学校招生全国统一考试”进入高职院校；三是直接报考自主招生的高职院校；四是经由推荐的方式；五是对高职教育申请者所学课程和专业能

① 郑也夫：《吾国教育病理》，中信出版社，2013，第 37 页。

② 俞启定：《对口招生：中高职衔接的关键所在》，《教育发展研究》2003 年第 7 期，第 41 ~ 43 页。

力进行评估和考试，达到高职教育入学标准（如专业能力等）的人员能够接受高等职业教育，而不受学习时间的限制，其招生对象主要是中职在校生以及已工作的中职毕业生。[①] 可以看到，我国中高职教育间已经逐渐建立起基本的衔接模式，中高职教育衔接体系正在不断完善，但仍存在一定的问题和不足之处。一方面，衔接模式的类型依然偏重于与普通教育相似的“学制衔接”，这与我国长期重视学历教育不无关系。另一方面，衔接仍局限在形式上，没有实现内在的突破，仍属于粗放性的衔接，相关配套内容如人才培养目标、课程内容、专业设置等方面都存在较为严重的脱节和割裂，缺乏具体、可行、有效的衔接机制，以及具有保障性的措施。

（一）人才培养目标各自为营

技能人才培养体系的割裂首先表现在中高职人才培养目标的各自为营。具体来看，中等职业教育学校的人才培养目标是培养实用型初级技术人才，而高等职业教育要培养的是面向生产、建设、服务和管理第一线所需要的具备综合素质的高技能人才。一方面，中职院校学生毕业去向多以就业为主，因而在教学中应更注重实操训练，而不重视专业基础理论的传授。只教学生如何做而不关心学生是否知道为何这样做，导致中职毕业生的文化知识、专业理论普遍薄弱，进入高职的中职生普遍很难适应更广、更深的理论学习和更高层次的技术传授。另一方面，高职教育对中职院校考生没有给予足够重视，目前仍以高考作为高职院校招生的主要渠道，对考生专业知识和技术能力的考量也缺少重视，普通教育高中生成为高职院校生源主体。而我国普通高中教育是以语文、数学等文化基础知识为教学核心，普通高中生由于缺少初级操作技术训练，要在三年制的高职教育中达到高技能人才水平和能力，这对学校教育和学生本人都是极大的挑战，从而影响了高职教育高技能人才的培养质量和

① 刘育锋：《论我国中高职衔接的模式》，《职业技术教育》2002 年第 10 期，第 5 ~ 7 页。

供给水平。

（二）课程设置不连贯

课程设置是教学体系的核心要素，中高职教育衔接割裂的根本就在于缺乏统一的课程体系。中职院校课程内容的设计对学生升学所需的理论知识不够重视，而高职院校在课程开发上也存在问题，一方面缺乏对中职院校课程情况的了解，开设的专业知识或技术技能课程与中职课程内容存在重叠等现象，据统计，中职教育和高职教育相类似专业的教学计划重复率在30%左右[①]；另一方面没有兼顾高职教育学校各类生源的素质差异，普通高中生仍占据高职生源主体，因而在课程设置时更多的是以高中生的情况为出发点，进而导致中高职课程内容脱节。

（三）专业设置存在脱节

专业设置是否实现有效衔接也是中高职教育衔接的重要层面。目前，中职教育开设的专业多且细，而高职教育开设的专业少而宽，[②] 专业设置上缺乏统计规范的专业体系。由此导致一些学生在高职所设立的专业中难以找到与自己所学专业直接对口或密切相关的专业，这种专业设置上的脱节导致中职毕业生或放弃升学，或只能重选在高职阶段要学习的专业。重新另选专业不仅使学生已掌握的初级技能无法获得持续提升，对新专业也要花更多时间去补习本应在中职阶段学习的专业基础，从而为培养高技能劳动力带来更大的困难，影响人才培养的成效。

（四）教学规划缺乏承接

中高职教师在教学方案的设计上缺乏信息互通，教学规划相互独立、各有侧重。中等职业教育院校的教师在教学中更关注的是自己在中职阶段的教学任务是否能够完成，而不太关心高职院校的需

① 袁和平：《中职与高职教育有效衔接的研究》，《山西财经大学学报》2012年第3期，第215～216页。

② 赵璨：《我国中高职教育衔接的途径探析》，《教育理论与实践》2013年第6期，第20～22页。

求。高等职业技术院校的教师也很少会主动了解中职教学和学生学习的情况，或默认中职院校已经完成了专业基础知识的教学，而直接以高等专业知识为教学规划的起点，完全按照高职阶段的人才培养方案进行教学。中高职之间教学规划的脱节，导致职业教育体系缺乏上下呼应的承接性。

五　职校缺乏吸引力，社会认同度低

职业学校作为技能人才培养的摇篮，却一直面临招生难的困境。除了教育层次价值倾向的影响外，职业技术学校缺乏吸引力也是主要的原因之一。人们之所以追求高学历，是因为高学历可以给人们带来诸如城市户口、更高收入、更多就业机会等福利，尤其是农村户籍学生，经高考获得城市户籍、改变自身命运几乎是其唯一的途径。20 世纪五六十年代的技校之所以吸引人，在很大程度上是因为毕业生可以在城市落户、就业。而现如今我国职业技术学校无论是在户籍身份还是在就业求职上，都不能给毕业生带来有竞争性的帮助，职业技术学校自然也就失去了吸引力。中等职业教育的高收费，再加上其毕业生在就业市场上的竞争弱势以及高校扩招，使得中等职业教育招生规模大幅萎缩，导致中国中等职业教育出现“招生难”问题。

社会认同度低，是职业教育发展后劲不足的重要原因。职校毕业生进入社会往往面临声誉低、工资低、福利低的现实困境。2013 年一项关于大学生就业情况的调查结果显示（见表 6－5），无论是刚刚毕业的起薪工资，还是毕业工作三年后的工资水平，高职高专毕业生的平均月收入水平都明显低于本科毕业生，三年后的工资增长率与本科毕业生相差 6.61 个百分点，即使是在技术技能工人如此短缺的今天，职校毕业生仍然没有得到很高的重视。而一些学者关于中等职业教育的收入回报率、投资回报率的研究成果，在一定程度上揭示出中等职业教育毕业生收入水平低下的现实，收入低于缺乏职业技能的普通高中生的情况在我国一些地区也确实存在。缺乏竞争力的收入水平和较低的社会认同度，难以激起人们学习和提升技术技能的热情和动力，人们通过职业教育实现个人身份、地位、名誉的提升以及改善现有生活的希望和信心也难以为继，从而导致职业教育发展陷入后劲不足的困境。

表 6-5　2013 年我国高职高专、本科毕业生平均月收入

单位：元，%

	毕业半年后	毕业三年	增长率
高职高专毕业生	2731	4160	52.33
本科毕业生	3366	5350	58.94

资料来源：麦可思研究院《2013 年度麦可思－大学生就业年度指标》。

第五节　增强职业教育技能人才培养能力的对策研究

增强职业教育技能人才培养能力的对策：

■ 切实推行校企深度结合，激发企业参与热情；

■ 建立中高职教育衔接机制，完善现代职业教育体系；

■ 增强职业学校教育吸引力，完善职业技能等级认证制度；

■ 结合产业转型人才需求，提高财政经费使用绩效，提高职业学校人才培养能力。

一　切实推行校企深度结合，激发企业参与热情

针对我国职业教育校企结合深度不足等问题，应充分发挥政府的引导、服务、保障功能，切实推行学校、企业双轨运行的职教模式。在合作办学上，明确企业的主体地位和责任义务，确立企业与学校在合作办学中的同等地位。在教学安排上，以企业为实训教学主体，负责提供实训场地与设备，安排有经验的技术工人作为实训指导教师；学校则作为理论教学主体，负责学生文化基础、专业理论的学习，并将理论知识与实训教学相结合。在经费投入上，拓宽

资金来源渠道，借助企业的力量，以政府与企业作为经费来源的二元主体，企业主要负责实训经费支出，包括实训设备的提供和维护、实训指导教师的工资补助、参与企业生产的实习学生补贴等；政府则主要负责职业学校的日常经费支出，包括学校设施建设、教师工资福利等，同时政府也应从财税政策上增强吸引力，如对提供实训资助的合作企业给予税务减免的优惠等，从而激发企业主动参与的热情。在毕业考核上，要有严格的考试制度，兼顾专业理论与操作技能两个方面，分别由企业与学校作为考核主审，对学生进行笔试和实践操作的考试，以确保学生在理论和实际操作能力上能够满足市场的需求。

二　建立中高职教育衔接机制，完善现代职业教育体系

中高职教育的紧密衔接是高等技能型人才培养和层次结构科学化的要求。[①] 针对我国中高职教育衔接所存在的问题，在人才培养目标上，应有更为清晰准确的定位，体现出中高等教育技术人才培养的差异性、层次性和衔接性；在人才培养方案上，以课程的衔接为核心和落脚点，实现专业的对接和教学内容的衔接，课程内容的规划应注重相互承接、相互分工、互不重复，使得针对同一专业，高职教育能清楚地知道中职教育的课程内容，中职教育也能清楚地知道高职教育的课程内容；[②] 在招生模式上，应进一步丰富有针对性的招考方式，拓宽高职教育招生渠道，摒弃“文化一元制”的考试模式，增加专业考核、实操技术的比重，适度推行中高职教育间的对口招生模式；在学校整体发展上，中高职教育间应搭建起有效的沟通渠道，相互支撑、协调合作、不断完善并最终建立起中高职教育间合理、有效的衔接机制。

① 袁和平：《中职与高职教育有效衔接的研究》，《山西财经大学学报》2012 年第 3 期，第 215 ~ 216 页。

② 徐国庆、石伟平：《中高职衔接的课程论研究》，《教育研究》2012 年第 5 期，第 69 ~ 73 页。

三　增强职业学校教育吸引力，完善职业技能等级认证制度

吸引力不足是我国职业学校教育难以真正实现发展壮大的根本原因，职业技能资格认证的代表性较弱，没能为企业招聘技术人才提供有力的参考。一方面，增强职业教育的吸引力，应注重提高职业教育学校的教学质量，结合市场需求及时调整课程内容、专业设置，真正让学生学有所长、学有所用，提高职校毕业生在就业市场中的竞争力，并给予职业教育与普通教育同等的社会认同以及公平公正的福利待遇，以经济导向增强职业教育的吸引力。另一方面，针对我国职业技能证书缺乏含金量的问题，应建立严格的职业技术考核与技术等级认证制度。必须明确、严格考核的形式，加大考核的力度，提高职业等级证书的含金量。德国高等技能人才队伍的成功培育也与其严格的职业技能等级鉴定制度有很大关系。同时，职业技能等级考核应与职校人才培养体系相衔接，建立起二者之间的捆绑机制，可考虑将职业技术等级的鉴定与毕业考核挂钩，这不仅是对学校人才培养质量的监督，也是一种对学生本身和企业负责的态度，由此不仅可以提高学生自主学习的积极性，也可以督促学校提高教育教学的质量。职业资格等级鉴定的主体也应逐步由各地政府向行业协会转移，加大对行业协会发展的支持力度，充分发挥行业协会在技术人才培养和技能鉴定中的重要作用。

四　结合产业转型人才需求，提高财政经费使用绩效，提高职业学校人才培养能力

面对我国技能人才短缺的现实，尤其是在经济转型、产业升级的情况下对新兴产业人才的紧迫需求，应从根源上优化技能人才供给结构，鼓励职业学校教育结构调整与新兴产业相接轨，在职业学校教育层面实现技术人才培养与经济转型、产业升级相匹配。对此，国家应从财政教育经费上予以引导和支持，切实落实鼓励政策。一方面，国家应适当增加对职业教育学校财政经费的投入。从

我国财政教育经费投入水平及分配比例来看，虽然国家对职业教育的经费支持也在逐年增加，但与普通教育相比仍显不足，财政教育经费投入倾斜程度在高等职业教育与本科教育之间表现得尤为明显。本科院校生均财政经费水平是高职院校的 3 倍多，差距显著。而在德国柏林市，培养一名职业学校学生每年平均花费约是普通学校的 3 倍，我国教育经费分配情况刚好相反。另一方面，在增加财政教育经费投入的同时，更应注重财政教育经费的使用绩效。财政教育经费的投入应重点用于鼓励职业技术学校将技术人才培养与新兴产业发展、落后产业转型升级相接轨，推动职业技术学校进行学科建设改革，以适应市场需求的变化，对积极增设新兴产业技术专业、开展新技术教学与培养的职业教育学校给予具有吸引力的专项经费支持，并设定严格的评估标准和机制，对新兴产业专业技术的教学情况、人才培养质量进行监督和考核。

总结：技能人才短缺问题根源在于职业教育的发展水平

技术技能型人才是目前我国人才队伍中最为短缺的人才类型，尤其是高技能人才短缺已经使很多企业的发展陷入困境。解决人才短缺问题应从根源入手，而职业教育正是我国技能人才供给的主要来源，职业教育的发展水平直接决定了技能劳动力的培育质量和供给水平。基于此，本书从国家发展职业教育的政策演进、职业学校的发展现状、职校技能劳动力的供给水平以及我国职业教育技能人才培养的困境等几个方面进行分析，揭示我国技能人才短缺的根本原因，并探讨如何提高职业教育技能人才的供给水平。

研究发现，从整体来看，改革开放以后，我国职业教育在国家政策推动下取得较快发展，具有中国特色的现代职业教育体系正逐步完善，但与一些发达国家相比仍较为落后，培育技能人才队伍的能力仍有待增强。具体来看：在学校规模上，中职教育规模显现萎缩之势，高职教育学生规模仍显不足，中高职专任教师数量缺口较大；在投入水平上，国家财政教育经费投入分配仍存在“重学历教育、轻职业教育”的倾向，在高等教育层次的投入差距尤为明显，本科院校的生均财政教育经费投入是高职院校的 3 倍多；在招生能力上，近年来，中高职院校的招生数量均存在不同程度的下降，职业教育整体陷入“招生难”的困境，生源供给不足直接导致职业教育技能人才供给乏力。进一步对我国职业教育技能人才培养的困境进行分析，我们发现，“重学历、轻技能”的传统教育观念对人们的影响根深蒂固，导致职业教育发展缺乏根本动力；职业教育学校实训教学环节较为薄弱，直接影响了学生实践操作能力的培养；校企合作中企业主动参与热情不高且缺乏制度保障；中高职教育体系存在割裂与脱节；职业教育毕业生的收入水平普遍不高，职校缺乏吸引力，社会认同度低。因此，本书提出，应切实推行校企合作的职校办学模式，从结合形式、实施细则、企业参与、制度保障、政策扶持等几个方面切实推进校企深度结合，激发企业主动参与热情；建立中高职教育衔接机制，完善现代职业教育体系；增强职业学校教育吸引力，完善职业技能等级认证制度；国家应结合产业转型人才需求，提高财政经费使用绩效，加大政府对职校人才培养的财政支持力度。

第七章

职业培训的人才供给

导　读

研究发现，当前公共性职业技能培训的供给数量和质量并不能满足用人单位和劳动者的培训需求。劳动者个体和用人单位对公共性职业技能培训都有很大需求，但是又存在实际购买能力严重不足的问题。研究认为，我国在职培训应该坚持低端劳动力职业技能培训供给以政府为主体走多元供给的模式，高端就业群体职业技能培训供给选择以企业和市场为主体的模式。本书建议重点从以下七个方面进行补充完善。

第一，扭转企业培训能力不足、培训意愿不强的局面；

第二，取消公共职业技能培训服务准入门槛，扩大公共职业服务对象范围，完善职业技能培训体系；

第三，拓宽职业技能培训事业建设的资金来源渠道，加大职业技能培训资金支持力度，提高实训设备更新速度；

第四，建立职业技能培训的多方合作供给机制，做大做强职业技能培训事业；

第五，推进培训机构和用人单位合作，加强培训和就业的结合，提高职业技能培训与市场需求的契合度；

第六，出台配套政策和方法，保证职业技能培训服务发展进程；

第七，提供职业技能培训基金或者职业技能培训贷款来解决个人支付能力不足的问题。

第一节 在职人员技能提升需求很大与职业技能培训供给水平很低

在职人员技能提升需求是职业技能培训供给服务的重要依据。然而，我国在职人员的技能提升需求很大，但是职业技能培训供给水平很低，技能培训供需缺口仍然很大。从职业技能培训供给情况看，实际愿意为员工提供职业技能培训的企业和单位极少。加上公共性职业技能培训供给不足、需求很大，但是有效需求不足，导致总体供给不足。

一 个体户、私营企业在职员工技能提升需求较大

2015年，私营企业调查数据显示，30%的企业认为，“求职的工人人数不少，但符合工作要求的不多”是“招工难”的原因之一；个体户调查数据显示，有18%的个体户认为，“求职的工人人数不少，但符合工作要求的不多”是“招工难”的原因之一。这表明，求职人员的技能缺口问题比较普遍。

私营企业调查数据显示，70%的企业认为，“大学生在校期间学到的知识实用性不强，用人企业需要再次培训”。个体户调查数据显示，60%的个体户认为，“大学生在校期间学到的知识实用性不强，用人企业需要再次培训”（见图7－1）。这都表明，开展大学生入职培训是非常有必要的。

另外，企业家对大专院校毕业生的技能评价也并不乐观。私营企业调查数据显示，68%的企业认为，“许多大专院校在实习生工作之前的技能培训非常不到位，基本上要重新培训”（见图7－2）。这说明，以培养技能型人才为目的的大专院校，在学生的技能培训上存在不到位问题。

私营企业调查数据显示，有20%的私营企业认为，如果政府想促进企业吸纳更多就业，那么有必要帮助企业建立更多的实习培训机构。个体户调查数据显示，有18%的个体户认为，如果政府想促

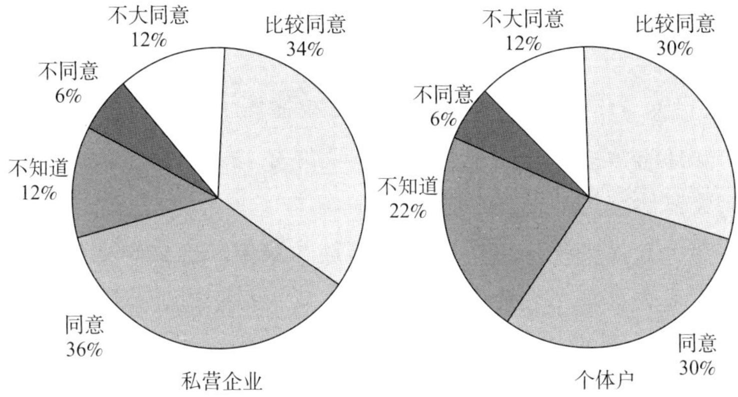

图 7－1　个体户和私营企业对“大学生需再次培训”的看法分析

资料来源：根据“个体私营经济与就业关系”调查数据整理。

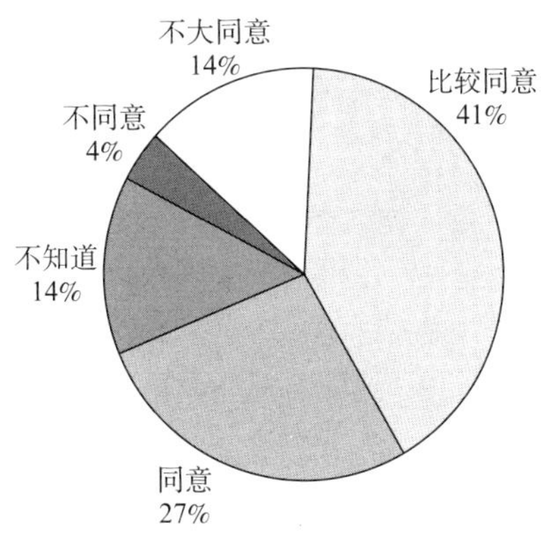

图 7－2　私营企业对“院校技能培训不到位”的看法

资料来源：根据“个体私营经济与就业关系”调查数据整理。

进企业吸纳更多就业，那么有必要帮助企业建立更多的实习培训机构。

私营企业主接受过或正在接受 MBA、MPA、EMBA 等培训的比例仅为 5%，其余 95% 的私营企业主并没有接受过专业的管理培训。个体户接受过或正在接受 MBA、MPA、EMBA 等培训的比例仅为 2%，其余 98% 的个体户并没有接受过专业的管理培训。

二 职业技能培训供给现状及存在的主要问题

（一）个体户和私营企业的职业技能培训供给能力较弱

2015 年私营企业调查数据显示，仅有 18% 的私营企业从个体私营经济协会获得过组织技能培训的服务，其余的 82% 个体私营经济协会没有为其提供过组织技能培训的服务。个体户调查数据显示，仅有 17% 的个体户从个体私营经济协会获得过技能培训服务，其余 83% 的个体户没有获得过组织技能培训服务。这表明，当前个体私营经济协会为私营企业和个体户提供的组织技能培训服务很少，能力较弱，急需市场予以补充完善。

（二）公共性职业技能培训供给不足、需求很大，但有效需求不足

近年来，我国开展了大规模的职业技能培训。这些公共性职业技能培训，在促进经济发展、增加就业、改善民生等方面发挥了一定的积极作用。然而，从调查数据来看，我国企业和个人对公共性职业技能培训的需求很大，但是有实际购买力的需求不足，并且在供给过程中也存在一些不容忽视的问题。主要表现为，公共性职业技能培训供给不足、需求很大，但是有效需求不足：一方面，公共性职业技能培训的供给数量和质量不能满足经济发展对于技能型劳动者的需求；另一方面，劳动者个体和用人单位对公共性职业技能培训有很大需求，但是有购买能力的购买意愿即有效需求明显不足。这一情况反映在劳动力市场上，体现为劳动力既供给过剩，又供给不足，即在现实中，企业所需要的技能型劳动者出现短缺，同时又有大量缺乏职业技能的劳动者难以找到工作。从根本上讲，劳动力市场中结构性矛盾的解决必须通过强化公共性职业技能培训才能加以解决，而公共性职业技能培训悖论的破解则有赖于其有效供给的增加，因为有效需求不足只是缘于无效供给过剩或者有效供给不足，而有效供给的增加最终则需要找到一个有效调节供需矛盾关

系的合理机制或者制度安排。[①]

第二节　国外职业技能培训供给模式分析

国外职业技能培训供给模式：

■ 企业为主体的职业技能培训供给模式：日本和韩国；

■ 企业和学校双元合作的职业技能培训供给模式：德国；

■ 自由市场型的职业技能培训供给模式：美国和英国；

■ 政府主导型的职业技能培训供给模式：法国。

国外职业技能培训供给模式对我国的启示：

■ 低端劳动力职业技能培训供给以政府为主体走多元供给的模式；

■ 高端就业群体职业技能培训供给选择以企业和市场为主体的模式。

一　国外职业技能培训供给模式

随着科技进步不断加快，全球经济竞争不断加剧，企业对在业者和失业者进行职业技术培训，日益成为世界各国保持和提高竞争力的关键。日本、韩国、德国、英国、法国、美国等是相对较早建立职业技能培训供给体系的国家，同时也是职业技能培训体系发育较为完善，培训模式较为成熟的国家。分析这些国家的职业技能培训供给模式，有助于我国职业技能培训供给模式的完善。总结国外发达国家职业技能培训供给模式发现，企业和国家是职业技能培训最主要的供给方，并且企业和国家在职业技能培训供给活动中发挥了不同的作用。

（一）企业为主体的职业技能培训供给模式

企业为供给主体、政府提供法律政策保障是日本和韩国提供职

① 陈福祥：《公共性职业教育培训的有效供给》，博士学位论文，西南大学，2011。

业技能培训的基本模式。这种模式注重发挥企业在职业技能培训中的作用，同时注重政府在职业技能培训中起到的政策保障作用。

1. 企业是职业培训的供给主体

在日本，由于经营管理具有终身雇佣、论资排辈、集体合作等特点，日本企业特别重视对职工的在职教育培训。日本企业普遍采取注重适应性的“上下一致、一专多能”教育培训模式。所谓“上下一致”，是指企业员工不分年龄、工种或职务高低，都要接受相应层次的教育培训；培训目标是“一专多能”，各级员工既要精通一门专业技术，又能参与企业经济管理，具有较强的适应性，并通过对在职员工的教育培训，把企业与员工紧密地联系起来。

日本企业教育培训的主要特点是分层次性的，大致可分为新职工、一般管理人员、中层管理人员和企业经营领导人员等层次，根据不同层次则采取不同的教育培训模式。新职工的教育培训主要是对新职工进行企业精神教育，所谓企业精神教育是指强调新职工的性格开发，如在困难时刻的忍耐力、承受的心理压力以及承担的社会责任等，培养他们对企业忠诚的“公司主义”、集体主义和团结合作的作风；在管理知识教育方面，除了让新职工了解企业的就业规则和管理体系外，各企业还重视对他们进行战略意识、自主管理意识和尊重人性的管理观念教育，并传授基本的工作技术和专业知识。①

在韩国，企业在职业技能培训供给中也发挥了极其重要的作用，并且培训经费主要依靠企业资助。最常见的一类是由企业出资创办并直接管理的职业学校。这类学校直接为出资企业培养合格的初级技术人员和技术工人，学生是从社会上招收的，但学校不收或少收学生的学费。另一类是企业出资创办的职工业余学校和企业大学。因为是为本企业培养所需人才，学员都是本企业的在职职工，学习期间的学习费用由企业负担。韩国政府强制要求大企业创办学

① 李仲生：《中日企业在职教育培训模式比较》，《中国人力资源开发》2003 年第 1 期。

校和职工培训机构，如职工研修院、职工训练所、人力开发院等。此外，教育部为了鼓励企业创办学校，还制定了一系列的优惠政策，如学生免交学费；学校的赞助金、奖学金等均可作为企业的损耗来处理；附属于企业的学校也具有与正规学校相同的资格，学生毕业后可以进入正规中学或高等学校等。①

2. 政府主要通过颁布法律以强制性的方式对企业培训进行限定和规范，而且出台了一些相关政策对企业培训进行引导

在日本，政府出台的与企业培训相关的政策最突出的表现是在企业培训投资办学方面。在这方面，企业担当投资与办学的主体，政府充当干预的角色，从而实现对各种培训类型的宏观调控。干预从两方面进行：一是直接提供职业训练服务的“直接性事业”；二是对民间自主性职业训练活动进行支援的“间接性事业”。“间接性事业”包括向为其雇员提供职业训练机会的企业主提供技术和财政上的支持。“直接性事业”实施的一般是企业不愿或不具备能力提供却是促进社会和平或经济发展所必需的职业训练，从战略性、全局性的角度进行。就政府干预政策而言，以间接支援为主，直接支援为辅，其提供职业训练的原则是，凡可以由企业承担的，尽量由企业部门承担，公共职业技能培训维持在最低必要的范围，以作为对民间职业训练的辅助与补充，政府不与民间形成竞争态势。另外，日本政府通过多种政策来支持企业内的培训事业。例如，以补助金的形式支持、激励企业内的职业技能培训。②

在韩国，政府的职能也主要定位于为培训提供法律政策保障，并且，职业技能培训的质量保证的责任主要在政府。政府主要通过提供经费补助，规范师资、课程、组织方式、评估方式，制定职业资格条例等形式，规范、引导和调控职业技能培训，以保证培训质量。

---

① 乔仁洁：《发达国家企业职工培训的成功经验》，《职教论坛》2007 年第 14 期。

② 孔海燕、阎燕：《以企业内职业训练为主的日本职业训练体系》，《日本问题研究》2000 年第 3 期。

（二）企业和学校双元合作的职业技能培训供给模式

双元合作培训模式是德国职业技能培训供给的基本模式，具有“自我管理、企业内进行、边工作边学习”等特征。培训单位主要是民营性质，有自己的组织机构和培训规则，相对独立于普通教育模式。在这种合作性模式内，只要与企业签订培训合同就获得了受训者和特殊雇员的双重身份。同时，受训者还要参加职业学校学习，并依法取得学生身份，接受普通教育模式规则的约束。培训方法和内容由企业或内部利益群体决定。雇主、工会和政府组织共同制定和调节职业标准与培训规范，并通过议会立法使其取得合法地位。各企业通常支付培训费用，培训成本可以作为业务支出的形式申请免税。企业提供给学员的酬劳是由集体商讨后决定的。

企业的重要地位不可忽视。德国的大型企业一般有培训中心、实训车间，有专职人员；中小型企业的培训大多是在生产岗位进行，培训任务一般是由师傅兼职完成的。中小型企业特别注重调动员工的积极性，据统计，大约40%的青年在中小型企业受职业训练。① 这种教育职业技能培训制度充分调动了企业界的积极性，不仅拓宽了办学渠道，为国家节省了大量的教育经费，而且促进了配套职业教育网的形成。

德国的职业技能培训经费来源主要有两种：企业的培训费用主要由企业自身提供，而职业学校的教育经费主要来源于州政府的公共财政预算。为避免经济不景气时期企业承担培训费用支出的困难而造成对“双元制”职业教育的冲击，国家以法律的形式，规定所有企业在特定时间内必须交纳一定的资金，以确保“双元制”教育经费的落实。②

---

① 双杨：《以德国跨企业培训中心为借鉴的公共实训基地功能研究》，《经营管理者》2003年第9期。

② 何瑜：《浅析德国“双元制”职业教育模式精髓及对我国的借鉴》，《教育》2016年第2期。

政府主要通过法律、法规的形式以及经济援助的方式参与、干预企业职业技能培训。1969 年 8 月 14 日联邦德国颁布《职业教育法》，对“双元制”职业教育中培训企业的义务、培训者的资格以及培训的组织程序做了具体规定。此外，德国政府还通过实施职业技能培训促进政策和中小型企业扶持政策等政策手段来推进职业技能培训的发展。[①]

值得关注的是，行业协会在职业技能培训的质量保障中发挥了很大作用。企业培训的资格由行业协会负责认定，行业协会依据《职业教育法》对企业培训承担者的人品条件和实训教师的人品及专业条件、企业培训场所的类型和设备、学徒人数与培训岗位数和企业专业人员数的比例进行审核和把关。具有相对独立的合法身份的“行业协会”，把劳动力、资本和政府三者有机地联系起来，并负责确定和管理工人的就业资格。这样，“双元制”所包含的市场规则和官僚规则就可以通过“行业协会”的协调而发挥效用。

（三）自由市场型的职业技能培训供给模式

英国和美国是自由市场型培训模式的代表。培训的主体单位是培训者和受训者，企业和政府参与职业技能培训相对较少。培训者和受训者双方关系的建立是由市场决定的，一切以公平、合法、自愿、有偿、等价为原则，政府不干预双方的具体培训行为。职业资格类型及变化、职业资格效用及其在不同行业与企业之间的迁移都取决于劳动力市场状况，受市场变化的影响。培训形式多样化，如学校内培训、企业内培训、学校与企业交替式培训等。培训内容非标准化，但针对性强，目的是适应组织和技术发展的需要。培训费用由受训者个人承担，培训组织多为营利型，但针对本公司职员的内部培训往往是由公司承担费用。

自由市场型培训模式在劳动力、资本与教育（培训）三者之间

① 孙小兵：《企业职工职业技能培训调研状况与对策研究》，《社会科学》（全文版）2016 年第 3 期。

形成的这种互动关系会随着资本的变化而变化。表现在社会分层方面，那些处于较低社会阶层的公民由于经济资本的匮乏而享受不到正规教育或职业技能培训；而那些享有富裕经济资本的自由市场鼓吹者才是市场的真正主宰。

（四）政府主导型的职业技能培训供给模式

法国是政府主导型的职业技能培训供给模式的代表。培训双方供需关系由政府组织或官僚机构决定，培训计划往往是政府指令性的，培训规模并不能很好地反映市场需求。职业资格类型及效用较少根据企业的需要而适时调整，培训课程标准一般偏于抽象化、文字化和理论化，很难适应操作性、实践性较强的职业岗位。培训承担者和发生地主要是职业学校，各培训学校都根据普通教育毕业证书或专门的入学考试招收培训学员，即通常所说的“教育驱动型”职业技能培训模式。职业技能培训资金主要靠政府拨款，其固有的局限性决定了职业学校主要是针对高层次的专业人员开展精英式的培训。教育驱动型培训模式的课程标准始终保持在职业阶梯的较高位置，至少属于中间层次。① 这样，对多数人而言，对这种培训的预期几乎总是处于一种无法兑现的状态。

这种模式容易使资本和劳动力之间形成一种权力本位的政治关系。在这种权力关系支配下，处于较低阶层的工人在政府主导和政府资助的教育部门（包括职业技能培训机构）接受资格培训并获得职业资格时，就意味着他们被纳入政府计划主导的产业框架。这种模式往往使职业技能培训机构受到普通教育模式的强烈影响而沦为其附庸。

二　国外职业技能培训供给模式对我国的启示

总结发达国家职业技能培训的典型模式发现，自由市场型的职业技能培训模式不利于满足普通群众的职业技能培训需求；而政府

① 苟顺明：《欧盟职业教育政策研究》，博士学位论文，西南大学，2013。

主导型的职业技能培训模式不利于职业技能培训机构的创新。职业技能培训既要解决劳动力的职业技能培训需求，也要兼顾其在社会公平公正中发挥的作用。职业技能培训是不同社会阶层的共同需求，但是考虑到不同阶层的支付能力和社会影响，我国在职培训仍要坚持低端劳动力职业技能培训供给以政府为主体走多元供给的模式，而高端就业群体职业技能培训供给选择以企业和市场为主体的模式。

（一）低端劳动力职业技能培训供给以政府为主体走多元供给的模式

低端劳动力在为城市建设做出积极贡献的同时，却往往被排除在传统劳动法和社会保障制度覆盖范围之外，并且由于低端劳动力收入低下，职业技能培训的有效需求严重不足。技能缺口的存在无法通过自身解决，并且造成巨大的失业风险而不利于整个社会的和谐稳定。因此，从失业的高昂的社会成本考虑，政府应该深度参与低端劳动力的职业技能培训供给，选择以政府为主体，走多元供给的模式。

基于国内外相关领域的研究成果，破解这一难题的思路突出地依赖于对低端劳动力的教育培训。多年来，中国政府采取多种形式加强对低端劳动力进行教育培训，在提高其就业能力方面发挥了一定的促进作用，但由于涉及人群规模大、社会关系复杂、教育资源配备有限等，整体效果并不尽如人意，有必要进行更为深入的研究和探索。就实践操作层面来看，关于对低端劳动力的教育培训涉及三个核心问题：谁来培训、培训什么和如何培训。结合国外的经验和我国多年的实践，明确培训主体、培训的内容和方式。

1. 市场化劳动力教育培训的不足与政府职责

市场化劳动力教育培训包括独立的专业机构培训和雇佣方组织培训两种供给模式。按照科斯定理给我们的启示，在确定的成本约束和制度预期下，如果不考虑供给产品本身的差异化（这种差异事实上应该不会太大），自发的和自主选择的市场行为就不存在效率上的明显区别。[①] 在这种情况下，劳动力培训市场的发育程度和供给模式突出地依赖于劳动力市场的供求格局（见图 7－3）。

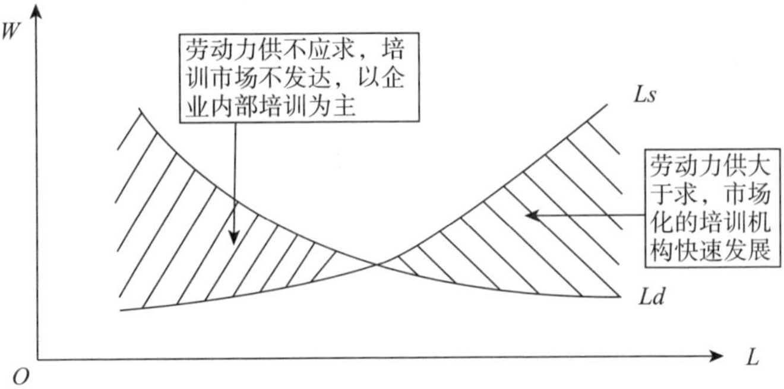

图 7－3 劳动力市场供求格局与培训市场发育

一方面，如果劳动力市场较长时期处于供不应求的状态，劳动者就业压力总体较小，对于通过接受教育培训提升自身竞争力的动力相对弱化，整个劳动力培训市场的发育就会受到一定程度的抑制。但劳动力资源的相对短缺也会从侧面加剧企业之间的竞争，雇佣方有动力提供低价甚至免费培训，作为提高生产效率和产品竞争力的手段，同时也作为一种福利方式增加对人才的吸引力。另一方面，如果劳动力市场出现资源过剩，寻找和保住就业岗位的压力都会迫使劳动者积极寻求培训以提升工作技能，从而催生并推动各类专业机构培训市场的繁荣。对于用人单位来讲，丰富的劳动力资源确保它们能够优中选优，除部分专用的特殊技能以外，整体上对企业员工内部培训的重视程度也会有所降低。

从现实情况看，尽管结构性失业问题局部存在且在有些地区表现得相对突出，但在过去的很长时间里我国劳动力市场一直处于供大于求的状态，劳动者为找工作寻求培训仍是主流，这也正是我国劳动力培训需求巨大而培训市场发育并不尽如人意的重要原因之一。换句话讲，劳动者有接受培训的需求而缺少支付能力和培训热

① “非正规就业劳动力教育培训的理论与实践问题研究”课题组：《我国非正规就业劳动力教育培训供给模式研究》，《教育与经济》2013 年第 1 期，第 58～61 页。

情，对于收入不稳定的低端劳动力尤其如此。为切实解决低端就业劳动力教育培训严重不足的问题，需清楚地认识到其突出的公共属性，因为低端劳动力接受培训后，整个社会的就业质量、生产效率、收入水平乃至社会稳定性都会得到不同程度的提高。按照现代市场经济理论，单纯市场化的公共产品供给模式存在诸多弊端，必须有公共权力的适当介入，并行解决弱势群体话语权不足的问题，这也是大多数发达国家在这一领域的重要经验。

2. 低端劳动力教育培训多主体供给的可行性

前文分析表明，政府参与带有明显公共属性的低端就业劳动力教育培训是必要的，但政府单独提供所有培训则存在两大约束：财力和能力。就前者而言，中国的低端就业群体数量规模庞大，从不同口径统计出的数据来看，近年来我国仅下岗职工和进城务工人员总规模为2亿~3亿人，对这么多人进行培训所需要的费用显然是政府财力难以承担的；就后者而言，作为政策制定者和市场监管者的政府自身并不拥有丰富的培训资源，也不容易把握市场不断变化的实际需求，其培训效果很难保障。如果这两大约束能够借助市场力量通过功能转移予以解决，那么关于低端就业劳动力教育培训的多主体供给模式应该是可行的（见表7－1）。

表7－1　各利益相关方比较优势、受益和支付能力情况比较

	受益原则	比较优势原则	支付能力原则
政府	降低社会风险和治理成本，促进经济社会发展	资源整合优势	针对受训者的财政支付
公共教育机构	培训费用收入	公共知识优势	培训设施和师资支付
市场培训机构	培训费用收入	通用技能培训优势	培训设施和师资支付
用人单位	生产效率提高	专项技术培训优势	利润针对员工支付
非正规就业劳动者	收入水平提高	—	劳动收入决定支付份额

首先，从“谁受益，谁负担”的基本原则来讲，各利益相关方都有可能从针对低端劳动力的教育培训中受益。政府作为社会整体

利益代言人，其受益可近似等同于培训对整个经济社会的促进效应；公共教育机构和市场培训机构可获得一定培训费用；用人单位的受益主要体现在劳动生产效率提高方面；非正规就业劳动者的收入水平和稳定性都会有所提高。需要强调的是，没有接受培训的劳动者也会因整个国家经济形势的改观而间接受益，但其在就业市场上的相对竞争力会有所削弱。这表明针对低端劳动力的教育培训不是纯公共产品，而是准公共产品，从而也在理论上能够解释多主体供给模式的合理性。

其次，从比较优势原则来讲，政府与其他利益相关方存在一定差异。公共权力对于资源调度与整合的优势更为突出，决定了政府在低端就业培训中的主导地位。而各种公共教育机构（如高校、非市场化专业研究院所等）、市场培训机构和用人单位在培训内容方面各有所长。其中，公共教育机构具有劳动者所需要的公共知识优势，如劳动者求职的基本知识、融入城市所需的法律知识、具有普及性质的文化知识等；市场培训机构则能够较好地提供市场需求量较大的岗位技能培训，如酒店服务、导游、家政服务、保安、司机等；用人单位在一些特殊岗位的技能培训方面的优势难以被替代。

最后，从支付能力原则来讲，各利益相关方的表现则各有不同。政府掌握着整个国家的公共财力，其针对公共利益的支付能力最强，所有低端劳动力均可从中获得支持；公共教育机构和市场培训机构在适当的收益预期下可支付培训所需的设施及师资成本；而用人单位因有比培训成本更高的预期经营收入增加，其针对内部员工的培训支付能力较强。只有接受培训的非正规就业劳动者收入水平低且不稳定，支付能力相对较弱，由此提出了多主体教育培训供给模式应当采取“低费用甚至免费”的基本要求。

3. 低端劳动力职业技能培训的多主体供给模式设计

就中国当前经济和社会发展情形来看，劳动力市场供大于求的基本格局短期内难以根本性扭转，工业化过程还未最终完成，大规模的低端就业也还将继续，针对低端劳动力的教育培训将是一项长期任务。低端劳动力教育培训供给模式的设计核心要解决三大问题：一是谁来出资，主要取决于受益和支付能力情况；二是谁提供培训，由各主体的比较优势而定；三是培训什么内容，通常是市场需求与劳动者个体需求的有机结合。[①] 根据前文分析，具有培训资源优势的公共教育机构、市场培训机构和用人单位都应该是组织实施的主体，政府通过制定政策或财政补贴的方式委托或强制调动相关资源合理配置，引导低端劳动力低收费或免费接受培训（见图7－4）。

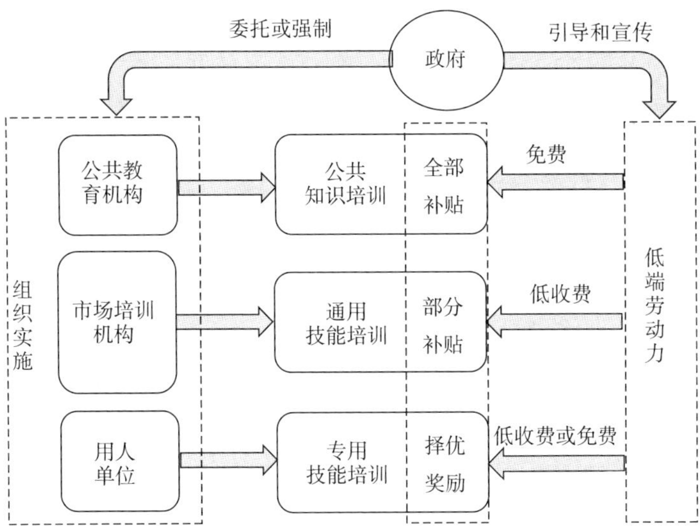

图7－4　低端劳动力职业技能培训的多主体供给模式

其一，政府作为独立出资人，委托公共教育机构（主要是具备条件的高等院校、各层次的职业学校）提供公共知识培训，使低端劳动力提高文化素养、掌握基本的求职技巧、了解国家劳动政策法规等，从而更好地融入城市工作和生活环境。此类知识培训的公共属性更为突出，因而对受训者免费是合适的。同时考虑到这些培训机构多为财政拨款单位或带有公益性质的单位，不以营利为主要目

① "非正规就业劳动力教育培训的理论与实践问题研究"课题组：《我国非正规就业劳动力教育培训供给模式研究》，《教育与经济》2013年第1期，第58～61页。

标，政府只需保证培训组织方有适当的收益即可。

其二，政府作为主要出资人，委托市场培训机构提供通用技能培训，使以进城务工人员为主要代表的低端劳动力能够掌握一门以上的通用技能，以缩短其求职或工作转换的时间，同时也有利于提高其在职期间的稳定性。由于通用技能培训的公共属性降低，接受培训的劳动者需适当交纳部分费用，其余部分由财政出资补贴，确保市场培训机构获益水平能够大致达到市场平均收益率，同时也可视各方面反应对培训效果突出的机构给予奖励，调动相关培训主体的积极性。

其三，政府作为政策制定者和市场监管方，是全国经济建设和社会发展的需要，制定全国性的劳动力培训规划和制度法规，要求用人单位必须建立员工培训基金，并设定指标限额，用于对在职职工进行专用技能培训，消除用人单位对符合条件的低端劳动力的歧视管理方式。由于劳动者接受培训后用人单位将从中较多受益，专用技能培训应由用人单位以免费方式向企业内职工提供，成本较高的特殊培训可收取少量培训费。为避免单一惩戒措施产生激励不足的问题，政府可视情况对表现突出的用人单位择优奖励。[①]

（二）高端就业群体职业技能培训供给选择以企业和市场为主体的模式

相对低端就业群体的在职培训而言，高端就业群体的在职培训可选择相对较为市场化的方式，具体可选择以市场需求为导向，以企业和市场为主体的模式。其中的依据主要有如下三点。

其一，高端就业群体具有较主动的职业技能培训需求，并且具有较强的支付能力，而且个人和所在企业在职业技能培训中的受益更加明显，因此对政府补贴的依赖度较低。同时，也正因如此，高

---

① “非正规就业劳动力教育培训的理论与实践问题研究”课题组：《我国非正规就业劳动力教育培训供给模式研究》，《教育与经济》2013 年第 1 期，第 58 ~ 61 页。

端就业群体职业技能培训费用支付主体可以是培训者本人，也可以是企业。

其二，相对于政府而言，企业往往能敏锐地捕捉到市场需求的变化，并能对高端技能需求有非常敏锐的反应和调整，因此，高端就业群体的职业技能培训可以选择以市场需求为导向，以企业和市场为主体的模式。

其三，高端就业群体的职业技能培训需求主要是管理类的，企业对高端就业群体的激励回报充足，高端就业群体在职场上的流动性相对较弱，保证了企业可以获得培训高端就业者带来的高生产效率和高经济回报。同时，也正因如此，高端就业群体职业技能培训费用的支付主体是企业。

此外，高端就业群体的职业技能培训需求多为管理类及高端技术类培训，因此，技能培训服务的提供方可选择国际化的大型技能培训机构、高等教育机构、科研机构及精英式的商学院。

第三节　我国职业技能培训供给体系及典型案例分析

目前国内职业技能培训体系主要由两部分构成，一是政府组织的公共职业技能培训服务系统，二是市场自发形成的职业技能培训学校系统。以政府为主导的公共实训服务体系覆盖了所有具有本地户籍的低端劳动力，但是对高精尖技术人才的技能培训服务供给明显不足，而以市场主导的技能培训机构则提供了市场急需的高精尖技能培训服务。

一　国内职业技能培训供给体系：政府组织 + 市场自发

目前国内职业技能培训体系主要由两部分构成，一是政府组织的公共职业技能培训服务系统，二是市场自发形成的职业技能培训学校系统。

前者以政府为主体，利用权力优势，通过搭建平台，将有培训需求的劳动力和企业与有培训能力的机构对接，提供劳动技能培训服务。其中，培训机构往往具有公共服务机构的性质，或者是政府从第三方购买来的技能培训服务。培训对象主要是低端劳动力，解决低端劳动力市场的技能缺口问题。培训费用往往主要由企业和政府承担，受训者承担少量费用或完全免费。

后者以市场需求为导向，利用市场对需求的敏锐反应及其自发配置资源的优势，产生提供职业技能培训的企业主体及有培训需求的受训者。这种职业技能培训机构多提供政府没有提供的培训服务，服务对象多是政府没有覆盖或不能满足其需求的劳动者。培训对象多是高端劳动力，具有较强的培训需求及支付能力。其培训支付方式以个人为主、用人企业为辅。

总体来讲，以政府为主导的公共实训服务体系覆盖了所有具有本地户籍的低端劳动力，但是对高精尖技术人才的技能培训服务供给明显不足，而以市场主导的技能培训机构则提供了市场急需的高精尖技能培训服务。从整个职业技能培训体系来讲，市场化的职业技能培训机构是对政府组织的职业技能培训服务的一个有效补充。在很大程度上解决了单一体系人群覆盖不足和技能服务单一、缺乏个性化服务的问题。但是由于种种原因，市场化的职业技能培训也存在培训服务质量参差不齐等诸多不规范的问题。

二　政府主导的职业技能培训指导中心及案例分析

目前，各地政府主导的职业技能培训指导中心是提供在职技能培训服务最重要的主体。其服务对象主要是低端劳动力，目的是通过职业技能培训，解决低端劳动力市场上的技能缺口问题。其中，提高职业技能最有效的手段就是增加动手操作能力，因此公共实训服务是缩小技能缺口最有针对性也是最有效果的途径之一。

为了解决单个培训机构对培训设施投入改造能力不足，整个职业技能培训实训设施落后、匮乏，学员动手能力严重不足的问题，自2000年以来，上海、北京、广州、深圳、无锡等多个地区陆续成立公共实训服务中心。各地区根据产业发展方向，以“用明天的需求来培训今天的学员”为指导思想，坚持“前瞻性、先进性、操作性”相统一的原则，通过政府集中投资，建立了面向社会培训机构免费开放、无偿使用、功能齐全、技术先进的公共实训基地，为缩小劳动力与岗位技能要求之间的差距发挥了重要作用。

公共实训服务中心具有教产结合的优势。紧密结合当地重点产业发展需求，培训出满足企业生产需求的技能人才。其主要功能是，对相关重点产业的企业职工、职业院校学生及有技能培训愿望的劳动者开展技能实训，使之达到一定的职业技能水平。同时，实训基地还可承担相关重点产业的技能人才考核与评价、职业技能竞赛、技能培训或研修课程开发、技能成果交流展示等任务。

以下主要通过比较分析北京市、深圳市和株洲市的公共实训基地，了解我国各地区公共实训基地的共同模式和特别之处。

（一）北京市职业技能公共实训基地

北京市职业技能公共实训基地是劳动保障部门按照“公用性、公益性、示范性”原则，认定的跨行业、高水平，面向社会开放，提供职业技能培养、评价、交流的公共服务平台。公共实训基地的主要任务是面向本市支柱产业、高新技术产业、传统优势产业急需的高级工及以上技能人才和本市在职职工、职业院校学生、失业人员、本市农村转移劳动力提供技能实操训练和技能鉴定服务。目标是加快高技能人才培养，缩小劳动者技能与工作岗位之间的差距。

参加公共实训的人员一般要求具有本市户籍（以身份证或户口簿为准），并且所在单位已为其正常缴纳各项社会保险。从参与实训人员的学历要求来看，主要是高中、职业高中及以下学历。整体来讲，服务对象主要是低端产业的就业群体，以及未就业的低端劳动力群体。

成本支付方法一般是，劳动者自己报名的，自己负担费用；用人单位代为报名的，用人单位负担费用。同时，在公共实训基地开展实操训练享受国家实训补贴政策。为加快高技能人才培养，稳定和促进就业，按照政府购买服务的原则，北京市对公共实训基地面向社会开展高技能实际操作培训所发生的实际成本给予一定额度的补助。根据国家和本市有关规定，按照典型职业实操训练发生成本，由高至低，分 A、B、C 三类职业，制定补助标准，建立促进个人、单位和公共实训基地积极参与技能实操训练的激励机制。在公共实训基地开展实操训练，从中级开始补助，对于同一职业，对应 A、B、C 三个职业类别，建立中级、高级、技师三个等级的补助标准。

本市企事业单位在职职工参加高级及以上技能实训的，补贴由用人单位和失业保险基金各负担 50%（对于个人报名参加实训的，单位负担部分由个人承担）；参加中级实训所需经费由用人单位全额负担。本市失业人员、农村转移劳动力参加中级及以上技能实训可享受全额补贴。各类职业院校学生参加实训所需经费由职业院校统筹安排。公共实训基地补助经费职业分类和各类别具体补助标准如表 7－2 和表 7－3 所示。

表 7－2　公共实训基地补助经费职业分类

职业类别	实训专业	典型职业
A 类	焊接、中西式烹饪、动漫、装饰设计、汽车驾驶、数控加工、服装设计制作、工艺美术、会展等	焊工、中（西）式烹调师、中（西）式面点师、装饰美工、动画绘制员、展览设计员、汽车驾驶员、数控车工、加工中心操作工、服装制作工等
B 类	汽车运用与维修、环境保护、计算机网络技术、电气设备运行与维修、机械加工、机械设备装配与维修、电子电器应用与维修、通信技术、空调制冷、化学检验、物流管理、食品加工	车工、汽车修理工、涂装工、职能化楼宇管理员、制冷设备维修工、机修钳工、化学试验工、食品检验工、管工、无线电装接工、维修电工、计算机网络管理员、用户通信终端维修员、冷作钣金工、计算机维修工、物流师、面包操作工等
C 类	饭店服务与管理、商品营销、建筑测量、美发、家政服务、人力资源	餐厅服务员、营业员、家政服务员、营销师、测量放线工、美发师、人力资源管理师、护理员等

表 7-3　各类别具体补助标准

单位：元/人

职业类别	职业等级	补助标准
A 类	中级	1500
	高级	1800
	技师	2200
B 类	中级	1100
	高级	1400
	技师	1800
C 类	中级	900
	高级	1100
	技师	1400

资料来源：《北京市公共实训基地高技能人才实训经费补助试行办法》。

公共实训基地主要由市人力资源和社会保障局负责管理，实训补助经费主要由市财政局监督管理。其中，市人力资源和社会保障局负责公共实训基地综合管理；负责根据全市高技能人才培养规划，制定和下达公共实训任务，并据此编制专项补助预算；指导协调和监督检查。市财政局负责实训补助经费的测算、资金拨付及资金使用的监督检查。

从培训内容上看，目前北京市职业技能公共实训基地可提供 12 个专业类别，100 多个工种。但是，其中绝大部分是生活服务类和加工制造业中的低端职业技能培训。这也说明，职业技能公共实训基地的服务对象是低端就业群体，其功能定位是解决低端劳动力市场上的技能缺口问题。

（二）深圳市高技能人才公共实训

深圳市高技能人才公共实训管理服务中心是深圳市人民政府批准设立的公共服务机构，以高质、高效的人性化服务实践“用先进科学技术，训练高技能人才，为深圳的现在和未来服务”的基本理念。深圳高训基地以“高”“新”“前”“宽”为建设方针，是具有“先进设施设备、先进服务理念、先进管理手段、先进运作模式”的一流的高技能人才公共服务平台。深圳市高技能人才公共训练基地（简称“深圳高训基地”）是我国第一家以高技能人才为培养目标、以高新技术为训练手段的公共服务平台，是我国第一家集技能训练、技能鉴定、技能竞赛、技术革新实验、技术交流、技师服务、技能培训成果及职业展示等八大功能为一体的高技能人才公共服务平台，是深圳市政府为实施“效益深圳”“和谐深圳”发展战略，建设“创新型城市”“国际化城市”而提供的开放性和公益性的社会公共产品。

目前深圳高训基地已经建设了数码印刷技术、现代汽车维修技术、工业自动控制技术、智能楼宇控制技术和工业设计5个实训中心。可以发现，深圳市高技能人才公共实训基地主要面向工业中的高端技能培训，其功能定位与北京有明显差别。

深圳高训基地秉承“职业能力为导向，工作业绩为核心”的宗旨，积极探索构建“以受训者为主体，以岗位技能为核心，以任务（项目）为载体”的高技能人才训练新模式和高技能人才评价新机制。深圳高训基地以企业高技能人才需求为依据，以提高受训者的岗位操作技能和职业素养为宗旨强化技能训练。内容综合和任务具体的技能训练活动，使受训者掌握和提升岗位操作技能，全面培养和提升其职业道德、职业能力和综合素质。

（三）株洲市技能人才公共实训基地

株洲市技能人才公共实训基地将满足当地重点产业对技能人才的需求。其中重点产业包括轨道交通装备制造业及其配套产业、航空航天产业及其配套产业、汽车及零部件产业、有色金属深加工产业、生物医药及健康食品产业、服饰产业、现代农业产业、现代服务及零售产业。可以发现，株洲市技能人才公共实训基地的对接产业主要是工业中的低端产业，如加工业、制造业、零售业等。

株洲市技能人才实训基地的主要功能是，对相关重点产业的企业职工、职业院校学生及有技能培训愿望的劳动者开展技能实训，使之达到一定的职业技能水平。同时，实训基地还可承担相关重点产业的技能人才考核与评价、职业技能竞赛、技能培训或研修课程开发、技能成果交流展示等任务。实训项目主要是生产过程认识及岗位技能训练实习。

（四）各地公共实训基地的共同特点与差异

总结各地公共实训基地的共同特点发现，各地政府主导的公共实训服务中心是提供在职技能培训服务最为重要的主体，其服务对象主要是低端劳动力，解决低端劳动力市场上的技能缺口问题。普遍具有教产结合的优势，紧密结合当地重点产业发展需求，培训出满足企业生产需求的技能人才。在一定程度上，解决了低端劳动力市场技能不匹配的问题。

比较各地公共实训技能的差异发现，由于不同的地区的重点产业不同，公共实训中心培养出的技能人才也有区别。例如，北京市公共实训基地主要培训的是生活服务类等第三产业的劳动者；而深圳市公共实训基地主要培训的是工业领域的高端制造业和服务管理类的劳动者；而株洲市公共实训基地主要培训的是工业中加工业、制造业、零售业中的低端劳动者。

三　市场主导的职业技能培训机构及案例分析

与政府主导的公共实训基地不同，市场主导的职业技能培训机构主要提供新兴的以及公共职业技能培训无法满足的、个性化需求强的职业技能培训服务，服务对象主要是刚走出校门未找到工作的大中专毕业生，费用支付以个人或者企业为主。通过几个月系统化的集训后，学员的技能就能有很大提升，并且能找到一份收入可观的工作。在解决初入职场的劳动力的技能不匹配问题上，市场主导的职业技能培训机构不仅培养企业最紧缺的高端复合型人才，帮助求职者提高技能，而且往往发挥了就业孵化器的功能。本书以智游教育为例，分析市场化的职业技能培训机构在解决中高端劳动力技能不匹配问题中发挥的作用及存在的问题和困难。

智游教育是经省劳动厅批准的集实训和开发于一体的高新技术企业，专注移动互联网、大数据分析技术，紧跟技术发展潮流，着力打造全国最专业的实训基地。目前智游教育已是华中地区规模最大、全国教学质量最好的移动互联网、大数据实训基地，培养了来自郑州大学、河南大学、河南理工大学、中原工学院、华北水利水电学院、郑州轻工业学院、河南财经政法大学等众多高校的高级软件工程师。通过对智游教育案例的分析，可以了解市场化的职业技能培训学校的发展情况及存在的问题。

通过对几位学员的访谈，笔者对类似市场化的职业技能培训学校的培训内容、过程、学院付出的成本及收益进行了分析。诸如智游教育的市场化培训机构所提供的培训内容多是市场急需的高新技术——当前需求较多的信息技术、计算机技术。通常培训周期较短，一般在6个月之内，大部分培训项目的费用超过1万元。

培训机构提供的技能培训课程多为高新技术，因此要求学员具有一定前期文化水平才能顺利掌握相关技能。而从目前招生情况看，大部分学员具有大学学历，表明此类高新技术培训服务对象多为高端劳动者。从学员的工作经历看，部分学员处于在职状态，而有相当一部分学员处于未就业状态，并且大学毕业生占多数。有不少学计算机的本科生找不到好工作，到职业技能培训机构培训半年，就可以找到一份收入不错的工作。对于这些刚走出校门的大学毕业生来讲，通过几个月左右的培训，就能掌握一门高新技术和面试技能，并且通过最终的考试相当于获得了一个非常实用的技能认证。这个培训过程也相当于一个重要的实习经历，对于大学毕业生获得一份收入较高的工作是至关重要的。可见，此类市场化的职业技能培训机构在缩小大学教育与岗位技能之间的差距中发挥了重要作用。

进一步总结市场化培训机构在缓解大学生就业问题中发挥的作用以及其中存在的部分问题发现，与政府主导的公共实训中心不同，市场化的职业技能培训学校往往具有以下两个优点：往往能够敏锐地捕捉到市场对高新技术人才的需求，并能及时设立相关培训课程，提供培训服务，并且市场化的职业技能培训学校对学员并没有严格的户籍、工作单位等条件的限制，可满足异地求职者的职业技能培训需求。

第四节　我国职业技能培训供给急需解决的问题

解决职业技能培训供给的问题，需要从以下方面加强：

- 增强企业培训能力和培训意愿；
- 扩大服务对象范围，完善职业技能培训体系；
- 加大职业技能培训资金支持力度，提高实训设备更新速度；
- 建立职业技能培训的多方合作供给机制，做大做强职业技能培训；
- 推进培训机构和用人单位合作，加强培训和就业的结合；
- 出台配套政策和方法，保障职业技能培训发展进程；
- 设基金或者贷款服务解决个人支付能力不足的问题。

市场化的培训机构对市场的反应很敏感，有很强的投资理念，提供的职业技能培训服务往往受客户欢迎。而政府主办的职业院校对市场的反应弱一点，并且培训课程和技能培训服务的程序较多，对市场的敏感性无法与市场上的职业技能培训机构相比。背后的根本原因在于，政府需要履行保障人民基本生活和社会稳定的职责。也正因如此，政府提供的职业技能培训服务往往具有用工量大、供应量大、适应面广、基础性强的特点。而在政府无法保障的一些小的环节上，则需要市场提供个性化强的服务。可以说，政府和市场在解决劳动力市场技能缺口上发挥了优势互补的作用。未来，职业技能培训供给服务仍然要坚持公办、民办协调发展，公立、私立共同促进的发展思路。但是，只有职业技能培训供给体系中的一些问题及时得到解决，才能有效缩小劳动力市场上的技能缺口。

一　增强企业培训能力和培训意愿

员工职业技能不足的一个主要原因是企业培训能力不足，并且培训意愿不强。核心问题是企业的能力不足。首先，企业觉得职业技能培训这种事情战线太长，不划算。培训员工后，就必须给员工涨工资。如果不涨工资，员工很可能会跳槽到竞争对手公司，显然不利于企业的发展。其次，大部分中小企业所处的市场变化很快，破产倒闭的风险很大，企业生存环境较差、生存压力较大也导致企业领导者对员工职业技能培训问题的认识不足或者有偏。在企业和员工的博弈之下，最终导致企业不愿意为员工提供培训服务，也不支持员工参加职业技能培训。而要走出企业培训意愿不强的困境，企业、员工和政府必须共同发力。首先，政府要出台相关政策，保障参与培训的企业不至于损失太大。其次，要加强教育和宣传工作，让中小企业意识到培训员工的收益，同时，也要增强员工的企业归属感。通过工会加强员工的职业修养教育工作，让员工树立对企业的归属感。

二　扩大服务对象范围，完善职业技能培训体系

农民工并未被纳入政府职业技能培训服务体系之中。人社部发布的数据显示，2014 年全国农民工总量达到 2.7 亿人，其中外出农民工 1.7 亿人。庞大的农民工群体未被纳入职业技能培训体系，在很大程度上造成了人力资源的浪费，并影响了整个经济社会的发展。农业剩余劳动力的转移仍在持续进行中。未来一段时间，城镇外来人口仍然将以每年 2% 的速度增加，有必要尽早将农民工纳入政府公共实训基地的服务对象中。破除职业技能培训服务中的户籍壁垒，为农民工提供基本的职业技能培训服务。

职业技能培训应本着平等、民主的原则，形成机制完善、相互衔接、协调发展的培训体系。

首先，在横向面上要努力增加职业技能培训的覆盖人群。本着公平原则，应将有培训需求的居民全部纳入职业技能培训体系的服务对象中来，尤其是针对当前生活在城镇户口却在农村或者异地的近 2 亿人农民工群体，应取消公共职业技能培训服务对户籍的要求，保证为该群体就近提供职业技能培训服务。

其次，在纵向面上要重视员工的知识更新培训。各行业和企业都要重视在职职工的知识更新培训。每隔一段时间，职工都要进行

一次培训，补充新的科技知识。

最后，在发展战略上要提供面向未来的超前培训。为适应经济全球化和激烈的科技竞争，职业技能培训机构要及时加入新技术和新职业所需技能的培训，并积极预测未来劳动力市场的需求，培训能够适应未来变化的“多面手”和“全能型”人才。在目前的形势下，除了重视建立完善的职业教育和职工培训制度外，还要特别加大培训经营管理人才的投入，为造就未来的优秀企业管理者创造条件。

三　加大职业技能培训资金支持力度，提高实训设备更新速度

目前，职业技能培训服务体系不能完全满足职业技能培训需求，不仅体现在不能保障所有有培训需求的人都能获得培训，而且体现在培训设备不足、培训设备更新速度严重滞后于生产技术更新速度的问题上。其中最根本原因还在于“僧多粥少”，职业技能培训资金支持力度不足。

培训设备是训练学员技能最基础也是最必需的条件之一。从培训设备情况来讲，主要存在两个问题。一是设备不足，尤其是热门专业培训设备严重不足。培训需求旺盛，资源竞争激烈，但是不能保障所有培训需求得到满足。二是设备更新速度较慢，尤其是近年来生产技术更新速度加快，实训设备更新速度明显跟不上技术更新的速度，导致技能缺口问题迟迟不能解决。从当前生产设备的更新速度看，大约每两年实训基地的设备就需要更新一次。以维修技术为例，由于常用的汽车、空调机等技术更新速度也比较快，焊接材料的变化也很快，维修技术的更新速度很快。比如，以前都是用生铁的，后来是用不锈钢的，现在是用碳素的，材料变了，焊条就要变，设备就要更新。可以说，为了适用新的生产技术，实训基地的设备更新还是很迫切的。但是，由于资金不足，培训设备的更新速度往往明显滞后于生产技术的更新速度，并且已经成为导致技能缺口持续扩大的原因之一。

实训基地的资金投入不足，并且来源单一。大部分地区的公共实训是由教育附加费来支持的，之前有部分地区是使用失业保险金来支持的。总体来讲，实训中心的资金都来自各级政府财政投入，资金来源单一，往往不能满足设备更新的需求，而且大部分地级市政府财政本身收入就不太多，因此也没有足够的资金来支持公共实训的设备更新，甚至没有足够的能力来建立一个实训中心。

未来，随着生产技术升级换代速度的加快，公共实训基地设备更新的需求还在快速增长，公共实训设备更新的资金缺口也在持续扩大。建议通过拓宽资金来源渠道，加大社会对实训基地的资金支持力度，保证实训基地能够真正发挥缩小技能缺口的作用。

四　建立职业技能培训的多方合作供给机制，做大做强职业技能培训

政府对职业技能培训虽然要负重要责任，但在市场经济条件下，职业技能培训的政策制定与实施都必须通过新的合作伙伴关系，以多方共同供给的方式来实现。这种合作供给机制是以政府、雇主、行业、工业界、工会和社会为多方主体，建立一种立法框架，以便国家为改革职业技术教育而制定国家战略。在此战略下，除了实际提供职业技能培训之外，政府还应充分发挥领导作用，制定远景规划，为开展职业技能培训提供便利与协调保障，建立质量保障机制；并通过确定社区所需要的服务和提供这类服务来提升全民的职业技能。必须尽最大可能地将职业技能培训的经费由政府、企业、社区和学员分摊，这些多方合作机制应当通过包括政府采取适当的财政鼓励措施在内的成本分摊机制，建立并促使现行职业技能培训体制更加有效运作。

五　推进培训机构和用人单位合作，加强培训和就业的结合

培训内容与就业结合不够紧密是当期我国职业技能培训存在的主要问题之一。我们应该借鉴德国等国家的职业技能培训制度，促

进我国职业技能培训与就业的紧密程度。德国的“双元制”培训制度之所以有生命力，就在于它与劳动力市场和就业紧密结合。“双元制”是指由学校和企业互相配合进行培训。学校侧重于理论知识的传授，企业负责操作技能方面的实践训练。实践证明这种培训方式成效是显著的。培训和就业的紧密结合还表现在由所需决定所学。这种“三明治”教学计划能把工程设计、研究、实验与教学融为一体，使学生能在所选择的典型工业环境中学习，并伴有各种社会、经济、生产革新等活动，它不仅给学生提供适当的理论知识与实践相结合的机会，而且使学生在做好就业准备时具有较强的技能和创造力。我国应学习德国“双元制”培训制度的精髓，建立与就业密切结合的职业技能培训制度。将职业技能培训当作一种产业来经营，一切按产业的要求去运作，并在学校、学生和企业之间形成一个完整的产业链条，互相促进、互相制约，并注重满足培养的学生所对应的职业岗位的需要，在师资、教材和实验实习场地及设施建设上下功夫。

六　出台配套政策和方法，保障职业技能培训发展进程

发展职业技能培训除了要加大投入之外，还需要出台配套政策和方法，保障职业技能培训发展进程。职业技能培训应增加灵活性，提倡柔性教育。柔性教育是20世纪90年代美国高等教育界提出的一个教育理念，其主导思想是弱化学校的“刚性”，增强学校的灵活性，适应飞速发展的时代对学校教育的要求。柔性教育包括两个基本方面：一是要教给学生必要的柔性技能，以提高其未来适应性；二是要增加学校自身的柔性，以抵御知识更新和社会职业变化对专业设置和教学内容的冲击。职业技能培训更应该注重柔性教育：注意培养学生的可转移能力，提高学生的社会适应性；采用个体化学习方式，让学生对自我发展负责；关注社会发展和职业变化，及时调整学校的专业设置和教学内容；实行“终身学习”，将接受再教育和再培训贯穿整个工作和生活过程。

七　设基金或者贷款服务解决个人支付能力不足的问题

市场化的职业技能培训学校所提供的职业技能培训服务多为高新技能，职业技能培训成本往往较为昂贵，学员的经济负担较重，并且有相当一部分潜在学员是刚刚走出学校尚无财务能力的大学毕业生，由于负担不起高昂的学费，不少人放弃了职业技能培训的机会。对于这部分有职业技能培训需求但是缺少支付能力的学员，政府和社会应予以关注，通过设立职业技能培训基金或者职业技能培训专项贷款服务来解决个人支付能力不足的问题。

总结：强化公共性职业技能培训解决劳动力市场结构性矛盾

在产业转型升级、工作岗位技能要求不断提高的背景下，在职人员也面临越来越强烈的技能提升需求压力。本章采用 2015 年“个体私营经济与就业关系”调查数据分析当前我国公共性职业技能培训服务供需现状及不足之处，并借鉴德国、日本、英国、美国等发达国家职业技能培训的供给模式，提出完善我国职业技能培训供给服务的建议。2015 年个体私营经济调查数据显示，公共性职业技能培训的供给数量和质量并不能满足用人单位和劳动者的培训需求。劳动者个体和用人单位对公共性职业技能培训的需求都很大，但是也存在实际购买能力严重不足的现象。提高公共性职业技能培训的供给水平是解决当前劳动力技能缺口的重要途径。而增加有效供给最终需要找到一个有效调节供需矛盾关系的合理机制或者制度安排。借鉴发达国家职业技能培训供给模式的优点，本章认为我国在职培训应该坚持低端劳动力职业技能培训供给以政府为主体走多元供给的模式，高端就业群体职业技能培训供给选择以企业和市场为主体的模式。因为政府要履行保障人民基本生活和社会稳定的职责，所以政府提供的职业技能培训服务要具有用工量大、供应量大、适应面广、基础性强的特点。而在政府无法保障的一些小环节上，则需要市场提供个性化强的服务。因为市场化的培训机构对市场的反应很敏感，有很强的投资理念，能够为客户提供及时且有针对性的职业技能培训服务。可以说，政府和市场在解决劳动力市场技能缺口中发挥了优势互补的作用。未来，职业技能培训供给服务仍要坚持公办、民办协调发展，公立、私立共同促进的发展路线。而针对当前我国职业技能培训服务中面临的问题，本章建议重点从以下七个方面进行完善改进。一是扭转企业培训能力不足并且培训意愿不强的局面；二是取消公共职业技能培训服务准入门槛，扩大公共职业服务对象范围，完善职业技能培训体系；三是拓宽职业技能培训事业建设的资金来源渠道，加大职业技能培训资金支持力度，提高实训设备更新速度；四是建立职业技能培训的多方合作供给机制，做大做强职业技能培训事业；五是推进培训机构和用人单位合作，加强培训和就业的结合，提高职业技能培训与市场需求的契合度；六是出台配套政策和方法，保障职业技能培训服务发展进程；七是提供职业技能培训基金或者职业技能培训贷款来解决个人支付能力不足的问题。

第八章

留学归国人员的人才供给

导　读

改革开放至 2014 年底，我国各类出国留学人员总数达到 351.84 万人，留学归国人员总数达 180.96 万人，有 74.48% 的留学人员学成后选择回国，我国正在逐渐进入智力回流期。

留学归国人员就业主要集中在一线城市的金融业及相关服务业。他们在基层岗位从事销售、市场的较多，与预期较为符合，但在工作单位和薪酬上与预期不符，主要在民营或外资企业就业而非预期国企，且起薪普遍低于预期。此外，留学归国人员的工作满意度偏低，跳槽频繁。

本章结合留学归国人员现实就业情况，提出以下几点建议。

首先，应建立具有代表性且能够较全面反映留学归国人员就业情况的数据库。只有了解留学归国人员回国后的发展状况，才能更有效地发挥留学归国人员在社会经济发展中的价值。

其次，国家如何建设媲美国外的优良环境，吸引高端人才回归，同时促进城市间均衡发展，仍是政策制定的重点。

最后，在就业过程中，留学归国人员有过高的留学效益期待、对国内就业信息渠道掌握不足。因此，可有针对性地消除留学归国人员这两个方面的弊端。

第一节　留学归国人员总数达到351.84万人

教育部留学服务中心组织编写的《中国留学回国就业蓝皮书》[①]显示，改革开放至2014年底，我国各类出国留学人员总数达到351.84万人，其中108.89万人正在国外进行相关阶段的学习和研究。改革开放以来，留学归国人员总数达180.96万人，有74.48%的留学人员学成后选择回国。由图8－1可知，我国出国留学人员回国的人数显著增加，最近6年最为明显。从总体增长的回流率来看，我国正在逐渐进入智力回流期（Brain Gain）。[②]

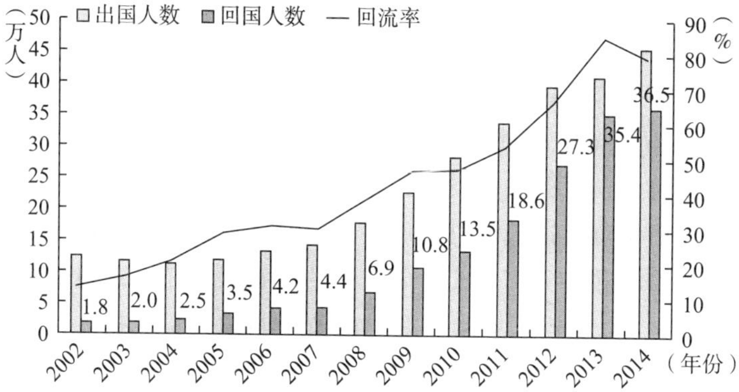

图8－1　2002～2014年出国、回国人数及其回流率

说明：回流率＝回国人数/出国人数

资料来源：2014年《中国统计年鉴》。

在教育机会全球化过程的同时，就业机会的全球化也悄悄来临。不过，在各国移民政策以及政治文化背景的影响下，留学人员的就业选择过程要比留学过程复杂得多。各国也根据自身发展的需要，通过各种政策来吸引最需要的人才。所以，留学人员一直是受关注的重要人才群体。鼓励和吸引留学人才回国工作、为国服务，

① 本书如无特殊说明，数据结果均引自该报告。

② 林琳：《中国智力回流的动机研究》，《发展经济学研究》2014年第10期，第267～285页。

一直是我国重要的人才政策导向，并出台了一系列吸引海外留学人才回国工作、为国服务的政策和措施。然而，中国社会科学院在《2007 年全球政治与安全》中承认：中国流失的顶尖人才数量，在世界居于首位。[①] 中国与全球化智库（CCG）理事长王辉耀教授认为，在 20 世纪 80 ~ 90 年代的“出国潮”中基本由知识精英构成的公派留学和自费留学人员目前回归的太少，而新一代以技术和资产为依托的出国人员还在大量流失。虽然总数字显示有 180 多万名留学人员归国，但 170 万名留学人员滞留未归的“人才赤字”更令人忧虑。[②]

无论如何，留学人员归国就业创业逐渐成为我国国际人才资本的重要流动方式，了解留学人员归国后的发展状况对国家制定与留学人员相关的政策制度、有效发挥留学人员在社会经济发展中的价值有重要影响。

目前国内关于留学归国人员的数据来源主要有两类，一类是于 2014 年教育部留学服务中心办理就业落户的数据、国外学历学位认证数据及留学服务中心设立在除我国西藏自治区以外的全国各分中心、学历学位认证验证机构所采集的数据；另一类是由中国与全球化研究中心和南方国际人才研究院结合智联卓聘，通过线上和线下形式，于 2013 年和 2014 年收集的留学归国人员数据。两类数据各有优劣，前者样本量大，更具代表性，但关于就业的信息并不全面；后者样本量小，代表性欠缺，但关于就业的信息较为全面。因此在使用以上数据分析结果时需谨慎，但目前国内暂无更好的一手数据来源，本书主要参考以上两类数据。

第二节　留学归国人员基本特征：以“80 后”、硕士、商科为主

我国留学归国人员年龄分布在 22 ~ 34 岁，占全部留学归国人

① 中国人才研究会编、王辉耀著《国际人才战略文集》，党建读物出版社，2015。

② 王辉耀、苗绿编著《中国海归发展报告（2013）》，社会科学文献出版社，2013。

员的95%，有接近七成的留学归国人员年龄分布在22~26岁。获得学士学位留学归国人员的平均年龄为25.53岁、硕士为26.63岁、博士为34.73岁。63%的留学归国人员具有硕士学位，30%为学士学位，具有博士学位的人数仅占6%。

留学归国人员的学科范围虽广，但很集中，以商科为主，博士以研究型工科为主。留学期间选择最多的10个学科分别为工商管理、应用经济学、理论经济学、外国语言文学、艺术学、计算机科学与技术、管理学与工程、教育学、社会学、新闻传播学。博士留学归国人员的主要学科为生物学、化学、计算机科学、机械工程、材料科学、物理学、应用经济学、电子科学与技术、基础医学、临床医学等，多以理工科类学科为主。

第三节　留学归国人员的就业情况：就业期望及社会现实

留学归国人员的就业情况如下。

■ 区域期望与现实相符：集中在一线城市。

■ 行业期望与现实相符：以金融业及相关服务业为主。

■ 单位期望与现实不符：青睐国企和外企，但实际民企和外企更多。

■ 职位期望与现实相符：以基层岗位为主。

■ 薪酬期望和现实不符：实际起薪低于预期。

■ 就业渠道：以自己应聘为主。

■ 工作满意度：满意度偏低，跳槽频繁。

■ 创业情况：以高新技术密集行业为主；缺乏以良好的客户资源和个人经济资本为依托；以经济困难为主，不适应国内政府和市场；最需要市场开拓帮助和政府财政支持。

一　区域期望与现实相符：集中在一线城市

在参与调查的留学归国人员中，有超过一半（57.94%）的留学归国就业人员期望在北京、上海、广州和深圳地区寻找职业发展机会。麦克思对2011届学生毕业三年后居住城市类型的调查数据表明，国外读研毕业生三年后归国对居住城市进行选择时，更倾向于选择经济水平更高、发展平台更大、就业机会更多的特大及大型城市。[①]

从通过留学服务中心办理就业报到和落户人员的就业情况来看，在北京地区入职的留学归国人员中，62%的人员来自其他省、自治区、直辖市，以华北和东北地区为主。《2015中国海归就业创业调查报告》[②]（以下简称《2015就业报告》）表明，海归就业地区现实与期望较为符合，主要集中在北京、上海、广州、深圳等一线城市和省会。值得一提的是，中部和西部城市，尤其是成都、西安、武汉等地对海归的吸引力有所增强。[③]

二 行业期望与现实相符：以金融业及相关服务业为主

从期望来看，最受追捧的行业是金融业，其次是教育、信息和软件服务等行业。留学归国人员中，选择工商管理和应用经济学的学生几乎占到总数的一半。相对博士而言，硕士和学士层面的留学生专业选择集中，经济、金融受追捧，归国就业时会加剧竞争。

《中国海归发展报告（2013）》[④]（以下简称《2013发展报告》）显示，归国人员多青睐金融及相关服务业、教育科研和新一代电子信息技术产业等。《2015就业报告》显示，归国人员更多青睐金融业，贸易、批发、零售业和房地产、建筑业，而对新一代信息技术、文化创意产业等产业的追捧明显下降（见图8-2）。

金融行业的特点决定了其对海归的集聚程度。在世界上的国际

① 周凌凌、王成敏：《国外读研毕业生三年后现状分析》，载王辉耀、苗绿编著《中国留学发展报告（2015）》，社会科学文献出版社，2015。

② 中国与全球化智库（CCG）和智联卓聘2015年对留学归国人员开展的网络调查，共回收有效问卷913份。

③ 《2015年中国海归就业创业报告：详解海归生存现状》，中国社会科学网，2015年8月18日，http://www.cssn.cn/zk/zk_zkbg/201508/t20150818_2123909_2.shtml。

④ 通过线上和线下两种途径收集有效问卷563份，其中已经归国就业的样本308人，计划归国就业的样本255人。

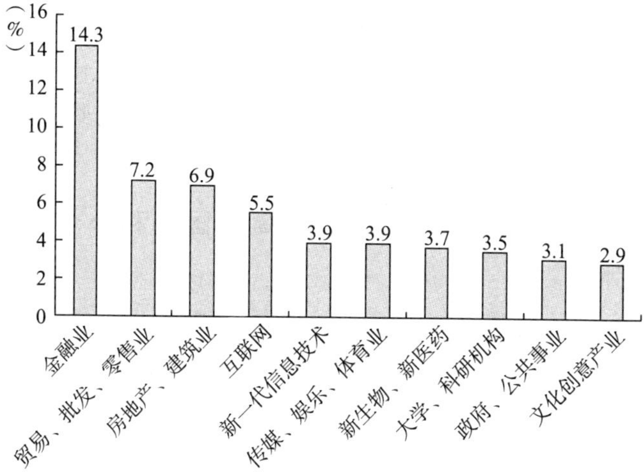

图 8－2　2015 年留学归国人员就业行业分布（$N=913$）

资料来源：《2015 中国海归就业创业调查报告》。

金融中心城市中，10%以上的人口从事金融业，而我国目前最大的金融城市上海却只有1%的比例。2012 年，纽约拥有 77 万名金融人才，香港则有 33 万名金融人才，而上海只有 10 余万名。按照 2012 年上海 1700 万人的规模计算，未来 15 年内，金融人才的增加量还有很大增长空间。[①] 但也有研究表明，企业家认为获得财务管理人才相对较为容易，而认为获得国际化管理人才最难，其次是战略设计人才、资本运作人才、技术研发人才、高级技术工人和互联网人才。

值得一提的是，2014 年初，国务院与地方政府密集出台了一批操作性强的政策与鼓励措施，推动文化创意产业发展。然而，市场潜力与政府政策的双向推动并没有增强文化创意领域对留学归国人员的吸引力。和海归就业扎堆的金融领域相比，文化创意领域海归人才仍有较大缺口。[②]

在中国，由于国家实施从中国制造到中国创造转变的战略，创

① 《金融行业的发展前景：金融行业人才吃香》，猎聘网，2012 年 1 月 29 日，http://article.liepin.com/20120129/63377.shtml。

② 《文创领域存海归人才缺口》，中国经济网，2014 年 8 月 14 日，http://www.ce.cn/culture/gd/201408/14/t20140814_3349758.shtml。

意经济获得大力发展，但其中仍然存在众多的困难与问题，与欧美发达国家相比，存在巨大差距。目前以消费驱动的文化创意产业正处于转型升级的关键时期，文创创意产业急需具有视野开阔、了解多种文化的人才。

三　单位期望与现实不符：青睐国企和外企，但实际民企和外企更多

国有企业和外资企业是最受青睐的就业机构类型，其次是民营企业、高校和研究机构，也有大约1/3的留学归国人员对就业机构类型没有明显的偏好。

《2015就业报告》和《2013发展报告》均显示，留学归国人员就业的单位类型呈现多样化，但主要集中在本土民营企业和外资企业，尤其是2015年本土民营企业就业占比36%（见图8-3）。从2015年就业单位的规模来看，海归就职的企业以500人及以上的中型到大型企业为主，有45.3%的海归就职于500人以上规模的企业，54.7%的海归就职于500人以下规模的企业。选择民企和外企的主要原因在于这类企业给员工提供优厚的薪酬和福利，比较透明的晋升机制和公平的竞争机制，效率高、管理制度完善。

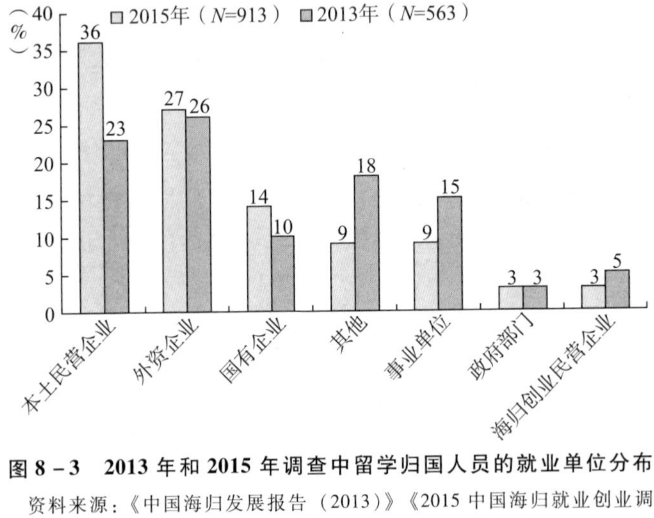

图8-3　2013年和2015年调查中留学归国人员的就业单位分布

资料来源：《中国海归发展报告（2013）》《2015中国海归就业创业调查报告》。

四　职位期望与现实相符：以基层岗位为主

具有本科和硕士学位的留学归国人员的期望职位比较接近，超过四成的人员希望从初级职位开始，另有超过 1/3 的留学归国人员期望能申请中级职位，另一成人员希望申请高级职位。具有博士学位的留学人员，则有超过 1/4 的人希望申请高级职位。

从现实来看，大学生主要在基层岗位就业，中层岗位占 27.4%，高层岗位仅为 6.3%，另有 8.5% 的归国人员不清楚自己的岗位层级。此外，从就业职位来看（见图 8－4），总体上从事销售、市场职位的占比最大，均在 30% 左右。这两年，从事行政工作，研发工作，销售、市场工作的比例下降幅度较大，而从事生产、运营和财务管理的比例略有提高。

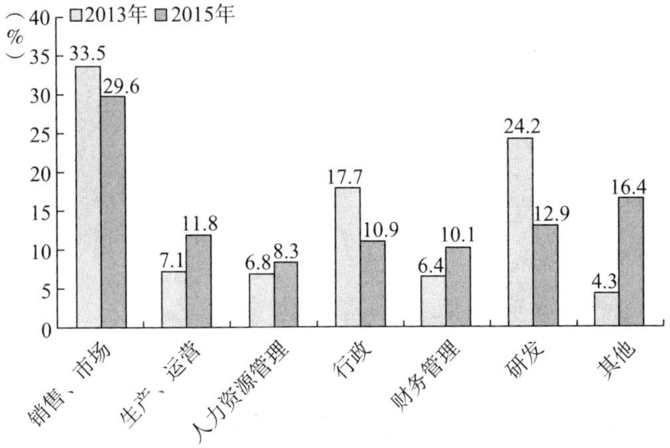

图 8－4　2013 年和 2015 年调查中留学归国人员的就业职位分布

资料来源：《中国海归发展报告（2013）》《2015 中国海归就业创业调查报告》。

五　薪酬期望和现实不符：实际起薪低于预期

在薪酬期望方面，大约半数留学归国人员希望月薪为5000～10000 元，23.32% 的人希望月薪为 1 万～2 万元。而具有博士学位的人，三成希望月薪为 1 万～2 万元。

从实际情况来看，归国人员的薪酬档次跟学位存在比较明显的关系，具有博士和硕士学位的留学归国人员，月薪主要在5000元至1万元之间，而本科和专科毕业的归国留学生月薪大多数在5000元以下。有学者表明，海外学历达到硕士及以上层次的，在中国有较高的投资回报率，对提高月均收入有积极的影响。[①] 薪酬和性别存在一定的关系，随着月薪的提高，女性的比例也逐步下降。由此可见，留学人员的海外留学经历能够提高其在职场中的就业竞争力，但就业中的性别差异仍难以弥补。

智联招聘2013年的调查数据显示，36.5%的归国人员第一份工作起薪不足4万元/年，67.2%的起薪不足6万元/年。仅三成的企业人力资源经理表示会优先对待海归人士。然而，企业人力资源经理们也表示，随着工作经验的累积，留学归国人员间的薪酬将呈现非常大的差距。

麦克思的统计数据表明，2011届国外读研毕业生三年后的平均月收入为7701元，比同届国内读研毕业生（5874元）高1827元，比同届本科毕业生（6155元）高1546元。《2015就业报告》调查显示，留学归国人员中73.5%的博士生、86.6%的硕士生、88.0%的本科生月薪都在1万元以下。其中，32.8%的博士生、40.86%的硕士生、47.74%的本科生月薪在5000元以下。

六 就业渠道：以自己应聘为主

《2013发展报告》显示，留学归国人员以自己应聘为主。63.5%的留学归国人员是通过自己应聘的方式找到工作，15.7%是通过家人或亲戚朋友帮忙找到工作，5.7%通过中介组织帮忙找到工作，3.0%和0.8%分别通过留学交友会平台和政府部门找到工作，另有11.3%的海归回到出国前所在单位，或通过其他渠道找到工作。

七 工作满意度：满意度偏低，跳槽频繁

留学归国人员的工作满意度偏低，虽然有36.4%的留学归国人员

---

① 许家云、刘廷华、李平：《海外留学经历是否提高了个人收入?》，《经济科学》2014年第1期，第92～103页。

选择满意，但有 46.4% 的海归对目前的工作不满意，选择非常满意的仅有 1.2%，另有非常不满意的为 1.4%，14.6% 的人“说不清”。

76.5% 的留学归国人员表示归国后有跳槽的经历（见图 8－5）。在跳槽的频率方面，2 年内跳槽的海归占主流，高达 39.5%；3～5 年跳槽的占 28.8%；5 年以上再跳槽的仅占 8.2%。

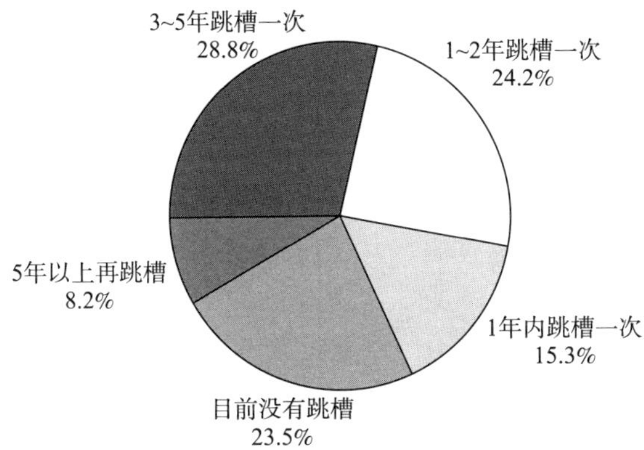

图 8－5　2015 年调查中留学归国人员归国后的跳槽情况

资料来源：《2015 中国海归就业创业调查报告》。

八　创业情况

（一）创业行业：以高新技术密集行业为主

《2013 发展报告》[①] 数据表明，七成人士在北京、江苏、广州和上海落地创业，且新一代电子信息技术（32.9%）和新生代医药（18.7%）这两类高新技术密集型行业是创业的主要行业，其次是文化创意（13.3%）和新能源（9.6%）。

（二）创业资源：缺乏以良好的客户资源和个人经济资本为依托

留学归国人员创业能够获得丰富的创业资源。创业者主要获得

① 此处样本量为 267 人，其中已经归国创业的样本为 156 人，计划归国创业的样本为 111 人。

了客户资源、技术资源、政府资源和信息资源，尤其是客户资源，75.0%的创业者表示能够在国内获得良好的客户资源，而只有33.3%的被调查者表明获得资金资源和人才资源（见图8－6）。

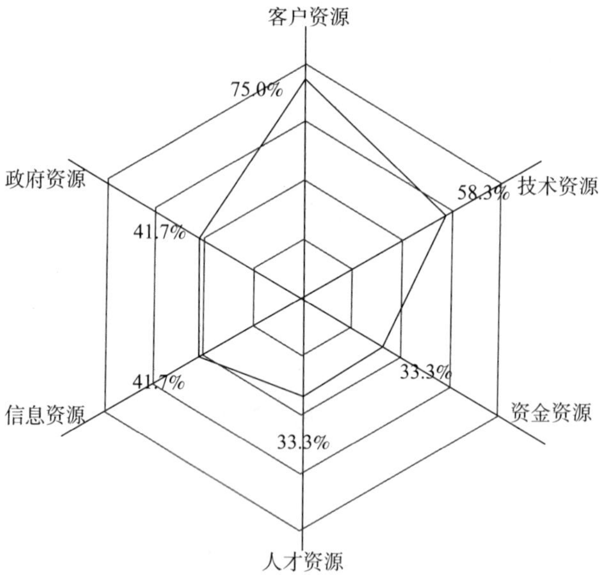

图8－6　留学归国人员获得的创业资源

资料来源：《2015中国海归就业创业调查报告》。

从留学归国人员创业经济资本上看（见表8－1），归国人员创业的资金主要来源于个人资本和民间资本，两者占创业总资本的比例达到66.66%。虽然调查中，58.3%创业人员拥有个人专利，然而创业资金靠知识产权的仅占比0.61%，这与我国对知识产权的保护力度不大等诸多因素有关。

表8－1　留学归国人员创业资金来源情况

单位：%

来源		占比	分项合计
个人资本	个人存款	45.45	46.06
	知识产权	0.61	

续表

来源		占比	分项合计
民间资本	国内企业入股	7.88	20.60
	国外企业入股	2.42	
	国内风险投资	7.88	
	国外风险投资	2.42	
亲友	亲友借款	14.55	14.55
政府	政府资金入股	8.48	9.69
	政府扶持补贴	1.21	
金融市场	银行贷款	4.85	4.85
其他	其他	4.24	4.24
合计		100	100

资料来源：《中国海归发展报告（2013）》。

从人力资本来看，海外关系是留学归国人员创业的主要人力资源。调查表明，创业团队以本土人才为主，核心团队海归的比例高，且创业伙伴多为在国外读书时候认识的华人同学、朋友，占比 49.3%。

（三）创业困境：以经济困难为主，不适应国内政府和市场

49.1%的留学归国创业者表示曾有失败的经历。留学归国人员在创业中主要遇到融资困难、经营运行成本高、政府相关政策配套不齐、难以引进和留住适用人才等问题（见图 8－7）。

他们认为在归国创业方面的劣势主要集中在不会与政府打交道，遭遇行政审批阻碍；不熟悉国内市场环境，战略制定不当；不适应国内人情社会，难以获得发展机会；等等（见图 8－8）。

（四）创业需求：最需要市场开拓帮助和政府财政支持

在创业阶段，留学归国创业者最需要获得关于市场开拓、金融服务和创业场所提供等方面的帮助，分别占比 66.7%、58.3%和 41.7%（见图 8－9）。

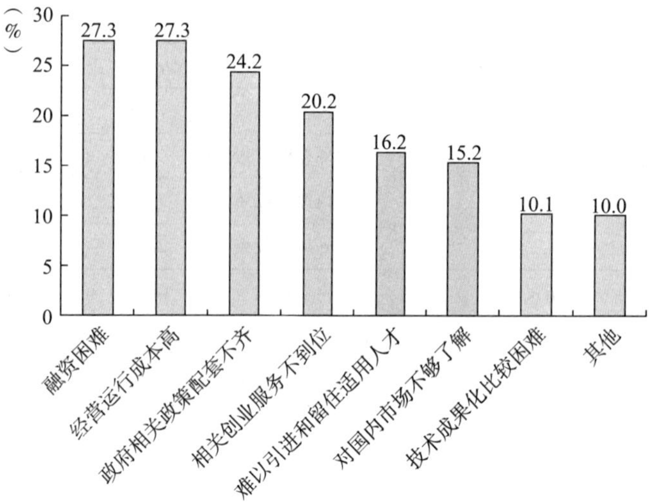

图 8－7　留学归国人员创业过程中遇到的主要困难

资料来源：《2015 中国海归就业创业调查报告》。

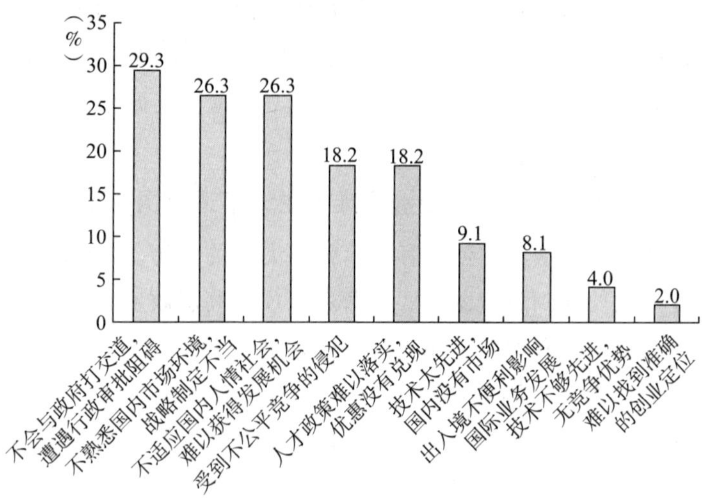

图 8－8　留学归国人员的创业劣势

资料来源：《2015 中国海归就业创业调查报告》。

留学归国人员在创业政策需求方面，创业者更希望政府能够解决科研资金申请过程限制较多、加大科研资金支持力度、政策落实等问题。也有创业者表示政府应该在购买时优先选择留学归国人员

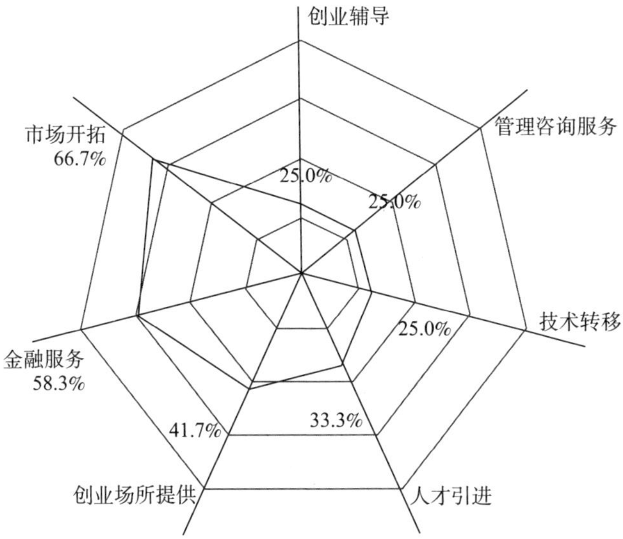

图 8－9　留学归国创业者在创业阶段最需要的服务

资料来源：《2015 中国海归就业创业调查报告》。

创业企业的高新技术及产品。约 41.7% 的人则表示国家的政策很好，在执行过程中需要贯彻落实。

第四节　留学归国人员存在就业差距原因分析

一般高等院校毕业大学生求职渠道主要来源于校内各种招聘会和学校老师提供的就业信息，而留学归国人员则明显处于求职信息劣势地位。留学人士会有过高的留学效益期待，但就业初期，留学归国人员的薪酬水平远低于期望值。另外，专业不对口导致高端人才匮乏，这也是留学归国人员劳动力供给缺口产生的原因之一。

一　国内就业信息渠道不畅，关系网络断裂

已有数据表明[①]，一般高等院校毕业大学生求职渠道主要来源

① 见第五章。

于校内各种招聘会和学校老师提供的就业信息，而留学归国人员则明显处于求职信息劣势地位。有 47.0% 的海归认为“国内的关系网络因在国外上学而断裂”，29.7% 的海归认为“专业技能与国内名校学生相比优势不明显”，27.7% 的海归认为自身“没有挂职锻炼机会，难以到政府部门工作”，认为“归国时间晚，赶不上国内招聘会”“所学专业国内没有需求，国外实习经历不被认可”的海归分别占比 26.7% 和 24.8%，还有 12.4% 的海归认为自己“语言能力与国内名校学生相比优势不明显”（见图 8－10）。

从留学归国人员就业劣势上来看，除了就业时间节点不同外，留学人士不仅仅缺乏国内社会网络的拓展，更是缺乏对国内就业信息的掌握。校园招聘、国内老师推荐等此类找工作的途径和对信息的了解往往少于国内毕业生。

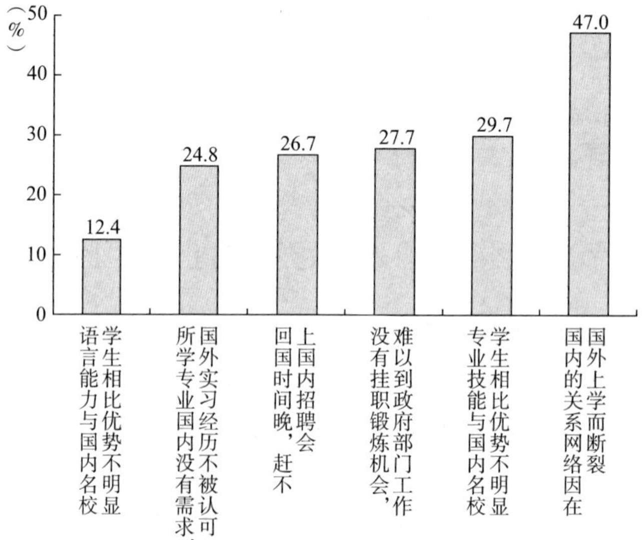

图 8－10　留学归国人员的就业劣势

资料来源：《2015 中国海归就业创业调查报告》。

二　过高的留学效益期待，高端人才匮乏

随着近年来留学人员的快速增长，海归也日益增多，加上国内

高校毕业生数量巨大，全球经济放缓，海归群体面临的就业压力不断增大，相比较高的留学成本，留学效益成为人们关注的焦点，围绕留学“划算”还是“不划算”的讨论成为社会话题。调查显示，海归群体中，认为留学划算的占50.0%，不划算的占20.2%，说不清和不方便回答的分别占22.1%、7.7%。

不言而喻，在留学过程中可以拓宽国际化视野，提升外语能力、生活适应能力等（见图8-11），这些优势是国内毕业生难以比拟的。这些事实导致留学人士会有过高的留学效益期待，尤其从留学的金钱成本来衡量的话，结果随时间呈金字塔结构。具体而言，认为3~5年收回经济成本的人数最多，占比为35.9%；认为1~3年或5~10年收回经济成本的人数分别占比22.5%和24.1%；认为1年内或10年以上收回经济成本的占比较少（见图8-12）。值得一提的是，出国成本的收回时间与海归人员的个人能力、就业单位性质、个人所在的岗位、工作经验等诸多因素密切相关，尤其是就业初期，留学归国人员的薪酬水平远低于期望值。

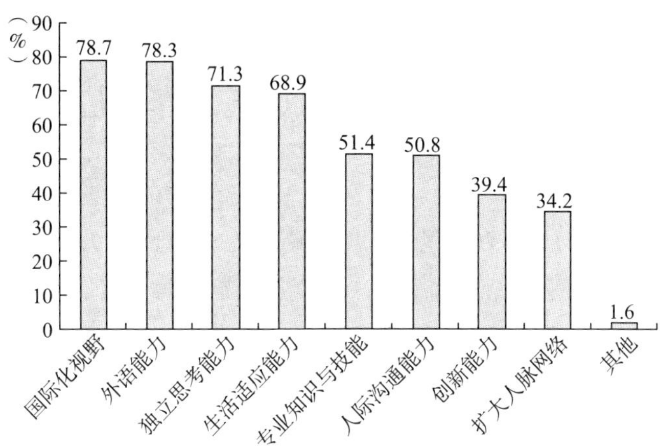

图8-11 留学期待（$N=913$）

资料来源：《2015中国海归就业创业调查报告》。

很多留学回来的人员，刚回国的时候就为自己的就业定下“三不”原则：非跨国大企业不去、年薪低于10万元不去、非一线城

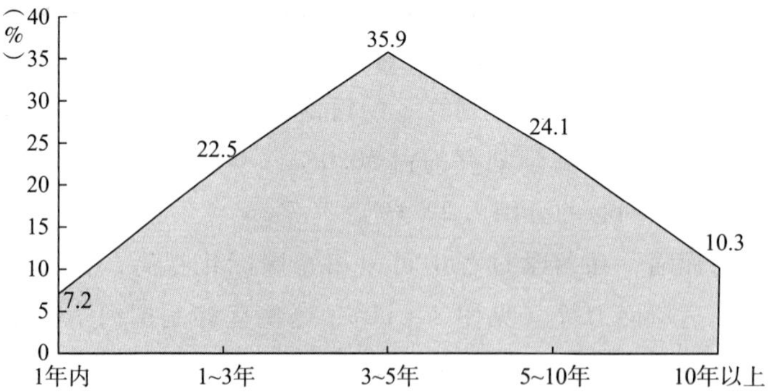

图 8 - 12　收回留学经济成本时间分布（N = 913）

资料来源：《2015 中国海归就业创业调查报告》。

市不去。[①] 事实上，大型企业相比其他类型企业更缺乏资本运作人才和互联网人才。然而，留学归国人员所学专业在这两方面匮乏严重。此外，文创领域海归人才也有较大缺口。[②]

过高的留学效益期待和专业不对口导致高端人才匮乏，这也是留学归国人员劳动力供给缺口产生的原因之一。

总结：留学归国人员在工作单位和薪酬上与预期不符

自改革开放至 2014 年底，我国各类出国留学人员总数达到 351.84 万人，从留学归国人员不断增长的回流率来看，我国正进入智力回流期，但滞留未归的“人才赤字”仍令人忧虑。本章主要依据统计年鉴、教育部留学服务中心组织收集的留学归国人员数据，以及其他相关报告来分析留学归国人员的就业情况。首先，从数据来源看，目前国内关于留学归国人员的社会调查主要有两类，一是

① 《解析海归就业“三不”原则》，中国教育在线，2015 年 11 月 16 日，http://career.eol.cn/news/201511/t20151116_1338177.shtml。

② 《文创领域存海归人才缺口》，中国经济网，2014 年 8 月 14 日，http://www.ce.cn/culture/gd/201408/14/t20140814_3349758.shtml。

教育部留学服务中心采集的相关数据，二是中国与全球化研究中心和南方国际人才研究院结合智联卓聘收集的数据。前者样本量大，更具代表性，但调查信息尤其是就业方面的信息并不充分；后者样本量小，代表性欠缺，但关于就业信息较为全面。其次，从留学归国人员的特征来看，以“80 后”、硕士学历、商科专业为主，新一代以技术和资产为依托的出国人员还在大量流失。最后，从留学归国人员的就业期待和实际情况来看，留学归国人员就业主要集中在一线城市、金融业及相关服务业，在基层岗位从事销售、市场的较多，与预期较为符合，但在工作单位和薪酬上与预期不符，主要在民营或外资企业就业而非国企，且起薪普遍低于预期。此外，留学归国人员的工作满意度偏低，跳槽频繁。

基于此，笔者提出以下三点建议。

第一，建立具有代表性且能够较全面反映留学归国人员就业情况的数据库。只有了解留学归国人员归国后的发展状况，才能更有效地发挥留学人员在社会经济发展中的价值，因此，应加强对这部分群体更全面、具体的科学调查。

第二，根据国家自身发展的需要，吸引高端人才回归，仍是未来政策制定的重点之一，尤其是在各国经济发展最急需的学科和工程领域，努力为这类人才创造可以媲美国外的良好环境，降低留学人员在国外的滞留率。此外，地方应结合自身发展需要，制定相关的政策，避免人才扎堆特大型城市，促进城市的均衡发展。

第三，在就业过程中，留学归国人员有过高的留学效益期待、对国内就业信息渠道掌握不足。因此，可有针对性地消除留学归国人员这两个方面的弊端。此外，他们在自主创业时不适应国内政府和市场，急需市场开拓帮助和政府财政支持。

第九章

结论：劳动力供给侧的改革建议

导 读

在经济发展方式转变、产业结构转型升级的关键时期，中国劳动力市场正面临较为严重的劳动力供给短缺、结构失衡，突出表现在：劳动力供给规模逐渐减小，技术人才队伍和高技能劳动力极为缺乏，劳动力供给难以满足市场需求，劳动力技能缺口问题凸显。如何推动劳动力供给侧改革、解决中国的劳动力技能缺口问题？本书从劳动力市场的构成主体、劳动力的培养途径两个维度出发，基于上述各章在不同层面对我国劳动力市场人才供给现状的综合分析和研究发现，尝试提出以下几点建议：

第一，多渠道加强职业技能培训，提高人才培养与市场需求的匹配度，突破劳动技能供给困局；

第二，充分挖掘人力资源潜在优势，培育农民工成为一线技能型产业人才，扩大技术人才队伍；

第三，增强高等教育人才供给能力，提升高学历人才职业技能，优化劳动力供给结构；

第四，增强职业教育人才供给能力，培育壮大技能型人才队伍，深化劳动力供给侧改革；

第五，强化公共性职业技能培训，增强企业在职员工职业技能，完善技能人才培养体系。

第一节　多渠道加强职业技能培训，提高人才培养与市场需求的匹配度，突破劳动技能供给困局

劳动力供给规模和结构是影响劳动力市场技能缺口的基本宏观因素。目前，我国劳动力市场供给侧呈现劳动力规模逐渐缩小、年龄结构快速老化的明显趋势，经济发展方式转变、产业结构转型升级对劳动者素质和技能提出了更高的要求，从而导致中国劳动力市场陷入供给短缺与结构失衡的双重压力。未来一段时间，一方面，我国劳动力供给规模减小、年龄结构老化的趋势仍将持续；另一方面，我国产业结构已进入升级换代的关键期，经济发展转型和产业结构升级对技能劳动力的需求将持续增加，劳动力技能升级压力也会逐渐加大。因而，中国正面临越来越严重的劳动力供应短缺问题，缓解劳动力市场技能缺口问题也将面临更加严峻的挑战，求职者劳动技能与岗位技能要求不匹配所导致的结构性失业问题也不可小觑。

经本书测算，当前阶段全国结构性失业人口规模约 704 万人，占全部劳动力人口的 1%。失业风险最高的三类群体分别是 16～29 岁青年农民工、22～24 岁大学毕业生和 45～60 岁中老年劳动力，而总体来看，“劳动技能低”是当前高风险失业人群的一个突出特点，可见提高技能水平将是缩小技能缺口的关键所在。虽然目前国家通过放开“全面二孩”生育政策扩大劳动力市场的供给规模，但即便“二孩”政策成效显著，新劳动力供给的产生至少也要在 16 年后，短时期内还无法显现。

因此，基于本书的研究发现，面对我国劳动力市场的发展现状和困境，缓解劳动力市场供需矛盾、突破劳动技能供给困局，核心战略应聚焦在提升现有劳动者的综合素质和劳动技能，结合市场需求培育高技能劳动力、壮大技术人才队伍，增强劳动力市场的整体供给能力，而通过发挥企业、政府、学校多方力量，有针对性地对

不同职业阶层、不同类型人群加强职业技能培训服务是最为直接、有效的方式。

第二节　充分挖掘人力资源潜在优势，培育农民工成为一线技能型产业人才，扩大技术人才队伍

农民工是我国劳动力群体的重要构成之一，总体来看，具有规模优势明显、实践操作经验丰富、掌握一线生产技术的群体特征。根据研究发现，近几年农民工数量增长趋势明显，2014 年人口规模已超过 2.7 亿人，占总人口的比重达到 20.03%；年龄结构以青壮年为主，处于劳动力的黄金年龄段；具有相对较高文化程度的新生代农民工规模正逐步扩大，就业行业主要分布在需要具备一定生产技术的制造业和建筑业，且新生代农民工的从业意愿向生产技术要求更高的制造业倾斜的态度明显。由此可见，农民工是最有可能成长为高技能型劳动力的潜在人力资源，是培育技术人才队伍不可或缺的重要群体，如果能成功培育农民工群体成为高水平的、一线技能型产业人才，对扩大技术人才队伍、优化劳动力结构、增强劳动力市场的技能供给能力，同时优化社会阶层结构无疑都将具有巨大意义。

从目前我国农民工群体的发展现状可以看到，农民工仍然面临很多的问题，如受户籍、教育等制度性因素的影响，农民工接受技能培训的机会大大降低，且整体学历不高，从而制约了职业技能提升和职业地位上升；大多数从事的都为初级生产劳动，缺乏高技能和新兴产业生产技术；收入水平偏低、生活品质不高、社会保障薄弱、社会认可度低；职业类型以技术工人、个体服务等中层偏下的等级为主，职业地位结构仍不太合理等。可见，培育农民工成为高技能型产业人才还面临很大的挑战。

针对农民工所面临的问题，本书认为，培育农民工成为高技能型产业人才，首先，应拓宽正规培训渠道，增加农民工学习新技术

的机会，增强技术学习的系统性，有效提高农民工的职业技能水平，增强从业竞争力。对农民工培训工作的落实，政府也应加大资金投入力度和监督力度，将农民工培训和技术考级并重，并给予一定的财政补贴以降低农民工参加职业技能鉴定的成本，促进技术培训与技术鉴定的衔接更有助于保证农民工技术技能的水平。其次，尝试恢复八级职业技术分层制度，打通农民工职业上升通道，同时严格技术考级的制度、加大考核监督力度，借助法律手段保证职业鉴定证书的含金量。其中，八级技术等级制度是经过历史检验并取得了很好社会效果的，相比现有职业技术证书制度，技术标准更加明确、清晰，考核标准更加准确、可操作，对技术工人的社会分层功能更强。而职业地位、职业收入、社会声望的提高是农民工自主提升职业技能的动力，同时也是获得更多职业技能培训机会的有力保障，对培育农民工群体成为高技能产业人才意义重大。

第三节　增强高等教育人才供给能力，提升高学历人才职业技能，优化劳动力供给结构

高技能人才缺乏、劳动力技能水平难以满足企业人才需求，导致我国劳动力市场出现严重的技能缺口，现有人才队伍力量难以支撑我国经济发展方式的转变需求和产业结构的转型升级，导致劳动力结构失衡性问题凸显。因此，实现劳动力供给结构的优化升级是劳动力供给侧改革的核心目标。高学历人才是劳动力市场人才供给的重要力量，高学历人才职业技能与市场需求存在偏差也是导致劳动力结构失衡的重要原因。因此，通过提升高学历人才的职业技能水平，壮大高技能人才队伍，既有利于增强高学历人才的就业能力，又有利于推进劳动力供给侧改革，最终实现劳动力供给的结构优化升级。

高等院校毕业生和留学归国人员是我国劳动力市场高学历人才的重要构成。普通高等学校作为人才培养的重要基地，每年向社会

输送大量的高学历毕业生，是劳动力市场供给的主要力量、高素质人才队伍的重要来源。自 1999 年高校扩招以来，我国高等教育已从精英教育转变为大众化教育，劳动力供求的结构性失衡也随之日益凸显，突出表现在市场需求与高校供应不匹配。根据研究发现，大学毕业生中工商管理类专业的学生占比逐年上升，但此类专业的就业形势并不乐观；专业对口、实习经历、谈吐举止、综合素质等是影响大学生求职的重要因素；用人单位普遍认为大学生在校期间学到的知识实用性不强，薪资期待过高，就业忠诚度偏低；大学毕业生的就业期望与社会现实严重脱节。针对大学生就业存在的问题，本书认为，提高大学生职业技能水平、增强就业能力，应从学校、企业、政府三个层面入手，如学校的专业设置、人才培养的方向应结合市场发展和企业需求，教育理念应从注重商科培养转变为注重 STEM 培养，人才培养体系应重视实践能力培养、增加职业技能培训；企业对新入职的大学生也应提供更多学习锻炼的机会和发展的空间，帮助大学生在实践中提高职业技能；政府对于创业大学生应给予资金和政策的支持，并提供与成功企业家交流和学习的平台，提高经营管理的能力。

此外，留学归国人员作为高学历人才类型之一，自改革开放至 2014 年底，我国各类出国留学人员总数达到 351.84 万人，虽然近年回流率不断增长，我国正进入智力回流期，但滞留未归的“人才赤字”仍令人忧虑。从留学归国人员的现状特征来看，以“80后”、硕士学历、商科专业占据主体，而新一代以技术和资产为依托的出国人员还在大量流失；就业分布主要集中在一线城市、金融业及相关服务业，就业岗位以销售、市场为主，企业类型多为民营或外资企业；薪酬预期过高，工作满意度偏低，跳槽率较高。对此，关于如何增强留学归国人员的人才供给能力，充分发挥高学历人才的知识优势和经验价值，优化劳动力供给结构，本书认为，可逐渐推进深入调查，建立具有代表性且能够较全面反映留学归国人员就业情况的数据库，充分掌握这一高学历群体归国的发展情况；结合国家经济转型、产业升级的需求，吸引高端技术技能型人才回国，同时优化资源配置，避免人才扎堆特大型城市，促进城市的均衡发展；引导这一群体对薪酬待遇形成正确的预期与认识，拓宽国内就业信息渠道，对于自主创业者，应给予一定的帮助与财政支持。

第四节 增强职业教育人才供给能力，培育壮大技能型人才队伍，深化劳动力供给侧改革

技术技能型人才是目前我国人才队伍中最为短缺的人才类型，职业教育作为技术技能型人才供给的根本来源，其发展水平直接决定了技能劳动力的培育质量和供给水平。深化劳动力供给侧改革，也应从技能型人才培养的根源入手。根据研究发现，职业教育一直是中国教育的短板，是人才教育体系中最为薄弱的环节，现阶段我国职业教育的发展水平相比德国、英国等发达国家仍有较大差距，对技能人才的培养能力亟待增强，职业教育的学校规模、师资力量、财政投入、教育模式、企业参与等均存在不足，人才培养目标和体系仍有待完善和深入落实，加上我国长期以来社会大众较为推崇的“重学历、轻技能”的传统教育观念，社会对技术工人的认同度普遍很低，导致我国职业教育发展缺乏根本动力、招生能力大大减弱，生源供给不足也直接导致职业教育技能人才供给乏力，是造成劳动力市场技术工人和高技能人才短缺的根本原因。因此，基于我国技术技能型人才的培养和供给现状，大力发展职业教育、增强职业教育技能人才的供给能力，是深化劳动力市场供给侧改革的大方向。而针对职业教育发展中所存在的问题和不足，本书认为，应切实推行校企合作的职校办学模式，从结合形式、实施细则、企业参与、制度保障、政策扶持等几个方面切实推进校企深度结合，激发企业主动参与热情；建立中高职教育衔接机制，完善现代职业教育体系；增强职业学校教育吸引力，完善职业技能等级认证制；国家应结合产业转型人才需求，提高财政经费使用绩效，加大政府对职校人才培养的财政支持力度。

第五节　强化公共性职业技能培训，增强企业在职员工职业技能，完善技能人才培养体系

产业转型升级、新兴产业迅速发展对企业岗位技能要求提出了更高的标准，企业在职员工也面临巨大的技能提升的需求压力。而根据研究发现，我国当前公共性职业技能培训的供给数量和质量并不能满足用人单位和劳动者的培训需求，劳动者个体和用人单位对公共性职业技能培训虽然有着很大需求，但又存在实际购买能力严重不足的问题。对于如何提高公共性职业技能培训的供给水平，本书认为，建立有效调节供需矛盾关系的合理机制或者制度安排是根本途径，同时结合政府、企业、市场多方力量，充分发挥政府和市场在解决劳动力市场技能缺口问题中的优势互补作用，如对低端劳动力的职业技能培训供给应采取以政府为主的模式，对高端就业群体的职业技能培训供给则采用以企业和市场为主体的模式。职业技能培训供给服务仍应坚持公办、民办协调发展，公立、私立共同促进的发展路线。

针对当前我国职业技能培训服务中面临的问题，本书认为，强化公共性职业技能培训应从以下几个方面入手，一是扭转企业培训能力不足并且培训意愿不强的局面；二是取消公共职业技能培训服务准入门槛，扩大公共职业服务对象范围，完善职业技能培训体系；三是拓宽职业技能培训事业建设的资金来源渠道，加大职业技能培训资金支持力度，提高实训设备更新速度；四是建立职业技能培训的多方合作供给机制，做大做强职业技能培训事业；五是推进培训机构和用人单位合作，加强培训和就业的结合，提高职业技能培训与市场需求的契合度；六是出台配套政策和方法，保障职业技能培训服务发展进程；七是提供职业技能培训基金或者职业技能培训贷款来解决个人支付能力不足的问题。

后 记

本书是源于清华大学社会科学学院、复旦大学经济学院与摩根大通基金会的合作项目“中国劳动力市场技能缺口研究”（New Skills at Work in China Research）。这一研究项目是由摩根大通基金会发起并资助，委托清华大学社会科学学院和复旦大学经济学院共同承担研究工作，该项目于2015年7月开始，已于2016年10月顺利结项。

本人有幸作为项目核心研究人员之一，在清华大学李强教授的指导下，与清华课题组成员一起承担了基于供给侧对劳动力技能缺口问题的研究，研究成果得到了出资方摩根大通基金会的肯定和社会上的广泛认可。本书从开始到完成历经三年，几易其稿，今天能够顺利出版，凝聚了很多人的心血和努力，也得到了很多老师、朋友和业界同仁的鼎力相助。

首先，我们要感谢摩根大通基金会的大力支持，为研究的顺利开展提供了重要的资金保障，也要感谢摩根大通全球慈善亚太区执行董事徐丹、副总裁张弛在项目合作过程中的辛苦付出。没有“New Skills at Work in China Research”这一研究课题，也就没有本书的后续出版。

其次，我们要感谢清华大学社会科学学院李强教授在书稿的撰写和修改过程中给予的悉心指导，还要感谢李强教授课题组的所有成员在课题和书稿完成过程中给予的大力支持和帮助。正是师友们的鼎力相助，才使得课题研究能够顺利开展、书稿撰写得以顺利完成并出版。

再次，我们感谢教育部“长江学者”特聘教授、复旦大学就业与社会保障研究中心主任袁志刚教授，复旦大学经济学院封进教授及其课题组的全体成员，感谢你们在课题合作过程中给予的帮助和支持，你们提出的很多宝贵意见极为有效地推进了课题研究的顺利进行，在此深表感谢。

最后，感谢社会科学文献出版社的佟英磊、王红平老师，在本书的编辑和文稿校正工作中付出的辛苦与努力。

虽然历经三年完成书稿，但本书的研究仍有未尽之处，有待我们在后续的分析和进一步的研究中加以补充和完善。书中也难免存在错漏之处，恳请各位读者批评指正。

郑　路

2019 年 3 月于清华大学

图书在版编目(CIP)数据

劳动力社会结构与供给侧改革 / 郑路等著. -- 北京:
社会科学文献出版社, 2019.6
ISBN 978-7-5201-4361-5

Ⅰ.①劳… Ⅱ.①郑… Ⅲ.①劳动力市场-研究-中
国 Ⅳ.①F249.212

中国版本图书馆 CIP 数据核字(2019)第 032563 号

劳动力社会结构与供给侧改革

著　　者 / 郑　路　戈艳霞　徐　玲　沈　纪

出 版 人 / 谢寿光
责任编辑 / 佟英磊
文稿编辑 / 王红平

出　　版 / 社会科学文献出版社 · 群学出版分社(010)59366453
地址: 北京市北三环中路甲 29 号院华龙大厦　邮编: 100029
网址: www.ssap.com.cn
发　　行 / 市场营销中心 (010) 59367081　59367083
印　　装 / 三河市尚艺印装有限公司

规　　格 / 开　本: 787mm × 1092mm　1/16
印　张: 14.5　字　数: 206 千字
版　　次 / 2019 年 6 月第 1 版　2019 年 6 月第 1 次印刷
书　　号 / ISBN 978-7-5201-4361-5
定　　价 / 78.00 元